SOUVENIRS
ET CORRESPONDANCE
DE
MADAME DE CAYLUS

IL A ÉTÉ TIRÉ

cinquante exemplaires numérotés sur papier de Hollande.

Prix : 7 fr.

A LA MÊME LIBRAIRIE

Mémoires et réflexions du MARQUIS DE LA FARE, sur les principaux événements du règne de Louis XIV et sur le caractère de ceux qui y ont eu la principale part, publiés avec une annotation historique biographique et littéraire par Émile Raunié.

Paris. — Imp. E. Capiomont et V. Renault, rue des Poitevins, 6.

SOUVENIRS
ET CORRESPONDANCE
DE
MADAME DE CAYLUS

PREMIÈRE ÉDITION COMPLÈTE

PUBLIÉE

AVEC UNE ANNOTATION HISTORIQUE, BIOGRAPHIQUE
ET LITTÉRAIRE

ET UN INDEX ANALYTIQUE

PAR

ÉMILE RAUNIÉ

PARIS

G. CHARPENTIER, ÉDITEUR

13, RUE DE GRENELLE-SAINT-GERMAIN, 13

1881

NOTICE HISTORIQUE

SUR

MADAME DE CAYLUS

Le dix-septième siècle a vu se développer et arriver à son plus haut point de perfection un genre de littérature dont les premiers essais remontent assez loin dans l'histoire de la langue française : je veux parler des *Mémoires* écrits par des femmes. C'est alors que Christine de Pisan, le noble auteur des *Gestes du Roy Charles V*, dont l'exemple n'avait été suivi que par Marguerite de Valois, trouve de dignes héritiers qui s'appellent tour à tour madame de Motteville, madame de La Fayette, mademoiselle de Montpensier, madame de Caylus. La dernière venue est, à vrai dire, la plus célèbre ; elle a dû toute sa renommée à ce livre des *Souvenirs*, que son intérêt historique et ses mérites littéraires ont placé depuis un siècle parmi les petits chefs-d'œuvre de notre littérature.

Marthe-Marguerite Le Valois, fille de Philippe Le Valois, marquis de Villette, seigneur de Mursay, et de Marie-Anne-Hippolyte de Châteauneuf, naquit en 1673, dans le Poitou. Elle était par sa mère l'arrière-petite-fille de Théodore-Agrippa d'Aubigné, le hardi compagnon d'armes de Henri IV, et se trouvait ainsi la cousine, ou, comme on l'a dit depuis, la nièce à la mode de Bretagne de madame de Maintenon, petite-fille du célèbre huguenot.

Nous ne savons de son enfance que ce qu'elle-même a pris soin de nous raconter ; et sa mémoire n'avait, à ce qu'il semble, gardé qu'un seul souvenir important de ses premières années, celui de sa conversion au catholicisme. Madame de Maintenon, qui devait en grande partie sa haute fortune à son abjuration, s'était mise en devoir de convertir sa propre famille ; ce faisant elle avait la conviction de leur être utile, en même temps qu'elle secondait les plans de Louis XIV, désireux de faire disparaître, bon gré, mal gré, les Réformés de son royaume. Elle commença donc par sa petite-nièce dont l'extrême jeunesse devait favoriser ses vues ; mais comme le père, M. de Villette, fervent huguenot, n'aurait jamais consenti à la conversion de son enfant, madame de Maintenon profita d'une expédition qui le retenait en Amérique pour mettre son projet à exécution. Secondée par une sœur de madame de Villette, madame de Fontmort, « habituée à changer de religion » et partant peu scrupuleuse en cette matière, elle attira auprès d'elle mademoiselle de Mursay, qui n'opposa aucune résistance à ses désirs. La manière dont madame de Caylus racontait plus tard cet épisode de sa vie, semble prouver (ce que son âge expliquait d'ailleurs parfaitement) qu'elle attachait fort peu d'importance à ce changement de religion :

« Madame de Maintenon, dit-elle, m'emmena seule à Saint-Germain. Je pleurai d'abord beaucoup, mais je trouvai le lendemain la messe du roi si belle que je consentis à me faire catholique, à condition que je l'entendrois tous les jours, et qu'on me garantiroit du fouet. C'est là toute la controverse qu'on employa, et la seule abjuration que je fis. »

Madame de Villette qui était catholique fut sans doute intérieurement heureuse de la conversion de sa fille ; mais elle avait à redouter la légitime indignation de son mari. Madame de Maintenon comprenant bien la position difficile dans laquelle elle l'avait placée, prit soin de la consoler et de la rassurer tout à la fois :

« Que je vous plains, lui écrivait-elle, ma chère cousine, dans l'agitation où vous estes, entre un mari et des enfans ; c'est avoir le cœur déchiré par les endroits les plus tendres ; je le suis si fort pour ce que j'aime que je comprends mieux qu'une autre votre douleur. Consolez-vous en Dieu et dans mon amitié. Je ne doute pas que l'enlèvement de votre fille ne fasse du bruit ; je l'ai voulu ainsi pour vous tromper la première, ne craignant rien de plus que de vous commettre avec M. votre mari..... M. de Seignelay m'a dit aujourd'hui que M. de Villette serait ici au mois de février. J'espère que la tendresse qu'il a toujours eue pour moi l'empêchera de s'emporter, et qu'il démêlera bien au milieu de sa colère que ce que j'ai fait est une marque de l'amitié que j'ai à mes proches. » Dans une autre lettre, madame de Maintenon revenant sur cette affaire, expliquait à sa cousine dans quel but elle avait agi à son insu, et s'excusait du chagrin qu'elle lui avait causé par l'intérêt qu'elle portait à ses enfants :

« Si vous aviez été de la même religion que votre mari, je vous aurois priée de m'envoyer votre fille..... Mais j'ai eu peur que l'on ne vous soupçonnât d'avoir été bien aise de me la donner et de quelque intelligence avec moi sur la religion.... Voilà, ma chère cousine, ce qui m'a obligé de vous tromper, et pourvu que M. de Villette ne soit pas mal content de vous, je me demeslerai bien du reste. J'espère qu'il ne prendra pas si sérieusement l'enlèvement de mademoiselle de Mursay, et qu'il consentira qu'elle demeure avec moi, jusqu'à ce qu'elle soit en âge de dire sa volonté..... Vous êtes catholique, et il est impossible que, dans votre cœur, vous ne soyez bien aise de voir vos enfans dans le chemin où je les ai mis. Vostre fils ne servira plus sur mer. Je suis sensiblement touchée d'affliger mes cousines par les marques les plus essentielles que je puisse leur donner de mon amitié ; car assurément je songe à leur témoigner dans la personne de leurs enfans la reconnoissance et la tendresse que j'ai pour elles et que j'aurai toujours, quoi qu'elles puissent faire, quand même elles viendroient à me haïr[1]. »

Les craintes de madame de Villette n'étaient point vaines. Au retour de sa campagne, M. de Villette apprit ce qui s'était passé, en fut vivement affecté et écrivit à madame de Maintenon des lettres pleines de reproches. Mais il n'y avait pas à revenir sur un fait accompli, et le père indigné dut se calmer par la promesse qui lui fut faite que l'on ne contraindrait point ses deux fils, s'ils ne voulaient pas se faire catholiques. Tous deux se convertirent cependant, et M. de Villette lui-même suivit bientôt leur exemple. Pendant une campagne sur mer, « il fit, nous dit madame de Caylus, des réflexions qu'il n'avait pas encore faites. L'évangile de l'ivraie et du bon grain lui parut clair contre le schisme, » et il abjura. Bien que sa conversion n'eût pas été un calcul, et qu'il eût déclaré assez sèchement à Louis XIV que « c'étoit la seule occasion de sa vie où il n'avoit point eu pour objet de plaire à sa Majesté, » il y a lieu de constater qu'elle ne nuisit pas à son avancement, puisqu'il fut

---

[1]. Ces lettres inédites ont été imprimées par M. Monmerqué dans l'introduction des *Mémoires du marquis de Villette*, qu'il a publiés pour la Société de l'Histoire de France.

nommé successivement chef d'escadre et lieutenant général des armées navales.

Mademoiselle de Mursay resta auprès de madame de Maintenon, qui avait tenu à se charger de son éducation et s'en acquitta avec un zèle au-dessus de tout éloge. Aussi est-on en droit de s'étonner de l'union singulière qu'elle fit contracter à cette nièce qui était de sa part l'objet d'une constante sollicitude. Après avoir refusé sa main à M. de Roquelaure et au duc de Boufflers, elle la maria à peine âgée de treize ans, en 1686, à Jean-Anne de Tubières, de Grimoard, de Pestels et de Lévis, comte de Caylus, un ivrogne endurci qui n'eut jamais d'autre passion que celle de la *dive bouteille*. Ce mariage disproportionné peut s'expliquer sans doute par cette modestie outrée dont madame de Maintenon voulait parfois donner l'exemple ; mais il est probable que la tante avait surtout cédé au désir de retenir son aimable nièce auprès d'elle, en lui faisant épouser un homme que l'on devait éloigner le plus possible de sa femme et de la cour. Quoi qu'il en soit, madame de Caylus ne garda point rancune à madame de Maintenon du mauvais office qu'elle lui avait rendu en cette circonstance et cela, sans doute, pour deux raisons : la première c'est qu'elle ne fut jamais importunée par son mari, la seconde c'est qu'elle n'hésita point à reporter sur un courtisan des plus aimables l'amour dont son époux n'était pas digne.

Quelques années s'étaient déjà écoulées depuis

ce mariage, lorsque madame de Caylus participa aux représentations d'*Esther* données à Saint-Cyr qui devaient rester un épisode mémorable dans l'histoire du théâtre français. En assistant aux lectures de la pièce que Racine venait faire chez madame de Maintenon, elle retenait la plupart des vers; un jour elle en récita au poète qui, charmé de sa diction, pria instamment madame de Maintenon de lui ordonner de faire un personnage. Quelque flattée qu'elle pût être de cette attention, madame de Caylus ne voulut accepter aucun des rôles déjà destinés, et Racine composa pour elle le prologue de la Piété. D'ailleurs comme elle avait appris les divers rôles de la pièce à force de les entendre répéter, elle eut l'occasion de les jouer successivement à mesure qu'une des jeunes élèves de Saint-Cyr se trouvait incommodée, et elle déploya sur la scène une grâce si touchante qu'elle parut supérieure à la plus célèbre actrice du temps, la Champmeslé. L'impression qu'elle fit sur les spectateurs lui valut des témoignages unanimes d'admiration. Saint-Simon, peu flatteur de son naturel, ne trouve pas assez d'éloges pour elle : « Jamais, dit-il, un visage si spirituel, si touchant, si parlant, jamais une fraîcheur pareille, jamais tant de grâces, ni plus d'esprit, jamais tant de gaieté et d'amusement, jamais de créature plus séduisante. »

L'abbé de Choisy n'est pas moins enthousiaste : « Les jeux et les ris brillaient à l'envi autour d'elle : son esprit était encore plus aimable que son visage : on n'avait pas le temps de respirer ni de s'ennuyer quand elle était quelque part. Toutes les Champmeslés du monde n'avaient point ces tons ravissants qu'elle laissait échapper en déclamant ; et si sa gaieté naturelle lui eût permis de retrancher certains petits airs un peu coquets que toute son innocence ne pouvait pas justifier, c'eût été une personne accomplie. »

Cette coquetterie de madame de Caylus, si finement raillée par l'abbé de Choisy, avait été sans doute remarquée et mal interprétée, puisque l'aimable actrice cessa bientôt de paraître sur la scène. Aussi madame de Sévigné écrivait-elle à sa fille, le 11 février 1689 :

« On continuera à représenter *Esther* : madame de Caylus qui en étoit la Champmeslé, ne joue plus ; elle faisoit trop bien, elle étoit trop touchante ; on ne veut que la simplicité toute pure de ces petites âmes innocentes. »

On ne la trouvait donc pas assez innocente ! C'était là un grief capital à la cour majestueuse du grand roi, et ce n'était malheureusement pas le seul que l'on eût contre madame de Caylus. Au dire de Saint-Simon « elle aimoit le jeu sans avoir de quoi le soutenir, encore mieux la table où elle étoit charmante, et elle excelloit dans l'art de contrefaire. » Tout cela ne pouvait la recommander à l'estime de

Louis XIV qui ne devait pas attendre de sa verve railleuse un respect absolu pour son royal prestige. « Il avoit cru s'apercevoir, dit Saint-Simon, qu'elle s'étoit moquée de lui. Quelque divertissante qu'elle fût, il n'étoit point à son aise avec elle, et elle, qui avoit senti cet éloignement, étoit aussi embarrassée en sa présence.... Il ne la goûta jamais, et fut toujours réservé, souvent sévère avec elle : cela surprenoit et affligeoit madame de Maintenon. » L'antipathie du roi pour madame de Caylus suffit pour expliquer les deux exils consécutifs qui la tinrent éloignée de la cour pendant treize ou quatorze ans et dont le crédit de sa tante ne put la garantir. Quant aux motifs allégués pour l'exiler, c'étaient de simples prétextes. Que lui reprochait-on en effet ? d'avoir médit de la dévote madame de Montchevreuil, d'avoir entretenu avec le duc de Villeroi une liaison trop publique. Mais cette liaison n'était-elle pas parfaitement excusable, si l'on songe à ce mari hébété par le vin et l'eau-de-vie dont madame de Maintenon avait gratifié sa nièce. Quant à railler la vieille Montchevreuil, ce n'était pas un crime de lèse-majesté, et le prestige royal ne souffrait nullement de cette innocente malice.

Exilée de Versailles qu'elle ne regrettait pas, madame de Caylus alla vivre à Paris où la société des beaux-esprits du temps lui fit oublier le morne ennui de la cour du grand roi. C'est alors qu'elle connut La Fare qui fit pour elle ces jolis vers, la première et la plus gracieuse inspiration de sa muse sénile :

> M'abandonnant à la tristesse,
> Sans espérance, sans désirs,
> Je regrettois les sensibles plaisirs
> Dont la douceur enchanta ma jeunesse.
> « Sont-ils perdus, disois-je sans retour ?
> Et n'es-tu pas cruel, Amour,
> Toi que je fis dès mon enfance
> Le maître de mes plus beaux jours,
> D'en laisser terminer le cours
> Par l'ennuyeuse indifférence ? »
> Alors j'aperçus dans les airs
> L'enfant maître de l'univers,
> Qui, plein d'une joie inhumaine,
> Me dit en souriant : « Tircis, ne te plains plus !
> Je vais mettre fin à ta peine :
> Je te promets un regard de Caylus. »

Sur ces entrefaites, en 1704, le comte de Caylus vint à mourir. Il n'avait jamais tenu beaucoup de place dans le cœur de sa femme et elle n'eut garde de perdre son temps à le pleurer. Saint-Simon qui enregistre sa mort, lui donne en guise d'oraison funèbre un de ces coups de griffe qu'il prodiguait si libéralement à ses contemporains :

« Au commencement de novembre, mourut sur la frontière de Flandre, un homme qui fit plaisir à tous les siens : ce fut Caylus, frère de celui d'Espagne et de l'évêque d'Auxerre, cousin germain d'Harcourt, qui avoit épousé la fille de Villette, lieutenant général des armées navales, cousin germain de madame de Maintenon qui avoit toujours pris soin d'elle comme sa propre mère...

« Ce mari blasé, hébété depuis plusieurs années de vin et d'eau-de-vie, étoit tenu à servir, hiver comme été sur la frontière, pour qu'il n'approchât ni de sa femme ni de la cour. Lui aussi ne demandoit pas mieux, pourvu qu'il fût toujours ivre. Sa mort fut donc une délivrance dont sa femme, et ses plus proches ne se contraignirent pas de la trouver telle. »

Peu après on vit madame de Caylus renoncer par un caprice inexplicable aux plaisirs d'une société élégante et polie dont elle était le plus bel ornement, pour se plonger dans une dévotion outrée. Ici encore nous devons laisser la parole à Saint-Simon qui narre avec sa causticité familière cet épisode singulier de la vie de madame de Caylus.

« Elle avoit, dit-il, mis son exil à profit. Elle étoit retournée à Dieu de bonne foi ; elle s'étoit mise entre les mains du P. de la Tour, qui fut ensuite, s'il ne l'étoit déjà, général des Pères de l'Oratoire.... Depuis que le P. de la Tour conduisoit madame de Caylus, la prière continuelle et les bonnes œuvres partagèrent tout son temps et ne lui en laissèrent plus pour aucune société ; le jeûne étoit son exercice ordinaire ; et depuis l'office du jeudi-saint jusqu'à la fin de celui du samedi, elle ne sortoit point de Saint-Sulpice, avec cela toujours gaie, mais mesurée, et ne voyant plus que des personnes tout à fait dans la piété et même assez rarement. Dieu répandoit tant de grâces sur elle que cette femme si mondaine, si faite aussi pour les plaisirs et pour faire la joie du monde, ne regretta jamais, dans ce long espace, que de ne l'avoir pas quitté plus tôt, et ne s'ennuya jamais un moment dans une vie si dure, si amère, qui n'étoit qu'un enchaînement sans intervalle de prières et de pénitences.

« Un si heureux état fut troublé par l'ignorance et la folie du zèle de sa tante, pour se taire sur plus haut; elle lui manda que le roi ni elle ne se pouvoient accommoder plus longtemps de la direction du P. de la Tour ; que c'étoit un janséniste qui la perdoit; qu'il y avoit dans Paris d'autres personnes doctes et pieuses dont les sentimens n'étoient point suspects; qu'on lui laissoit le choix de tous ceux-là ; que c'étoit pour son bien et pour son salut que cette complaisance étoit exigée d'elle ; que c'étoit une obéissance qu'elle ne pouvoit refuser au roi ; qu'elle étoit pauvre depuis la mort de son mari ; enfin, que si elle se conformoit de bonne grâce à cette volonté, sa pension de six mille livres seroit augmentée jusqu'à dix.

« Madame de Caylus eut grand'peine à se résoudre ; la crainte d'être tourmentée prit sur elle plus que les promesses ; elle quitta le P. de la Tour, prit un confesseur au gré de la cour, et, bientôt ne fut plus la même ; la prière l'ennuya, les bonnes œuvres la lassèrent, la solitude lui devint insupportable ; comme elle avoit conservé les mêmes agrémens dans l'esprit, elle trouva aisément des sociétés plus amusantes, parmi lesquelles elle redevint bientôt tout ce qu'elle avoit été. Elle renoua avec le duc de Villeroi, pour lequel elle avoit été chassée de la cour. On verra bientôt que cet inconvénient ne parut rien aux yeux du roi et de madame de Maintenon en comparaison de celui de se sanctifier sous la conduite d'un janséniste. »

La haine dont Louis XIV était animé contre les jansénistes, haine plus violente encore, s'il faut en croire la princesse Palatine, que celle qu'il avait nourrie contre les huguenots, servit admirablement madame de Caylus. Il lui suffit de rompre avec un directeur janséniste pour que le roi oubliât ses méfaits antérieurs et mît un terme à sa disgrâce. Elle revint donc à la cour, et acquit insensiblement plus de faveur et de crédit qu'elle n'en avait obtenu avant son exil. « Elle eut un logement; mais elle demeura enfermée chez madame de Maintenon ou chez madame d'Heudicourt. Peu à peu elle s'élargit chez les Noailles à des heures solitaires, puis, de même chez M. d'Harcourt dont la femme et feu Caylus étoient enfans des deux sœurs. Sa beauté, ses agrémens, son enjouement revinrent. Harcourt, trouvant en elle un instrument très propre à l'aider auprès de madame de Maintenon, la servit auprès d'elle pour la faire nager en plus grande eau. Elle fut des Marlys et des particuliers du roi. Ce fut une grande complaisance du roi pour madame de Maintenon : jamais il n'avoit aimé madame de Caylus..... Néanmoins elle fut admise à tout. La conduite de la duchesse de Noailles lui fut confiée, la compassion de sa captivité la lui fit adoucir et peu à peu la remettre sur le pied des autres femmes de la cour. Bientôt la chambre de madame de Caylus devint un rendez-vous important. Les gens considérables frappoient à cette porte et se trouvoient heureux d'y entrer quelquefois. La dévotion enfin écoulée devint la matière des plaisanteries de madame de Caylus. Elle revit madame la Duchesse et ses anciennes connoissances, avec qui elle déplora la tristesse avec laquelle sa jeunesse s'étoit passée, dont elle faisoit mille contes sur elle-même, en se moquant de toutes ses pratiques de dévotion. Toujours attachée au duc de Villeroi, et lui à elle, ils se voyoient sans que madame de Maintenon le trouvât mauvais, tant elle l'avoit subjuguée ; et à la fin elle se fit une cour les matins, de généraux, de ministres et de la plupart des importants de la cour, par ricochet de madame de Maintenon. Au fond elle se moquoit d'eux tous. »

Madame de Caylus voulut profiter de sa faveur pour s'assurer d'un poste honorable à la cour, et mit en œuvre (c'est encore Saint-Simon qui nous apprend ce fait) le crédit du Dauphin pour obtenir une charge de dame d'atour auprès de la duchesse de Berry. Mais madame de Maintenon, indirectement avisée de cette tentative et craignant de voir sa nièce lui échapper, fit échouer cette démarche.

La mort de Louis XIV et la retraite de madame de Maintenon à Saint-Cyr ramenèrent madame de Caylus à Paris. Elle alla vivre dans une petite maison au milieu des jardins du Luxembourg, où la société du duc de Villeroi, pour lequel elle garda son attachement jusqu'à ses derniers jours, celle de son fils aîné le comte de Caylus et la visite de ses anciennes amies, formaient son unique distraction. Parfois, et c'était là une de ses fêtes, elle prenait le chemin de Saint-Cyr pour aller revoir madame de Maintenon, qui, heureuse d'avoir quitté le monde, permettait rarement à sa nièce de venir troubler son paisible isolement. Durant la régence et le ministère du duc de Bourbon, madame de Caylus s'abstint de paraître à la cour et ne se mêla pas aux événements politiques. Lorsque la chute de Monsieur le Duc eut laissé vacante cette place de premier ministre qui paraissait l'apanage d'un prince du sang, bien que le cardinal Fleury se la fût réservée de longue date ; elle essaya d'inspirer au duc du Maine le désir de prendre dans l'État la première place après le roi, et le sonda sur ses intentions. Mais le prince, peu ambitieux de son naturel, répondit à ses insinuations par un refus formel, et la lettre[1] qu'il écrivit en cette circonstance à son amie trop zélée mérite d'être transcrite comme un modèle de sagesse et d'urbanité :

1. Cette lettre est empruntée au *Recueil mss.* de la Bibliothèque nationale dont il sera question ci-après. (Cf. p. XXIV.)

A Paris, ce 18 avril 1727.

Je suis sensible, comme je dois, madame, à toutes les bontés que vous me marquez dans la lettre que vous m'avez fait l'honneur de m'écrire, et je n'aurois pas manqué d'aller dès aujourd'hui vous en témoigner ma vive reconnoissance si je ne retournois pas à Versailles aussitôt après mon dîné. Les sentimens favorables pour moi que vous avez sucés presque avec le lait auprès d'une personne dont la mémoire me sera toujours chère et respectable, vous font naître sur mon compte des idées trop flatteuses. J'ai quarante ans plus que le roi, madame, et je regarde comme un miracle qu'avec une telle disproportion d'âge, il veuille bien me souffrir sans peut-être me prendre pour un vieux fol ; ainsi je dois penser à ne point le rebuter de moi ; il n'aura jamais certainement de sujet ni plus fidèle, ni plus jaloux de sa gloire, mais il n'en aura aussi jamais de moins curieux de jouer de ces rôles qui, par leur faux éclat, font tourner la tête à tout le monde. En quelque place qu'on soit on peut dire les vérités, il n'est pas besoin pour cela d'autre caractère que celui d'honnête homme, et c'est le seul que je professe ; ne croyant point que le dérangement apporté aux intentions du feu roi m'ait affranchi des lois qu'il m'avait imposées en me chargeant de l'éducation de ce qu'il nous laissait de plus précieux.

Je suis donc présentement, madame, dans une situation fort douce pour moi et pour mes enfants ; mon goût et ma raison me donnent une répugnance invincible sur les choses que je me figure que vous craignez de confier au papier. Ne m'en méprisez pas davantage, je vous prie, et si vous me blâmez, ne croyez pas, du moins, que je pêche par pusillanimité. Honorez-moi, madame, de la continuation de vos bontés, j'ose vous assurer que je ne m'en rendrai jamais indigne.

L.-A. DE BOURBON.

Le duc du Maine, que la faveur du grand roi vieillissant avait élevé si haut et que la Régence avait brutalement humilié, jusqu'à le dépouiller de son titre de prince du sang, voulait, avec juste raison, se tenir à l'abri des orages politiques. Si madame de Caylus avait fondé quelque espérance sur le rôle qu'elle lui proposait de jouer elle n'eut pas longtemps à souffrir de sa déception, car deux années après, le 15 avril 1729, elle mourait, à peine âgée de cinquante-six ans.

C'est pendant une de ses dernières maladies que madame de Caylus, cédant aux instances de son fils aîné qui avait renoncé pour un moment à ses lointaines pérégrinations et était venu partager sa retraite du Luxembourg, dicta le petit livre auquel elle donna modestement le titre de *Souvenirs*[1]. Gardé avec un soin jaloux par le comte de Caylus, ce document historique ne semblait point destiné à la publicité, et l'heureux possesseur de ce trésor ne le confiait guère qu'à des amis intimes sur la délicatesse et la discrétion desquels il était en droit de compter. Aussi est-ce seulement cinq ans après sa mort, en 1770, que les *Souvenirs* furent imprimés en Hollande. Pour le public lettré d'alors qui ne connaissait guère le siècle de Louis XIV que par le vague résumé de Voltaire et les compilations romanesques de La

---

1. La plupart des renseignements que l'on possède sur la rédaction et la publication des *Souvenirs* de madame de Caylus, ont été fournis par un ancien secrétaire du comte de Caylus, Marin, dans deux lettres qu'il écrivit au *Journal des Débats* et que nous avons publiées dans l'Appendice.

Beaumelle, cette œuvre fut une révélation. On lut avec une avide curiosité ce récit vrai et spirituel d'un témoin oculaire qui racontait tout ce qu'il avait vu avec autant de charme que de sincérité. Depuis, des documents bien autrement étendus sont venus éclairer la même époque d'un jour tout nouveau, et l'importance historique des *Souvenirs* de madame de Caylus s'est trouvée quelque peu amoindrie. Mais, même placés à côté des *Mémoires de Saint-Simon* et des *Historiettes de Tallemant des Réaux*, ils gardent cet attrait piquant et ce charme particulier qui distinguent la conversation d'une femme de cour qui est en même temps une femme d'esprit.

Parmi les critiques modernes nul ne les a jugés avec plus de délicatesse et de tact que Sainte-Beuve, et il n'est pas possible d'en parler maintenant sans emprunter à l'éminent écrivain quelques pages de ses *Causeries*. « Ce petit livre des *Souvenirs*, dit-il, ne semble rien aujourd'hui, parce que toutes ces anecdotes ont passé depuis la circulation et qu'on les sait par cœur sans se rappeler de qui on les tient ; mais c'est madame de Caylus qui les a si bien racontées la première. Ce petit livre est du genre des Mémoires de la reine Marguerite, et des quelques pages historiques de madame de La Fayette : c'est *l'œuvre d'une après-dînée*. Il ne s'y voit aucun effort : *elle n'a pas tâchée*, disait-on de madame de Caylus. Sa plume court avec abandon, avec négligence ; mais ces négligences sont celles mêmes qui font la facilité et le charme de la conversation. Ne lui demandez qu'une suite de portraits et d'esquisses, elle y excelle. Cette plume légère touche tout à point; elle prend dans chaque personne le trait dominant et saisit ce qu'il faut faire voir en chacun.....

« Ce qui distingue au premier aspect tous ces portraits de madame de Caylus, c'est la finesse ; la vigueur et la fermeté qui y sont souvent au fond n'y paraissent que voilées. Mais il est des moments où le mot vrai se fait jour et où l'expression vive éclate. L'*impudence* de madame de Montespan qui s'enhardit à ses grossesses successives, la bassesse des Condé qui ambitionnent de s'allier au roi par toutes ses branches bâtardes, tous ces traits sont touchés hardiment et comme il sied à la petite-fille de d'Aubigné. Le roi ayant marié le duc du Maine, fait d'abord à ce prince des représentations sur sa femme qui le ruine ; mais voyant que ces représentations ne servent qu'à faire souffrir intérieurement un fils qu'il aime, il prend le parti du silence, et le *laisse croupir* dans son aveuglement et sa faiblesse. Il n'y a rien d'efféminé dans ces tons-là. On sent, à lire ces femmes si polies, que Molière non moins que Racine a assisté de son génie à leur berceau, et que Saint-Simon n'est pas loin.....

« Les esprits pénétrants et vrais sont bien embarrassés de leur rôle en ce monde : s'ils disent ce qu'ils voient et ce qui est, ils courent risque de passer pour méchants. Madame de Caylus n'était qu'un peintre vrai, et qui ne pouvait s'empêcher, même en courant, de saisir les objets au vif. »

Mais madame de Caylus n'est pas tout entière dans ses *Souvenirs*. Il faut, pour achever de connaître son caractère, l'étudier dans sa correspondance avec madame de Maintenon. Cette correspondance remonte aux premiers temps de sa disgrâce ; elle se continue même après son retour à Versailles par de petits billets écrits d'une chambre à l'autre, et reprend de l'activité lorsque la mort de Louis XIV a séparé madame de Caylus de sa tante. Négligée jusqu'ici par les éditeurs des *Souvenirs*, et perdue en quelque sorte dans la vaste publication de La Beaumelle, elle n'avait guère fixé l'attention. Et cependant elle mérite d'être lue, plus encore à cause de son intérêt historique que de sa valeur littéraire, et nous avons pensé qu'elle devait former le complément indispensable des *Souvenirs*. A la correspondance déjà publiée [1], nous avons ajouté vingt-quatre lettres inédites [2]

---

1. Dans l'édition de La Beaumelle, la correspondance de madame de Caylus comprend, outre les lettres à madame de Maintenon, une lettre adressée à mademoiselle d'Aumale et une autre à madame de Glapion, que nous avons publiées en y ajoutant une troisième lettre adressée à l'abbé Conty, qui se trouve imprimée dans les *Souvenirs du comte de Caylus*, œuvre apocryphe fabriquée par Serieys.

2. Ces vingt-quatre lettres inédites sont conservées à la Bibliothèque nationale, dans le Recueil n° 15199 du fonds français. Ce Recueil, qui provient du libraire Renouard, comprend

écrites par madame de Caylus à son fils aîné, l'antiquaire célèbre qui fut, au XVIIIe siècle, l'un des protecteurs les plus généreux des artistes et le plus actif des représentants de l'art. Réunis ensemble les *Souvenirs* et la *Correspondance* de madame de Caylus permettent d'apprécier en pleine connaissance de cause ce modèle de grâce et d'urbanité[1] si justement admiré de ses contemporains, et si délicatement caractérisé par Sainte-Beuve dans la conclusion de l'étude qu'il lui a consacrée. « Cette aînée de Saint-Cyr, cette sœur d'*Esther*, et qui ne se tint pas à ce rôle si doux, est comme la dernière fleur qu'ait produite l'époque finissante de Louis XIV, et elle ne s'est ressentie en rien de l'âge suivant. Venue après les La Fayette, les Sévigné et les Maintenon, remarquée ou cultivée par elle et les admirant, elle sut ne leur ressembler que pour se détacher à son tour, et elle brille de loin à leur suite, la plus jeune et la plus

---

en outre vingt lettres originales de madame de Maintenon, et la lettre du duc du Maine, publiée ci-dessus. La note du *catalogue Renouard*, relative à ce manuscrit, porte que les lettres de madame de Caylus sont adressées à son fils cadet, le chevalier de Malte; c'est là une erreur que la simple lecture de ces lettres permet de constater avec une entière certitude.

1. Un académicien du dix-huitième siècle, l'abbé Gédoyn, auteur de *Réflexions sur le goût*, désignait madame de Caylus comme l'expression la plus parfaite de ce qu'il appelait *urbanité*, et il invoquait à l'appui de cette appréciation un charmant portrait de madame de Caylus, tracé par un courtisan spirituel, l'introducteur des Ambassadeurs Rémond. Il nous a paru intéressant de transcrire ce portrait à la suite de notre notice historique, dont il forme le complément naturel.

riante, avec son éclat distinct et sa délicatesse sans pâleur. »

Quel fut le premier éditeur des *Souvenirs ?* C'est ce qu'il est difficile d'indiquer avec une certitude absolue. S'il faut en croire le témoignage de Marin, ils furent livrés à l'impression par un homme de lettres indélicat qui avait abusé de la bienveillance du comte de Caylus. Sans nommer cet écrivain, Marin le désigne assez clairement pour qu'il soit impossible de s'y méprendre, et l'on devine sans peine qu'il veut parler de Diderot. Cette singulière assertion semble démentie par les faits, puisque la première édition des *Souvenirs* publiée en Hollande, en 1770, chez Jean-Robert, renferme une préface et des notes que l'on a toujours attribuées à Voltaire. Si donc Diderot avait vendu pour vingt-cinq louis à un libraire de Hollande la copie du manuscrit que lui avait confié le comte de Caylus, il faudrait admettre — ce qui est assez invraisemblable — qu'il avait obtenu à point, pour son édition clandestine, la complicité de Voltaire.

D'autre part, Marin réfutant une opinion émise par l'académicien Auger, dans la préface de l'édition publiée en 1804 par Renouard, affirmait qu'il n'était point vrai que les *Souvenirs eussent couru le monde en copies manuscrites jusqu'en* 1770.

Quelque bien informé que voulût paraître l'ancien secrétaire du comte de Caylus, il émettait vraisemblement une assertion erronée, puisque sur ce point encore les faits lui donnent un démenti. En effet, peu après l'édition de Jean-Robert, il en parut une nouvelle chez Marc-Michel Rey, à Amsterdam, qui ne reproduisait ni la préface ni les notes attribuées à Voltaire, mais dont le texte différait fréquemment de celui publié précédemment. Or, comment expliquer ces variantes si ce n'est par l'existence d'une seconde copie? Il y a plus : M. Monmerqué a retrouvé les *Souvenirs* de madame de Caylus intercalés par fragments dans les mémoires d'une ancienne élève de Saint-Cyr, mademoiselle d'Aumale, et il a constaté que pour nombre de passages la rédaction de mademoiselle d'Aumale ne ressemblait nullement aux textes déjà imprimés. Il est donc évident, en dépit de l'affirmation de Marin, que les *Souvenirs* ont été transcrits à diverses reprises, probablement après la mort du comte de Caylus ; et Voltaire put les faire imprimer sans doute à l'aide d'une copie qui était tombée entre ses mains.

C'est d'après le texte même donné par Voltaire que nous avons publié notre édition, non sans indiquer les variantes mises au jour par le docte Monmerqué, toutes les fois qu'elles présentaient quelque intérêt. A l'exemple de nos devanciers, nous avons conservé la préface et les notes de Voltaire qui forment pour ainsi dire corps avec l'ouvrage, et en sont devenues inséparables ; les notes sont indiquées par un signe spécial (*). Toutefois comme sur bien des points les documents mis en lumière depuis un demi-siècle permettaient de rectifier et de compléter les observations de l'auteur du *Siècle de Louis XIV*, nous avons ajouté à la rédaction ancienne tous les renseignements nouveaux fournis par les témoignages contemporains. C'est encore à ces témoignages que nous avons fait appel pour suppléer aux lacunes de l'annotation primitive, devenue maintenant trop restreinte pour satisfaire aux légitimes exigences des lecteurs.

Pour la correspondance de madame de Caylus avec madame de Maintenon, nous avons adopté le texte publié par La Beaumelle. S'il est avéré que cet écrivain a fréquemment altéré ou tronqué pour les besoins de sa cause les lettres de madame de Maintenon, il est aussi généralement admis qu'il a publié dans toute leur intégrité celles de ses correspondantes. Ce fait, constaté en maintes occasions, et notamment par Sautreau de Marsy, qui réimprima, en 1808, la correspondance générale de madame de Maintenon, est une garantie d'authenticité absolue pour les lettres de madame de Caylus. Quant aux lettres adressées au comte de Caylus, nous les avons publiées d'après l'original conservé dans le Recueil manuscrit que possède la Bibliothèque nationale.

Nous avons donc l'espérance que cette édition dans laquelle tout ce qui reste des écrits de madame de Caylus a été réuni pour la première fois avec un soin scrupuleux, sera favorablement accueillie et utilement consultée par ce public curieux du passé qui s'intéresse à l'histoire intime de l'ancienne société française.

ÉMILE RAUNIÉ.

PORTRAIT

DE MADAME LA COMTESSE DE CAYLUS

PORTRAIT

DE

MADAME LA COMTESSE DE CAYLUS

J'ai lu qu'autrefois on avoit dit, sur le poète Aristophane, que les Grâces voulant avoir un temple commun, avoient fait choix de son esprit pour y recevoir le culte des mortels. Il me semble qu'un éloge si galant convenoit mieux à feue madame la comtesse de Caylus. Dès qu'on avoit fait connoissance avec elle, on quittoit, sans y penser, ses maîtresses, parce qu'elles commençoient à plaire moins; et il étoit difficile de vivre dans sa société sans devenir son ami et son amant. Quelles autres divinités que les Grâces peuvent produire des effets si extraordinaires!

Les anciens poètes avoient imaginé une autre divinité qui étoit bien aussi aimable, ils la nommèrent la Persuasion ; et, pour donner une grande idée de Périclès, ils dirent qu'elle habitoit sur ses lèvres : eh ! tout le monde ne la voyoit-il pas dans toutes les actions et dans toutes les paroles de madame de Caylus ?

Le mot de *Charmes* se prodigue, et les dons de Vénus et de Minerve réunis ne me paraissent pas suffire pour le mériter ; en un mot, ce qui ne sait pas dégoûter de tout le reste du monde n'en est pas digne. Or, je demande à tous ceux qui ont eu le bonheur de vivre avec elle, si, en sa présence, ils n'ont pas oublié toute la nature, et s'ils ont jamais souhaité d'être ailleurs.

Elle étoit née avec beaucoup d'esprit, et avoit eu l'avantage d'être élevée par la femme du monde qui avoit le plus de connaissance des vrais agrémens, aussi personne n'avoit une politesse plus noble, plus aisée, ni une plus grande exactitude sur toutes les bienséances, que madame la comtesse de Caylus.

Sa curiosité, et la société des gens de réputation l'avoient rendue savante malgré elle, quoiqu'ils aient, je crois, toujours été plus occupés de lui plaire que de l'instruire, d'ailleurs son éloignement pour ceux qu'on appelle beaux esprits, répondoit à la beauté naturelle du sien et à la délicatesse de son goût.

Elle ne mettoit point de rouge et ne pensoit pas

à son ajustement, ce qui peut-être, venoit autant de la connoissance qu'elle avoit de ses propres forces, que de son indifférence pour plaire.

Après avoir admiré la droiture de son bon sens dans les conversations sérieuses, si on se mettoit à table elle en devenoit aussitôt la Déesse; alors elle me faisoit souvenir de l'Hélène d'Homère. Ce poëte, pour faire connoître les effets de sa beauté et de son esprit, feint qu'elle jetoit dans le vin une plante rare qu'elle avoit apportée d'Égypte, et dont la vertu faisoit oublier tous les déplaisirs qu'on avoit jamais eus. Madame de Caylus menoit plus loin qu'Hélène; elle répandoit une joie si douce et si vive, un goût de volupté si noble et si élégant dans l'âme de ses convives, que tous les caractères paroissoient aimables et heureux, tant est surprenante la force, ou plutôt la magie d'une femme qui possède de véritables charmes.

Je me souviens que mademoiselle de Lenclos, qui s'est rendue si illustre par son esprit et plus encore pour avoir su conserver les vertus morales avec des goûts qui communément dans les femmes les excluent, comparoit madame la comtesse de La Fayette à ces riches campagnes de Beaune qui rapportent d'excellent fromage, et madame de La Sablière à un joli parterre qui charme les yeux. On peut dire que madame de Caylus joignoit la solidité de l'une aux agrémens de l'autre. Dans le temps de la gaîté, son imagination ressembloit aux délicieux jardins de Trianon, surtout quand au printemps la terre s'y couronne de fleurs; et son discernement a toujours été si clair, que si elle s'est jamais trompée, ce n'a été que par sentiment, la plus douce et la plus excusable de toutes les erreurs.

La douleur et la mort nous l'ont enlevée dans le temps que ses vertus s'augmentoient et que ses agrémens ne diminuoient pas. Elle seule, dans cet événement funeste, a conservé la fermeté d'une belle âme et cette douceur céleste qui avoit charmé en elle dans tout le cours de sa vie. Nous ne la voyons plus, mais nous l'aimerons, nous la regretterons toujours; et au lieu de fleurs nous répandrons des larmes sur un si cher et si précieux tombeau.

PRÉFACE

DE LA PREMIÈRE ÉDITION

Cet ouvrage de madame de Caylus est un de ceux qui font le mieux connoître l'intérieur de la cour de Louis XIV. Plus le style en est simple et négligé, plus sa naïveté intéresse. On y retrouve le ton de sa conversation; elle n'a point tâché, comme disoit M. le duc d'Antin[1]. *Elle étoit du nombre des femmes qui ont de*

---

1. Louis-Antoine de Pardaillan de Gondrin, premier duc d'Antin, seul enfant légitime de la marquise de Montespan, se trouvait être le demi-frère des bâtards légitimés de Louis XIV, le duc du Maine et le comte de Toulouse. Son habileté de courtisan lui permit de parvenir aux plus hautes dignités, après la mort de sa mère qui l'avait systématiquement écarté de la cour. Il avait laissé sur les événements historiques auxquels il fut mêlé des Mémoires assez volumineux, puisque Lemontey en cite le tome VIIIᵉ; mais on ignore ce qu'ils sont devenus. L'on ne connaît aujourd'hui de lui qu'une autobiographie assez courte, publiée par M. de Châteaugiron dans les *Mélanges de la Société des Bibliophiles* (Paris, Didot, 1828). On peut consulter sur ce personnage les *Mémoires* de Saint-Simon, qui le peignent sous de vilains traits, et une intéressante étude de Sainte-Beuve (*Causeries du Lundi*, tome V).

l'esprit et du sentiment sans en affecter jamais. C'est grand dommage qu'elle ait eu si peu de souvenir, et qu'elle quitte le lecteur lorsqu'il s'attend qu'on lui parlera des dernières années de Louis XIV, et de la Régence. Peut-être même l'esprit philosophique qui règne aujourd'hui ne sera pas trop content des petites aventures de cour qui sont l'objet de ces mémoires. On veut savoir quels ont été les sujets des guerres; quelles ressources on avoit pour les finances; comment la marine dépérit après avoir été portée au plus haut point où on l'eût jamais vue chez aucune nation; à quelles extrémités Louis XIV fut réduit; comment il soutint ses malheurs, et comment ils furent réparés; dans quelle confusion son confesseur Le Tellier jeta la France, et quelle part madame de Maintenon put avoir à ces troubles intestins, aussi tristes et aussi honteux que ceux de la Fronde avoient été violens et ridicules. Mais, tous ces objets ayant été presque épuisés dans l'histoire du siècle de Louis XIV, on peut voir avec plaisir de petits détails qui font connoître plusieurs personnages dont on se souvient encore.

Ces particularités même servent, dans plus d'une occasion, à jeter de la lumière sur les grands événemens.

D'ordinaire les petits détails des cours, si chers aux contemporains, périssent avec la génération qui s'en est occupée; mais il y a des époques et des cours dont tout est longtemps précieux. Le siècle d'Auguste fut de ce genre. Louis XIV eut des jours aussi brillans, quoique sur un théâtre beaucoup moins vaste et moins élevé. Louis XIV ne commandoit qu'à une province de l'empire d'Auguste ; mais la France acquit sous ce règne tant de réputation par les armes, par les lois, par de grands établissemens en tout genre, par les beaux-arts, par les plaisirs même, que cet éclat se répand jusque sur les plus légères anecdotes d'une cour qui étoit regardée comme le modèle de toutes les cours, et dont la mémoire est toujours précieuse.

Tout ce que raconte madame la marquise de Caylus est vrai ; on voit une femme qui parle toujours avec candeur. Ses Souvenirs *serviront surtout à faire oublier cette foule de misérables écrits sur la cour de Louis XIV, dont l'Europe a été inondée par des auteurs faméliques qui n'avoient jamais connu ni cette cour, ni Paris.*

Madame de Caylus, nièce de madame de Maintenon, parle de ce qu'elle a entendu dire et de ce qu'elle a vu, avec une vérité qui doit détruire à jamais toutes ces impostures imprimées, et surtout les prétendus Mémoires de madame de Maintenon, *compilés par l'ignorance la plus grossière et par la fatuité la plus révoltante, écrits d'ailleurs de ce mauvais style des mauvais romans qui ne sont faits que pour les antichambres*[1].

1. Toute cette partie de la *Préface* est une critique acerbe des *Mémoires de madame de Maintenon* publiés par La Beaumelle. La Beaumelle avait encouru la haine de Voltaire par un passage de ses *Pensées*, peu flatteur pour l'ami du grand Frédéric. « Qu'on parcoure l'histoire ancienne et moderne, disait-il, on ne trouvera point d'exemple de prince qui ait donné sept mille écus de pension à un homme de lettres à titre d'homme de lettres. Il y a eu de plus grands poëtes que Voltaire, il n'y en eut jamais de si bien récompensé... Le roi de Prusse a comblé de bienfaits les hommes à talents précisément par les mêmes raisons

Que penser d'un homme qui insulte au hasard les plus grandes familles du royaume, en confondant perpétuellement les noms, les événemens; qui vous dit d'un ton assuré que M. de Maisons, premier président du Parlement, avec plusieurs conseillers, n'attendoient qu'un mot du duc du Maine pour se déclarer contre la régence du duc d'Orléans, *tandis que* M. *de Maisons, qui ne fut jamais président, avoit arrangé lui-même tout le plan de la régence;*

Qui ose avancer que les articles secrets du traité de Rastadt excluoient Philippe V du trône, *comme s'il y avait eu des articles secrets à Rastadt;*

Qui prétend que la princesse des Ursins, à l'âge de soixante et un ans, avoit inspiré à Philippe V, roi d'Espagne, une violente passion pour elle?

Qui a eu l'impudence d'affirmer que Monseigneur, fils de Louis XIV, épousa mademoiselle Chouin, et

qui engagent un prince d'Allemagne à combler de bienfaits un bouffon ou un nain. » Voltaire qui ne pratiquait point le pardon des injures, mit La Beaumelle au même rang que Fréron et Desfontaines et chercha, non sans y réussir quelquefois, toutes les occasions de lui nuire. Il se fit en outre un malin plaisir de le prendre sans cesse à partie et de réfuter toutes ses assertions. Mais, ainsi que le remarquait un éditeur des *Lettres de madame de Maintenon* (Sautereau de Marsy, — Paris, Léopold Collin), « s'il relève ses défauts avec autant d'aigreur que de mépris, il ne lui rend jamais justice sur ses bonnes qualités ; et il est arrivé de là que ses nombreuses critiques ont fait peu d'impression. On y voit trop l'ennemi le plus acharné. » Pour avoir une idée exacte de la polémique de Voltaire contre de La Beaumelle, il suffit de lire, avec la Préface ci-dessus, toutes les notes du *Siècle de Louis XIV* (Cf. Edition Louandre, où ces notes sont intégralement reproduites) et quelques-unes de celles qui accompagnent les *Souvenirs* de madame de Caylus.

rappelle sur cette fausseté tous les contes absurdes imprimés chez les libraires de Hollande ;

Qui, pour donner du crédit à ces contes, cite l'exemple d'Auguste, lequel, selon lui, étoit amoureux de Cléopatre? C'est bien savoir l'histoire !

Voilà par quels gredins la plupart de nos histoires secrètes modernes ont été composées. Quand madame de Caylus n'auroit servi par ses mémoires qu'à faire rentrer dans le néant les livres de ces misérables, elle auroit rendu un très grand service aux honnêtes gens amateurs de la vérité.

SOUVENIRS

SOUVENIRS

DE

MADAME DE CAYLUS

Le titre de Mémoires, quoique de toutes les façons d'écrire la plus simple et la plus libre, m'a cependant paru encore trop sérieux pour ce que j'ai à dire, et pour la manière dont je le dis[1]. J'écris[2] des *Souvenirs* sans ordre, sans exactitude[3], et sans autre prétention que celle d'amuser mes amis, ou du moins de leur donner une preuve de ma complaisance. Ils ont cru que je savois des choses particulières d'une cour que

---

1. Peu de femmes, parmi celles dont les écrits méritent d'être lus, ont imité la modestie de madame de Caylus. Il n'y a guère que madame de Genlis (*Souvenirs de Félicie*) et madame Vigée Le Brun, qui aient donné à leurs ouvrages le titre de *Souvenirs*.
2. Ainsi que nous l'avons déjà remarqué (Cf. Notice biographique), madame de Caylus n'écrivit pas ses *Souvenirs*; elle les dicta à son fils.
3. Il ne faudrait point prendre à la lettre cette assertion. Si l'ordre manque en général dans les *Souvenirs*, l'exactitude est rarement contestable.

j'ai vue de près, et ils m'ont priée de les mettre par écrit. Je leur obéis ; sûre de leur fidélité et de leur amitié, je ne puis craindre leur imprudence, et je m'expose volontiers à leur critique.

Je commencerai ces *Souvenirs* par madame de Maintenon, dont l'esprit, le mérite et les bontés qu'elle eut pour moi, ne s'effaceront jamais de ma mémoire. Mais ni la prévention que donne l'éducation, ni les mouvemens de ma reconnoissance, ne me feront rien dire de contraire à la vérité.

Madame de Maintenon étoit petite-fille de Théodore-Agrippa d'Aubigné, élevé auprès de Henri IV, dans la maison de Jeanne d'Albret, reine de Navarre, et connu surtout par ses écrits et son zèle pour la religion protestante, mais plus recommandable encore par une sincérité dont il parle lui-même dans un manuscrit que j'ai vu de sa main, et dans lequel il dit que sa rude probité le rendoit peu propre auprès des grands.

Il eut l'honneur de suivre Henri IV dans toutes les guerres qu'il eut à soutenir ; et se retira, après la conversion de ce prince, dans sa petite maison de Mursay, près de Niort en Poitou[1].

Le zèle d'Agrippa d'Aubigné pour sa religion, et son attachement pour son maître, lui firent tenir un discours après l'assassinat de Jean Châtel, qui lui fit beaucoup d'honneur dans le parti des huguenots.

1.* Il en fait la description dans le *Baron de Fœneste* (Liv. I, chap. v); et c'est de lui-même qu'il parle sous le nom d'*Enay*.

Vous n'avez, dit-il à Henri IV, *renié Jésus-Christ que de bouche, vous avez été blessé à la bouche ; mais si vous le renoncez de cœur, vous serez blessé au cœur*[1].

M. d'Aubigné s'occupa dans sa retraite à écrire l'histoire universelle de son temps[2], et dans la préface de ce livre, il donne à Henri IV une louange qui m'a toujours paru si propre à lui, et si belle, que je ne puis m'empêcher de la rapporter ici. Il appelle Henri IV *le conquérant du sien*, éloge qui renferme, ce me semble, en deux mots, toute la justice de sa cause et toute la gloire des autres conquérans.

Théodore-Agrippa d'Aubigné, dont je parle, épousa Suzanne de Lezay, de la maison de Lusignan[3].

1.* Ces paroles sont rapportées par d'Aubigné lui-même dans ses *Mémoires*. — Voici le passage en question : « Sire, vous n'avez encore renoncé Dieu que des lèvres, il s'est contenté de les percer ; mais quand vous le renoncerez du cœur, il percera le cœur. » (Édit. Lalanne, 1854, p. 94.)

2. L'*Histoire universelle* d'Agrippa d'Aubigné formait trois volumes in-folio. Les deux premiers furent imprimés à Saint-Jean-d'Angély (1616-1620) ; mais le troisième était si plein de hardiesses qu'il fut nécessaire de l'imprimer à Genève (1626). Le livre publié sans privilège fut saisi et condamné au feu par le Parlement, et l'auteur dut s'expatrier. Outre cette histoire, d'Aubigné a laissé divers autres écrits curieux, dont MM. Réaume et de Caussade ont commencé une réimpression complète. (Paris, Lemerre, 5 vol. in-8.)

3. De la branche de Vivonne. D'Aubigné avait eu d'elle cinq enfants, dont trois seulement lui survécurent. (Consulter, sur la famille d'Aubigné, la biographie de madame de Maintenon, placée par Théophile Lavallée en tête des *Mémoires de Languet de Gergy*, Plon, édit., in-8°; et l'ouvrage de M. Honoré Bonhomme, *Madame de Maintenon et sa famille*, dans lequel se trouvent recueillis bon nombre de documents curieux et inédits. — Didier, édit., in-12.)

Il eut de ce mariage un fils et deux filles : l'aînée épousa M. de Caumont Dadde, et l'autre M. de Villette, mon grand-père. Le fils fut malheureux, et mérita ses malheurs par sa conduite[1]. Il épousa, étant prisonnier dans le Château-Trompette[2] de Bordeaux, Jeanne de Cardillac, fille de Pierre de Cardillac, lieutenant de M. le duc d'Épernon, et gouverneur, sous ses ordres, de cette place[3]. Sa femme ne l'abandonna jamais dans ses malheurs, et accoucha, dans la Con-

---

1. Il fut accusé d'avoir fait de la fausse monnaie. (*Note de madame de Caylus.*) — C'était là sans doute un grave méfait, mais ce n'était pas le seul ; Constant d'Aubigné avait aussi à se reprocher l'assassinat de sa première femme, Anne Marchant. M. Théophile Lavallée a retracé, dans son étude sur la *Famille d'Aubigné*, l'existence aventureuse de cet audacieux personnage que son père avait déshérité « pour plusieurs offenses énormes, particulièrement pour avoir esté son accusateur et calomniateur en crime de lèse-majesté. »

2. Constant d'Aubigné fut enfermé une première fois au Château-Trompette, en septembre 1627, par suite de ses liaisons avec les Anglais, dont on lui faisait un crime d'État. Le 27 décembre, il épousait Jeanne de Cardillac, et sortait de prison le 20 février 1628. Mais, sur l'ordre de Richelieu, il fut de nouveau incarcéré en décembre 1632, pour avoir pris part aux menées de Gaston d'Orléans, et resta, pendant dix ans, privé de sa liberté.

3. Il est probable que ce mariage fut quelque peu forcé. Mademoiselle d'Aumale dit à ce sujet, dans ses *Mémoires* : « La fille de Cardilhac prit du goût pour M. d'Aubigné. Elle était catholique et a toujours été depuis une femme d'esprit et de mérite ; mais la médisance veut qu'elle soit devenue grosse du prisonnier de son père avant de l'avoir épousé. Voilà d'où vient le faux bruit, parmi bien des personnes, que madame de Maintenon était fille d'un geôlier. » Un an après, la jeune femme, édifiée sur le caractère de son mari, demandait au tribunal de Niort une séparation de biens, qui lui fut accordée en avril 1729.

ciergerie de Niort[1], de Françoise d'Aubigné, depuis madame Scarron, et ensuite madame de Maintenon[2].

Je me souviens d'avoir entendu raconter que madame d'Aubigné, étant venue à Paris demander au cardinal de Richelieu la grâce de son mari, ce ministre avoit dit en la quittant : *Elle seroit bien heureuse si je lui refusois ce qu'elle me demande.*

Il est aisé de croire qu'un tel homme n'avoit pas beaucoup de religion; mais il est rare qu'il en parlât à sa fille et à une enfant; car j'ai ouï dire à madame de Maintenon que, la tenant entre ses bras, il lui disoit : *Est-il possible que vous, qui avez de l'esprit, puissiez croire tout ce qu'on vous apprend dans votre catéchisme ?*

Les mauvaises affaires que M. d'Aubigné s'étoit faites l'obligèrent à la fin de prendre un établissement

---

1. Constant d'Aubigné, lors de sa seconde détention, fut transféré à Poitiers en 1634 et en 1635, aux prisons de la Conciergerie du palais de Niort.

2. Voici l'acte de baptême de Françoise d'Aubigné, extrait du registre de l'église Notre-Dame de Niort, et publié par M. Lavallée (Ouvr. précité, p. 48) :

« Le vingt-huitième jour de novembre 1635, fut baptisée Françoise, fille de messire Constant d'Aubigny, seigneur d'Aubigny et de Surimeau, et de dame Jeanne de Cardilhac, conjoints. Son parrain fut François de La Rochefoucault, fils de haut et puissant seigneur messire Benjamin de La Rochefoucault, seigneur d'Estissac et de Maigno, et sa marraine demoiselle Suzanne de Baudéan, fille de haut et puissant Charles de Baudéan, seigneur baron de Neuilhant, gouverneur pour Sa Majesté de cette ville et château.

SUZANNE DE BAUDÉAN, FRANÇOIS DE LAROCHEFOUCAULT, CONSTANT D'AUBIGNY, MÉAULME, *curé.*

en Amérique. Il y mena sa famille, qui consistoit en une femme, deux garçons[1], et cette petite fille, qui n'avoit, je crois, que dix-huit mois, et qui fut si malade dans le trajet qu'on fut prêt de la jeter à la mer, la croyant morte.

M. d'Aubigné mourut à la Martinique à son second voyage[2]; car je crois avoir entendu dire qu'il en avoit fait deux. Quoi qu'il en soit, madame d'Aubigné revint en France avec ses enfants; elle trouva leurs biens vendus et dissipés par les créanciers de leur père, et par l'injustice de quelques-uns de ses parents. Ma grand'mère, sœur de leur père, et femme de mérite, prit soin de cette famille malheureuse, et surtout de la petite fille, qu'elle demanda à sa mère, et qu'elle élevoit comme ses propres enfans; mais mon grand-père et ma grand'mère étant huguenots, madame de Neuillan, mère de la maréchale de Navailles[3] et parente de M. d'Aubigné, demanda à la

---

1. Des deux frères aînés de madame de Maintenon, un seul survécut; il avait hérité de l'esprit, de la malignité et des vices de son père.

2. Il mourut au retour de son deuxième voyage de la Martinique, dans un voyage qu'il fit à Orange. (*Note de madame de Caylus.*) — Il y a dans cette note une erreur que M. Lavallée rectifie en démontrant que Constant d'Aubigné mourut *à la Martinique* en 1647.

3. Suzanne de Baudean, marraine de madame de Maintenon, qui devint plus tard maréchale de Navailles, était fille de Charles de Beaudéan, baron de Neuillant, et de Françoise Tiraqueau. Comme Charles de Beaudéan avait eu pour mère une tante de Suzanne de Lezay, mère de Constant d'Aubigné, Françoise Tiraqueau, se prétendait parente des d'Aubigné et s'attribuait un droit de protection sur les enfants de Constant.

reine mère un ordre pour retirer cette enfant de leurs mains.

Madame de Neuillan voulut faire par là sa cour à la Reine ; mais son avarice[1] la fit bientôt repentir de s'être chargée d'une demoiselle sans bien, et elle chercha à s'en défaire à quelque prix que ce fût. C'est dans ce dessein qu'elle l'amena à Paris, et qu'elle la mit dans un couvent, où elle se fit catholique, après une longue résistance pour sa jeunesse ; car je crois qu'elle n'avoit pas encore quatorze ans faits.

Je me souviens, à propos de cette conversion, d'avoir entendu dire à madame de Maintenon, qu'étant convaincue sur les articles principaux de la religion, elle résistoit encore, et ne vouloit se convertir qu'à condition qu'on ne l'obligeât pas de croire que sa tante qui étoit morte, et qu'elle avoit vu vivre dans sa religion comme une sainte, fût damnée.

Après que madame de Neuillan eut fait made-

---

1. « C'étoit l'avarice même, écrit Saint-Simon. Elle ne put se résoudre à donner du pain à madame de Maintenon sans en tirer quelque service ; elle la chargea donc de la clef de son grenier pour donner le foin et l'avoine par compte, et l'aller voir manger à ses chevaux. » Parvenue aux faîte des grandeurs, madame de Maintenon ne rougissait pas de raconter les misères de son enfance, et de rappeler la domesticité dont l'avait honorée une parente sans cœur. Ses propres écrits confirment sur ce point le témoignage de Saint-Simon : « On nous plaquoit, dit-elle, un masque sur le nez, car on avoit peur que nous ne nous hâlassions ; on nous mettoit au bras un petit panier où étoit notre déjeûner avec un petit livre des quatrains de Pibrac, dont on nous donnoit quelques pages à apprendre par jour ; avec cela on nous mettoit une grande gaule dans la main, et on nous chargeoit d'empêcher que les dindons n'allassent où ils ne devoient pas aller. » (*Conseils et Instructions aux Dames de Saint-Cyr.*)

moiselle d'Aubigné catholique, elle la maria au premier qui se présenta[1]; et ce fut M. Scarron, trop

[1]. Madame de Neuillan n'attendit pas qu'un époux se présentât, elle prit la peine de le chercher. Ce fut elle qui, fréquentant la maison de Scarron, y amena à sa suite mademoiselle d'Aubigné, et cela avec l'intention bien arrêtée d'arriver à un mariage. Les *Mémoires* de Languet de Gergy ne laissent aucun doute sur ce point : « Je vois, écrit-il, par les Mémoires qui m'ont été donnés, que ce fut madame de Neuillan qui imagina ce beau mariage, et qu'il fut le fruit de son intrigue. Avare comme elle étoit, elle se trouvoit surchargée de l'entretien d'une fille de qualité, sa parente, et elle ne songeoit qu'à s'en défaire, sans qu'il lui en coutât. Ainsi, jugeant par la dépense que faisoit M. Scarron, qu'il avoit du bien, et sachant qu'il étoit indisposé pour ses parens avec qui il avoit été en procès, elle crut faire un coup d'état de faire épouser mademoiselle d'Aubigné par ce cul-de-jatte et de se décharger de ce fardeau sur lui. La jeune demoiselle ne pouvoit vouloir que ce que vouloit sa protectrice, sans laquelle elle seroit restée sur le pavé, et M. Scarron se trouva trop heureux qu'une personne aussi aimable voulût bien lui donner sa main. Ainsi se fit ce mariage et cette bizarre alliance de l'homme le plus contrefait de Paris avec la fille la plus aimable, et du poète le plus licencieux avec la fille de France la plus retenue et la plus modeste. Mais la nécessité a les mêmes droits que l'amour, et ce n'est pas la première fois qu'elle a uni des personnes qui ne sembloient pas avoir été créées l'une pour l'autre. » (*Mémoires*, p. 108, éd. Lavallée.)

A quelle époque et en quel endroit fut célébré le mariage, voilà ce qu'il est impossible de préciser aujourd'hui. L'érudit Jal dit à ce sujet : « Il ne fut pas célébré chez Scarron, qui, tout impotent qu'il était, pouvait cependant quitter sa chambre, car Loret, dans une lettre du 9 novembre 1652, parle d'un voyage fait par le ménage Scarron *à travers la Touraine,* afin d'aller chercher un port où il voulait s'embarquer pour l'Amérique. L'union du poète et de Françoise d'Aubigné fut bénite, certainement, dans une église de campagne; on ne trouve, en effet, dans aucun des registres des soixante-huit paroisses de Paris, de 1650 au 9 juin 1652, aucune mention de la cérémonie nuptiale. Trois fois j'ai lu ligne à ligne ces mémoriaux des églises, et je puis assurer que l'acte à la découverte duquel j'attachais un grand prix, n'y est point inscrit. » (*Dictionn. critique.*)

Voltaire indique comme date l'année 1651, mais Lavallée et

connu par ses ouvrages pour que j'aie rien de nouveau à dire de lui[1].

Walkenaër reportent le mariage à l'année 1652 ; cette dernière assertion paraît la plus probable. Voici en effet ce que nous trouvons dans la *Gazette de Loret*, du 9 juin 1652, au moment où Scarron venait de perdre un procès contre Françoise de Plax, seconde femme de son père, « la plus plaidoyante du monde, » comme il le disait lui-même :

> Monsieur Scarron, esprit insigne,
> Et qui n'écrit aucune ligne
> (Du moins en qualité d'auteur)
> Qui ne plaise fort au lecteur,
> Avoit un procès d'importance
> Au premier Parlement de France,
> Lequel il a perdu tout net,
> Pluzieurs opinans du bonnet
> En faveur de sa belle-mère,
> Ce qui le met fort en colère
> Contre nosseigneurs les commis
> De madame Sainte-Thémis.
> Mais puisqu'un procès sur la terre
> Est quasi pire qu'une guerre,
> N'en avoir plus c'est un repos
> Dont il se plaint mal à propos ;
> Car enfin, ledit personnage
> Ayant contracté mariage,
> Avec une épouse ou moitié
> Qu'il a prise par amitié,
> Il étoit chargé, ce me semble,
> De deux pezans fardeaux ensemble
> Or, ses foibles et petits bras
> N'ont bezoin de tant d'embarras,
> Car avec sa paralizie,
> Crüel fléau de sa poësie,
> Ce serait un mal plein d'excès
> Qu'une femme avec un procez.

Le témoignage de Loret permet de croire que le mariage de Scarron était peu antérieur à la perte du procès, il faut donc admettre qu'il eut lieu en avril ou mai 1652.

1. Paul Scarron (né en 1610, mort en 1660), peut être considéré comme le créateur du burlesque en France. De ses nombreux ouvrages, l'on connaît surtout le *Roman comique* et le *Virgile travesti*. (Cf. Guizot, *Corneille et son temps*, et V. Fournel, *La littérature indépendante et les Écrivains oubliés au dix-septième siècle.*)

Voilà donc Françoise d'Aubigné, à quatorze ans, dans la maison d'un homme de la figure et du caractère de M. Scarron[1], remplie de jeunes gens attirés par la liberté qui régnoit chez lui. C'est là cependant que cette jeune personne imprima, par ses manières honnêtes et modestes, tant de respect, qu'aucun n'osa jamais prononcer devant elle une parole à double entente, et qu'un de ces jeunes gens dit : *S'il falloit prendre des libertés avec la reine ou avec madame Scarron, je ne balancerois pas, j'en prendrois plutôt avec la reine.* Elle passoit ses carêmes à manger un hareng au bout de la table, et se retiroit aus-

---

1. Scarron riait de tout, même de ses maux. Dans son *Épître* à Sarrazin il se peint comme

> Un pauvret
> Très maigret,
> Au col tors
> Dont le corps
> Tout tortu
> Tout bossu,
> Suranné,
> Décharné,
> Fut réduit,
> Jour et nuit,
> A souffrir,
> Sans guérir,
> Des tourmens
> Véhémens.

Il avait composé lui-même son épitaphe, qui est fort belle :

> Celui qui cy maintenant dort,
> Fit plus de pitié que d'envie,
> Et souffrit mille fois la mort,
> Avant que de perdre la vie.
> Passant, ne fais icy de bruit,
> Et garde bien qu'il ne s'éveille,
> Car voicy la première nuit
> Que le pauvre Scarron sommeille.

sitôt dans sa chambre, parce qu'elle avoit compris qu'une conduite moins exacte et moins austère à l'âge où elle étoit, feroit que la licence de cette jeunesse n'auroit plus de frein, et deviendroit préjudiciable à sa réputation. Ce n'est pas d'elle seule que je tiens ces particularités; je les tiens de mon père, de M. le marquis de Beuvron, et de plusieurs autres qui vivoient dans la maison dans ce même temps.

Je me souviens d'avoir ouï raconter qu'étant un jour obligée d'aller parler à M. Fouquet, elle affecta d'y aller dans une si grande négligence, que ses amis étoient honteux de l'y mener. Tout le monde sait ce qu'étoit alors M. Fouquet, son foible pour les femmes, et combien les plus haut huppées et les mieux chaussées cherchoient à lui plaire [1].

1. Cette anecdote nous paraît assez peu vraisemblable : la future Madame de Maintenon avait trop de tact pour se présenter devant Fouquet dans une mise négligée. Ce qui est plus juste et plus vrai, c'est que madame Scarron qui connaissait bien le caractère du surintendant évitait toute relation directe avec lui, et adressait ses lettres à Madame Fouquet lorsqu'elle avait à remercier Fouquet de quelque service rendu à Scarron. On a souvent cité un billet transcrit dans les papiers de Conrart et qui aurait été envoyé par madame Scarron à Fouquet; le voici textuellement :

« Je hais le péché, mais hais encore plus la pauvreté, j'ai reçu de vous dix mille écus; si vous voulez en apporter dix mille dans deux jours, je verrai ce que j'aurai à faire; je ne vous défends pas d'espérer. » La note qui attribue ce honteux billet à madame de Maintenon est d'une écriture évidemment postérieure à celle de la copie, ce qui lui enlève toute valeur. D'autre part, Conrart lui-même déclare dans une seconde note qu'il croit ce billet écrit par madame de la Baume, et la supposition est plausible. Mais il résulte de là, que le billet n'est pas de madame de Maintenon; sur ce point le doute ne saurait exister. En admettant que madame de Maintenon eût *pensé* ce bil-

Cette conduite, et la juste admiration qu'elle causa, parvinrent jusqu'à la Reine. Le baron de La Garde lui en parla le premier, et fut cause qu'à la mort de M. Scarron[1] cette princesse, touchée de la vertu et

let — chose que nous ne pouvons admettre — elle était trop habile et trop prudente pour l'écrire ; *verba volant, scripta manent.*

1. Scarron mourut le 14 octobre 1660, après huit ans de mariage : madame Scarron avait alors vingt-quatre ans. Le facétieux Loret enregistre ainsi dans sa *Gazette* (16 octobre 1660) le décès du poète :

> Scarron, cet esprit enjoüé,
> Dont je fus quelquefois loüé,
> Scarron fondateur du burlesque
> Et qui dans ce jargon crotesque
> Passoit depuis plus de seize ans,
> Les écrivains les plus plaizans,
> A vu moissonner sa personne
> Par cette faux qui tout moissonne.
> Lui qui ne vivoit que de vers,
> Est maintenant mangé des vers ;
> Pluzieurs imprimeurs et libraires
> Firent avec lui leurs afaires ;
> Il eut en vivant le malheur
> D'être estimé malin railleur.
> Il étoit de bonne famille,
> Il ne laissa ny fils, ny fille,
> Mais bien une aimable moitié,
> Digne tout à fait d'amitié,
> Etant jeune, charmante et belle,
> Et mesmes fort spirituelle.
> J'allois peu chez ce rare auteur,
> (Je ne suis pas grand visiteur)
> Dizant pourtant, ce qui m'en semble,
> C'étoient deux beaux esprits ensemble ;
> Mais pour la grâce et les apas
> Le reste ne ressembloit pas,
> L'épouze avait grand avantage,
> Et je croy que leur mariage
> S'entretenoit par les acords
> Bien mieux de l'esprit que du corps.

Le bonhomme Loret était loin de prévoir la grandeur future de cette aimable moitié.

du malheur d'une fille de condition réduite à une si grande pauvreté, lui donna une pension de deux mille livres[1], avec laquelle madame Scarron se mit dans un couvent, et ce fut aux Hospitalières du faubourg Saint-Marceau. Avec cette modique pension, on la vit toujours honnêtement et simplement vêtue. Ses habits n'étoient que d'étamine de Lude, du linge uni, mais bien chaussée et de beaux jupons; et sa pension, avec celle de sa femme de chambre et ses gages, suffisoient à sa dépense; elle avoit même encore de l'argent de reste et n'a jamais passé de temps si heureux. Elle ne comprenoit pas, disoit-elle alors, qu'on pût appeler cette vie une vallée de larmes[2].

---

1. A propos de ce passage. M. Feuillet de Conches, remarque judicieusement combien il est peu naturel que le seul petit fait d'une chaste réserve de madame Scarron à l'endroit du surintendant eût pu motiver d'abord l'admiration de ses amis, puis celle de la reine et enfin le don d'une pension. « Un pareil récit, dit-il, serait, ce me semble de nature à faire douter de l'auteur. N'eût-ce pas été faire de Fouquet un Minotaure et de mademoiselle Scarron une héroïne à bien bon marché. Le texte de mademoiselle d'Aumale rectifie tout cela. Après avoir raconté l'anecdote absolument dans les mêmes termes que madame de Caylus (c'est évidemment le même texte), elle écrit deux grandes pages d'autres anecdotes édifiantes et de pratiques pieuses de madame Scarron qui devaient lui concilier l'estime de tout le monde. Et c'est seulement après tous ces récits qu'elle conclut en disant: *cette conduite et la juste admiration qu'elle causa parvinrent jusqu'à la reine*, etc. Voltaire a retranché les deux pages qui se liaient à l'ensemble du récit de madame de Caylus comme le fait mademoiselle d'Aumale, parce que les anecdotes rapportées n'avaient rien de piquant, et surtout qu'elles touchaient à de minutieux détails de dévotion. » (*Causeries d'un curieux*, tome II, p. 515.)

2. Il paraît, cependant qu'elle essaya de porter remède à sa

Le maréchal d'Albret[1], qu'elle avoit connu chez M. Scarron, l'avoit liée d'amitié avec sa femme, preuve certaine encore de la vertu qu'il avoit reconnue dans madame Scarron; car les maris de ce temps-là, quelque galants qu'ils fussent, n'aimoient pas que leurs femmes en vissent d'autres dont la réputation eût été entamée.

Madame la maréchale d'Albret étoit une femme de mérite, sans esprit; mais madame de Maintenon, dont le bon sens ne s'égara jamais, crut, dans un âge aussi peu avancé, qu'il valoit mieux s'ennuyer avec de telles femmes, que de se divertir avec d'autres.

situation précaire; M. Depping, dans sa *Correspondance administrative* sous Louis XIV, a publié une curieuse preuve de ce fait; c'est un brevet qui lui fut délivré pour l'exploitation de fours et cheminées nouvellement inventées. Voici ce document: « Aujourd'huy, dernier septembre 1674, le roi estant à Versailles, voulant gratiffier et traiter favorablement dame Françoise d'Aubigny, veuve du feu sieur Scarron, S. M. luy a accordé et fait don du privilège et faculté de faire des astres (âtres) à des fourneaux, fours et cheminées d'une nouvelle invention, sans pouvoir néantmoins obliger les particuliers à s'en servir et prendre plus grande somme que celle dont il aura esté convenu, ni prétendre aucun droit de visitte. Fait S. M. deffenses à toutes personnes de faire ny contrefaire lesdits astres à peine de 1500 livres d'amende; m'ayant, S. M., commandé d'expédier à la dite veuve Scarron, toutes lettres à ce nécessaires et ce pendant le présent brevet qu'elle a signé de sa main et fait contresigner par moy... Colbert. » Qu'est-il advenu de cette invention? Il est impossible de le dire, car aucun contemporain n'en a parlé; ce qu'il y a de certain, c'est que l'exploitation du brevet n'enrichit pas la veuve Scarron.

1. César-Phébus d'Albret, comte de Miossens et sire de Pons, (né en 1614 mort en 1676), fut nommé maréchal de France (1653) en récompense de son attachement à Mazarin, et devint en 1670 gouverneur de Guyenne. Tallemant des Réaux lui a consacré une de ses *Historiettes*.

La maréchale d'Albret la prit en si grande amitié qu'elle fit son possible pour l'engager à venir demeurer chez elle, ce qu'elle refusa ; mais elle y alloit souvent dîner, et on l'y retenoit quelquefois à coucher.

Madame Scarron s'attiroit cette amitié par une grande complaisance et par une attention continuelle à lui plaire, à laquelle la maréchale étoit peu accoutumée ; et j'ai ouï dire que quand elles alloient à quelque spectacle, cette pauvre femme, qui n'entendoit rien aux choses qu'on représentoit, vouloit toujours avoir auprès d'elle madame Scarron pour qu'elle lui expliquât ce qu'elle voyoit elle-même devant ses yeux, et la détournoit ainsi de l'attention qu'elle auroit voulu donner aux pièces les plus intéressantes et les plus nouvelles.

C'est cette même maréchale d'Albret, qui fut accusée, malgré sa dévotion et son mérite, d'aimer un peu trop le vin[1], ce qui paroissoit d'autant plus extraordinaire en ce temps-là[2] que les femmes n'en

---

1. Madeleine Guénegaud, femme du maréchal d'Albret, avait une réputation d'ivrognerie bien établie ; nous en trouvons la preuve dans une chanson de Coulanges :

> Une maréchale
> De très grand renom,
> Dit avec dévotion :
> Montons dans la salle,
> Le vin y est bon !
>   (*Recueil Maurepas*, t. IV.)

A côté de ce couplet le mss. porte en note le nom de la maréchale avec cette mention : *Elle aimoit fort le vin et buvoit comme un trou.*

2. Vers la fin du siècle l'ivrognerie fut un défaut commun à

buvoient presque jamais, ou du moins ce n'étoit que de l'eau rougie. Je me souviens, à propos de la maréchale et de son goût pour le vin, d'avoir ouï raconter que se regardant au miroir et se trouvant le nez rouge, elle se dit à elle-même : *Mais, où est-ce que j'ai pris ce nez-là?* et que M. Matha de Bourdeille, qui étoit derrière elle, répondit entre bas et haut : *Au buffet.*

Ce même Matha[1] étoit un garçon d'esprit infiniment naturel, et par là de la meilleure compagnie du monde. Ce fut lui qui, voyant la maréchale d'Albret dans une grande affliction sur la mort ou de son père ou de son frère, et qui dans sa douleur ne vouloit point prendre de nourriture, lui dit : *Avez-vous résolu, madame, de ne manger de votre vie? s'il est ainsi, vous avez raison ; mais si vous avez à manger un*

beaucoup de grandes dames, entre autres, madame de Montespan et ses filles. (*Cf. Lettres de la princesse Palatine.*)

1. Charles de Bourdeille, comte de Matha, appartenait à une famille illustrée par l'écrivain Brantôme et par Jean de Matha, fondateur de l'ordre des Trinitaires. Il est dit dans les *Mémoires de Grammont* que Matha « étoit plein de franchise et de probité dans toutes ses manières, agréable par sa figure et plus encore par le caractère de son esprit ; il l'avoit simple et naturel ; mais le discernement et la délicatesse des plus fins et des plus déliés. » Le dernier éditeur des *Mémoires*, M. G. Brunet, remarque à ce sujet que Matha figure pour sept mille écus d'arrérages de pensions dans les *Demandes des princes et des seigneurs qui ont pris les armes avec le Parlement et le peuple de Paris*, document important pour l'histoire de la Fronde, réimprimé par M. C. Moreau dans son édition des *Courriers de la Fronde*.

Il est encore question de Matha dans les *Mémoires de Mademoiselle* et dans les *Lettres* de madame de Maintenon. Celle-ci nous apprend qu'il mourut sans confession en 1674.

jour, croyez-moi, il vaut autant manger tout à l'heure. Ce discours la persuada ; elle se fit apporter un gigot de mouton. C'est lui encore à qui l'on demanda comment il pouvoit faire pour être si légèrement vêtu en hiver, à quoi il répondit : *Je gèle de froid*[1].

Le maréchal d'Albret avoit deux parentes qui demeuroient avec madame sa femme, mademoiselle de Pons, et mademoiselle de Martel, toutes deux aimables, mais de caractère différent. Ces deux filles ne s'aimoient pas, et ne s'accordoient guère que sur le goût qu'elles avoient l'une et l'autre pour madame de Maintenon.

Madame de Montespan, parente aussi du maréchal d'Albret, se joignoit à cette société, et c'est là qu'elle connut madame de Maintenon. Elles se plurent mutuellement, et se trouvèrent l'une à l'autre autant d'esprit qu'elles en avoient en effet.

Madame de Maintenon avoit encore l'hôtel de Richelieu, où elle alloit souvent, également désirée partout ; mais je parlerai ailleurs de M. de Richelieu.

C'est sans doute à peu près dans le même temps qu'une des princesses de Nemours devint reine de Portugal[2]. Les amis de madame de Maintenon lui parlèrent si avantageusement d'elle qu'elle eut envie

---

1. M. de Lescure dans son édition des *Souvenirs* (Paris, Lemerre) corrige ce passage d'une manière qui nous paraît assez malheureuse. Au lieu de : *Je gèle de froid*, réponse simple et naturelle, il imprime : *Je gèle le froid*, ce qui eût été une réponse affectée et prétentieuse.

2.* Marie-Françoise-Elisabeth de Savoie-Nemours, dite mademoiselle d'Aumale, épousa Alphonse VI, roi de Portugal, le 25 juin 1666.

de l'emmener, et le lui fit proposer. Cette occasion paroissoit favorable pour l'état de sa fortune ; mais il étoit triste de quitter son pays et de renoncer à une vie pleine d'agrément. Elle fut quelque temps en balance, et bien affligée pendant la durée du combat que les raisons pour et contre excitoient en elle ; mais enfin son étoile l'emporta, elle refusa les offres de cette reine.

Je me souviens d'avoir ouï raconter encore que madame la princesse des Ursins[1], alors madame de Chalais, faisoit de fréquentes visites à l'hôtel d'Albret. Je lui ai entendu dire depuis à elle-même, parlant à madame de Maintenon, qu'elle souffroit impatiemment que le maréchal d'Albret et les autres seigneurs importants eussent toujours des secrets à lui dire, pendant qu'on la laissoit avec la jeunesse, comme si elle eût été incapable de parler sérieusement. Madame de Maintenon avouoit avec la même sincérité qu'elle ne s'ennuyoit pas moins de ces confidences que madame des Ursins envioit, et qu'elle auroit souvent

---

1. Anne-Marie de La Trémoille, fille aînée de Louis de La Trémoille, duc de Noirmoutier (née vers 1641, morte le 5 décembre 1722) avait épousé en premières noces Blaise de Talleyrand, prince de Chalais. Devenue veuve de bonne heure, elle se remaria, à Rome avec Flavio Orsini, duc de Bracciano. A la mort de son second mari, elle prit le titre de princesse des Ursins, et, se mêlant aux intrigues politiques, elle contribua au mariage de Philippe V avec Marie-Louise de Savoie (1701), ce qui lui donna sur les deux époux une influence toute-puissante, mais elle fut disgraciée en 1714, lors du mariage de Philippe V avec Elisabeth Farnèse. On a de la princesse des Ursins un grand nombre de lettres adressées au maréchal de Villeroy et à madame de Maintenon. M. F. Combes a écrit sa biographie.

voulu qu'on l'eût crue moins solide, pour la laisser se divertir, et ne pas la contraindre à écouter les fréquens murmures et les projets des courtisans. Cet échantillon marque, ce me semble, la différence du caractère de ces deux femmes, qui depuis ont joué de si grands rôles; car il faut avouer que madame de Maintenon n'étoit pas née pour les affaires : elle craignoit les intrigues par la droiture de son cœur, et elle étoit faite pour les délices de la société par l'agrément de son esprit. Mais avant de raconter les suites qu'eurent les commencemens de connoissance entre madame de Maintenon et madame de Montespan, je dirai un mot de ma famille, et de ce qui me regarde en particulier.

La paix étant faite [1], le roi, tranquille et glorieux, crut qu'il ne manquoit à sa gloire que l'extirpation d'une hérésie qui avoit fait tant de ravages dans son royaume. Ce projet étoit grand et beau, et même politique, si on le considère indépendamment des moyens qu'on a pris pour l'exécuter. Les ministres et plusieurs évêques [2], pour faire leur cour, ont eu beaucoup de part à ces moyens, non seulement en déterminant le roi à en prendre de ceux qui n'étoient pas de son goût, mais en le trompant dans l'exécution de ceux qui avoient été résolus.

1.* La paix de Nimègue, conclue le 10 août 1678.
2. Au nombre de ces prélats il faut placer l'archevêque de Paris, Harlay de Champvallon. L'abbé Legendre dit, en effet, dans ses Mémoires: « M. l'archevêque, soit par zèle pour la religion, soit pour faire oublier ses différends avec la Cour de Rome, redoubla ses instances pour faire révoquer l'édit. »

Mais il est bon de dire, pour rendre ma pensée plus claire, que M. de Louvois eut peur, voyant la paix faite, de laisser trop d'avantage sur lui aux autres ministres, et surtout à M. Colbert et à M. de Seignelay son fils, et qu'il voulut, à quelque prix que ce fût, mêler du militaire dans un projet qui ne devoit être fondé que sur la charité et la douceur. Des évêques, gagnés par lui, abusèrent de ces paroles de l'Évangile : *Contraignez-les d'entrer*, et soutinrent qu'il falloit user de violence quand la douceur ne suffisoit pas ; puisque, après tout, si cette violence ne faisoit pas de bons catholiques dans le temps présent, elle feroit au moins que les enfans des pères que l'on auroit ainsi forcés le deviendroient de bonne foi. D'un autre côté, M. de Louvois demanda au Roi la permission de faire passer dans les villes les plus huguenotes, un régiment de dragons, l'assurant que la seule vue de ses troupes, sans qu'elles fissent rien de plus que de se montrer, détermineroit les esprits à écouter plus volontiers la voix des pasteurs qu'on leur enverroit. Le Roi se rendit, contre ses propres lumières et contre son inclination naturelle, qui le portoit toujours à la douceur. On passa ses ordres, et on fit, à son insu, des cruautés qu'il auroit punies si elles étoient venues à sa connoissance ; car M. de Louvois se contentoit de lui dire chaque jour : *Tant de gens se sont convertis, comme je l'avois dit à Votre Majesté, à la seule vue de ses troupes.*

Le roi étoit naturellement si vrai qu'il n'imaginoit

pas, quand il avoit donné sa confiance à quelqu'un, qu'il pût le tromper; et les fautes qu'il a faites n'ont souvent eu pour fondement que cette opinion de probité pour des gens qui ne la méritoient pas.

Ces violences, et la manière militaire dont on fit les conversions dont je viens de parler, ne furent employées qu'après la cassation de l'édit de Nantes[1]; mais avant qu'on en vînt là, le roi fit de son mieux pour gagner, par ses bienfaits, les gens les plus considérables d'entre les huguenots[2]; et il avoit déclaré qu'aucun ne seroit admis dans les charges et n'avanceroit dans ses armées, soit de terre, soit de mer, que les catholiques.

Madame de Maintenon voulut, à son exemple, travailler à la conversion de sa propre famille; mais comme elle ne crut pas pouvoir gagner mon père par l'espérance d'une grande fortune, ni convaincre son esprit par la force du raisonnement, elle prit la résolution, de concert avec M. de Seignelay, de lui faire faire un voyage de long cours sur mer, pour avoir du moins le loisir de disposer de ses enfans. J'avois deux frères qui, quoique fort jeunes, avoient fait plusieurs campagnes. L'aîné s'étoit trouvé, à huit ou neuf ans, à ce combat fameux de Messine, où Ruyter fut tué, et il y reçut une légère blessure. La

---

1. L'édit de Nantes fut révoqué en octobre 1685.
2. C'est ainsi que l'ancien confident de Fouquet, Pellisson, disgracié depuis la chute du surintendant, se vit comblé des faveurs royales lorsqu'il eut abjuré le protestantisme. Louis XIV lui confia l'administration de la caisse des Huguenots, qu'il avait établie pour pensionner les nouveaux convertis.

singularité du fait, et le courage que cet enfant avoit témoigné, le firent nommer enseigne après le combat.

La campagne finie, mon père vint à la cour et y amena mon frère. L'action qu'il avoit vue, et une jolie figure qu'il avoit en ce temps-là, lui attirèrent l'attention et les caresses de madame de Montespan et de toute la cour. Si mon père avoit voulu l'y laisser et se faire catholique, ils s'en seroient l'un et l'autre mieux trouvés pour leur fortune; mais mon père résista à toutes les offres qui lui furent faites, et s'en retourna chez lui. Ainsi madame de Maintenon se trouva forcée, pour avoir la liberté de disposer de mon frère, de faire faire à mon père cette campagne dont je viens de parler, et de faire servir son fils avec M. de Châteaurenaud, lui laissant seulement le cadet, qui n'étoit pas entré moins jeune dans la marine.

A peine mon père fut-il embarqué qu'une de ses sœurs, que ma mère avoit été voir à Niort, la pria de me laisser chez elle jusqu'au lendemain. Ma mère y consentit avec peine; car, quoiqu'elle fût catholique, elle n'étoit nullement dans la confidence des desseins qu'on avoit sur moi, parce qu'on la vouloit ménager par rapport à mon père. A peine ma mère fut-elle partie de Niort que ma tante, accoutumée à changer de religion[1], et qui venoit de se convertir

1. Cette tante de madame de Caylus accoutumée à changer de religion était madame de Fontmort. M. de Villette lui sut très mauvais gré du rôle qu'elle avait joué dans la conversion de sa fille, puisque madame de Maintenon lui écrivait à ce

pour la seconde ou la troisième fois, partit de son côté, et m'emmena à Paris. Nous trouvâmes sur la route M. de Saint-Hermine, une de ses sœurs et mademoiselle de Caumont, aussi étonnés qu'affligés de me voir. Pour moi, contente d'aller, sans savoir où l'on me menoit, je n'étois étonnée ni affligée de rien; mais comme les autres étoient des personnes faites, que madame de Maintenon avoit demandées à leurs parens, il avoit été décidé dans le conseil des huguenots qu'on ne pouvoit les lui refuser, puisqu'elle ne demandoit qu'à les voir, et qu'elle promettoit de ne les pas contraindre dans leur religion. On eut donc pour elle cette complaisance, d'autant plus volontiers qu'on n'avoit rien à craindre de leur légèreté; et, en effet, la résistance de ces jeunes personnes fut infiniment glorieuse au calvinisme.

Nous arrivâmes ensemble à Paris, où madame de Maintenon vint aussitôt me chercher, et m'emmena seule à Saint-Germain. Je pleurai d'abord beaucoup; mais je trouvai le lendemain la messe du roi si belle, que je consentis à me faire catholique, à condition que je l'entendrois tous les jours, et qu'on me garan-

---

sujet : « Réconciliez-vous avec madame de Fontmort, pardonnez-lui pour l'amour de Dieu, pour l'amour de vous-même, pour l'amour de vos enfans, une chose qu'il étoit difficile qu'elle refusât à la religion qu'elle venoit d'embrasser, à notre amitié, et si vous voulez, à mon crédit. Elle a cru en tout rendre un grand service à vos enfans : elle vous aime tendrement ; faites tout de bonne grâce. » (Lettre du 5 avril 1681.) Il paraît, cependant que madame de Maintenon estimait assez peu madame de Fontmort, puisqu'elle dit, dans une autre lettre, qu'elle serait au désespoir de voir mademoiselle de Murçay lui ressembler.

tiroit du fouet. C'est là toute la controverse qu'on employa, et la seule abjuration que je fis [1].

M. de Châteaurenaud eut ordre d'envoyer mon frère à la cour. Il y arriva presque aussitôt que moi, et fit une plus longue résistance ; mais enfin il se rendit : on le mit à l'académie [2], et il quitta la marine. Mon père, surpris et affligé au retour de sa campagne, écrivit à madame de Maintenon des lettres pleines d'amertume et de reproches, et l'accusa d'ingratitude à l'égard de sa mère, tante de madame de Maintenon, d'injustice et de dureté par rapport à lui; mais, comme elle étoit soutenue de l'autorité du roi, il fallut céder à la force. On promit seulement à

---

[1]. Le 23 décembre 1680 madame de Maintenon écrivait à madame de Villette : « Je l'amenai avec moi ; elle pleura un moment quand elle se vit seule dans mon carrosse; ensuite elle se mit à chanter. Elle a dit à son frère qu'elle avoit pleuré en songeant que son père lui dit en partant que si elle changeoit de religion il ne la reverroit jamais. » Deux jours après elle lui expliquait ainsi pourquoi elle l'avait séparée de sa fille par ruse : « Si vous aviez été de la même religion que monsieur votre mari, je vous aurois priée de m'envoyer votre fille, et j'aurois espéré de vous autant de complaisance qu'en ont eu monsieur et madame de La Laigne et monsieur et madame de Caumont ; mais j'ai eu peur que l'on ne vous soupçonnât d'avoir été bien aise de me la donner, et de quelque intelligence avec moi sur la religion. Voilà, ma chère cousine, ce qui m'a obligé de vous tromper ; et pourvu que monsieur de Villette ne soit pas mécontent de vous, je me démêlerai bien du reste. J'espère qu'il ne prendra pas si sérieusement l'enlèvement de mademoiselle de Murçay et qu'il consentira qu'elle demeure avec moi jusqu'à ce qu'elle soit en âge de dire sa volonté. » (Lettre du 25 décembre.)

[2]. Au dix-septième siècle on appelait *académies* des écoles dans lesquelles les jeunes gentilshommes apprenaient l'équitation, l'escrime, la danse, l'art militaire et quelquefois même l'histoire, la géographie et le blason.

mon père de ne pas contraindre ses enfans, s'ils ne vouloient pas se faire catholiques.

Il se convertirent l'un et l'autre ; et, après leur académie et le temps qu'ils devoient être aux mousquetaires, on donna à l'aîné une charge de cornette des chevau-légers, qu'il vendit quand la guerre recommença, pour acheter le régiment Dauphin-cavalerie, et au cadet le régiment de la Reine-dragons, à la tête duquel il fut tué au combat de Steinkerque.

Pour moi, on m'élevoit avec un soin dont on ne sauroit trop louer madame de Maintenon. Il ne se passoit rien à la cour sur quoi elle ne me fît faire des réflexions selon la portée de mon esprit, m'approuvant quand je pensois bien, me redressant quand je pensois mal. Ma journée étoit remplie par des maîtres, la lecture et des amusemens honnêtes et réglés ; on cultivoit ma mémoire par des vers qu'on me faisoit apprendre par cœur ; et la nécessité de rendre compte de ma lecture ou d'un sermon, si j'en avois entendu, me forçoit à y donner de l'attention. Il falloit encore que j'écrivisse tous les jours une lettre à quelqu'un de ma famille, ou à tel autre que je voulois choisir, et que je la portasse les soirs à madame de Maintenon, qui l'approuvoit ou la corrigeoit, selon qu'elle étoit bien ou mal ; en un mot, elle n'oublioit rien de ce qui pouvoit former ma raison et cultiver mon esprit [1].

1. On voit par là que madame de Maintenon se plut de tout temps à ce rôle d'institutrice dans lequel elle excellait, et qui lui inspira la création de Saint-Cyr.

Si je suis entrée dans ce détail, ce n'est pas pour en tirer une vaine gloire; mais pour marquer par des faits, bien au-dessus des louanges, la conduite et le caractère de madame de Maintenon; et il est impossible, ce me semble, de faire réflexion au poste qu'elle occupoit, et au peu de loisir qu'elle avoit, sans admirer l'attention qu'elle donnoit à un enfant, dont après tout elle n'étoit chargée que parce qu'elle l'avoit bien voulu.

Mon père, après avoir résisté non seulement aux bontés, mais aux promesses du Roi, et avoir compté n'être pas fait chef d'escadre à son rang; après avoir résisté à l'éloquence de M. de Meaux[1], qu'il aimoit naturellement, s'embarqua de nouveau sur la mer, et fit pendant cette campagne des réflexions qu'il n'avoit pas encore faites. L'évangile de l'ivraie et du bon grain lui parut alors clair contre le schisme; il vit que ce n'étoit pas aux hommes à les séparer; ainsi convaincu, mais ne voulant tirer de sa conversion aucun mérite pour sa fortune, il fit à son retour son abjuration entre les mains de son curé, et perdit par là les récompenses temporelles qu'il en auroit pu attendre; si bien même qu'en venant après à la cour, le Roi lui ayant fait l'honneur de lui parler avec sa bonté ordinaire sur sa conversion, mon père répondit avec trop de sécheresse : « Que c'étoit la seule occasion de sa vie où il n'avoit point eu pour objet de plaire à Sa Majesté. »

---

1. Bossuet.

J'arrivai à Saint-Germain au mois de janvier 1681. La reine vivoit, monseigneur le Dauphin étoit marié depuis un an, et madame de Maintenon, dans une faveur déclarée, paroissoit aussi bien avec la reine qu'avec le roi. Cette princesse attribuoit à la nouvelle favorite les bons procédés que roi avoit pour elle depuis quelque temps, et elle la regardoit avec raison sur un pied bien différent des autres.

Mais, avant de parler des choses que j'ai vues, il est bon de raconter celles que j'ai entendu dire.

J'ai pu voir madame de Fontanges[1]; mais, ou je ne l'ai pas vue, ou il ne m'en souvient pas. Je me souviens seulement d'avoir vu pendant quelque temps, à Saint-Germain, le Roi passer du château vieux au neuf pour l'aller voir tous les soirs : on disoit qu'elle étoit malade; et en effet elle partit quelques mois après pour aller mourir à Port-Royal de Paris[2]. Il courut beaucoup de bruits sur cette mort, au désavantage de madame de Montespan; mais je suis con-

---

1. Marie-Angélique Scoraille de Roussille, (née en 1661, morte en 1681), avait inspiré par son éclatante beauté une vive passion à Louis XIV. Son portrait se trouve parmi les *Émaux de Petitot* conservés au Musée du Louvre.

« La Fontange, écrit dans ses Lettres la princesse Palatine, était une bonne personne; je la connaissais bien; elle a été une de mes filles d'honneur; elle était belle des pieds jusqu'à la tête, mais elle avait peu de jugement. » (La princesse Palatine, Élisabeth Charlotte de Bavière, seconde femme de Monsieur et mère du Régent a laissé une volumineuse correspondance qui nous offre un tableau peu flatté de la cour du grand roi. M. G. Brunet, a publié deux volumes de ses Lettres; nous aurons l'occasion d'y faire de nombreux emprunts.)

2. Il y avait au dix-septième siècle deux *Port-Royal*: le Port-Royal de Paris, situé à l'extrémité du faubourg Saint-Jacques, et

vaincue qu'ils étoient sans fondement[1], et je crois, selon que je l'ai entendu dire à madame de Maintenon, que cette fille s'est tuée pour avoir voulu partir de Fontainebleau le même jour que le Roi, quoiqu'elle fût en travail et prête à accoucher. Elle fut toujours languissante depuis, et mourut enfin peu regrettée.

Madame de Montespan n'auroit pas appréhendé la durée du crédit de madame de Fontanges ; elle auroit été bien sûre que le roi seroit toujours revenu à elle, si elle n'avoit eu que cet obstacle. Son caractère, plus ambitieux que tendre, lui avoit fait souvent regarder avec indifférence les infidélités du Roi ; et, comme elle agissoit quelquefois par dépit, elle avoit elle-même contribué à fortifier les commencemens du goût que le Roi avoit pris pour la beauté de madame de Fontanges. J'ai ouï dire qu'elle l'avoit fait venir chez elle, et qu'elle n'avoit rien oublié pour la faire paroître plus belle aux yeux du Roi : elle y réussit et en fut fâchée ; mais la mort la délivra

---

le Port-Royal des Champs, près de Chevreuse. Les querelles suscitées par la Constitution *Unigenitus* amenèrent en 1709 la destruction de Port-Royal des Champs, mais le monastère de Paris subsista jusqu'à la Révolution. (Cf. Sainte-Beuve, *Port-Royal*.)

1. La princesse Palatine qui transcrivait dans ses lettres tous les commérages de la cour, parle d'un empoisonnement. « La Montespan, dit-elle, était un diable incarné, mais la Fontange était bonne et simple ; toutes deux étaient fort belles. La dernière est morte, dit-on, parce que la première l'a empoisonnée dans du lait ; je ne sais si c'est vrai, mais ce que je sais bien, c'est que deux des gens de la Fontange moururent, et on disait publiquement qu'ils avaient été empoisonnés. » (Lettre du 19 novembre 1715.)

bientôt d'une rivale aussi dangereuse par la beauté que peu redoutable par l'esprit.

Madame de Fontanges joignoit à ce peu d'esprit des idées romanesques, que l'éducation de la province et les louanges dues à sa beauté lui avoient inspirées; et, dans la vérité, le Roi n'a jamais été attaché qu'à sa figure; il étoit même honteux lorsqu'elle parloit et qu'ils n'étoient pas tête à tête. On s'accoutume à la beauté; mais on ne s'accoutume point à la sottise[1] tournée du côté du faux, surtout lorsqu'on vit en même temps avec des gens de l'esprit et du caractère de madame de Montespan, à qui les moindres ridicules n'échappoient pas, et qui savoit si bien les faire sentir aux autres par ce tour unique à la maison de Mortemart. Cependant madame de Fontanges aima véritablement le Roi, et elle répondit un jour à madame de Maintenon, qui l'exhortoit à se guérir d'une passion qui ne pouvoit plus faire que son malheur : *Vous me parlez de quitter une passion, comme on parle de quitter un habit*[2].

Je me souviens aussi d'avoir souvent entendu parler de madame de La Vallière[3]. On sait qu'elle a

---

1. « La Fontange était une petite bête, mais elle avait un fort bon cœur et elle était belle comme un ange. » (*Princesse Palatine, Lettre du 8 avril* 1718.)

2. Cette réponse naïve de madame de Fontanges caractérise parfaitement madame de Maintenon, qui parlait toujours le langage de la froide raison, jamais celui du cœur.

3. Françoise-Louise de La Baume Le Blanc, duchesse de La Vallière (née en 1644, morte en 1710), était fille d'honneur de la duchesse d'Orléans, Henriette d'Angleterre, lorsque Louis XIV s'attacha à elle.

précédé madame de Montespan; et ce n'est pas l'histoire de chaque maîtresse que je prétends faire. Je veux seulement écrire les faits qui me sont demeurés plus particulièrement dans l'esprit, soit que j'en aie été témoin, ou que je les aie entendu raconter par madame de Maintenon.

Le roi prit donc de l'amour pour madame de Montespan dans le temps qu'il vivoit avec madame de La Vallière[1], en maîtresse déclarée; et madame de Montespan, en maîtresse peu délicate, vivoit avec elle : même table, et presque même maison. Elle aima mieux d'abord qu'il en usât ainsi, soit qu'elle espérât par là abuser le public et son mari, soit qu'elle ne s'en souciât pas, ou que son orgueil lui fît

---

1. Une chanson satirique du temps, qui a pour titre : *L'Attelage du Soleil*, fait plaisamment allusion à cet état de choses ; nous en transcrivons seulement ce qui concerne madame de La Vallière et madame de Montespan :

> L'attelage d'aujourd'hui,
> Qui mène ce dieu qui luit,
> Mais n'est pas mené par lui,
> Est de quatre vieux chevaux
> Précédés de deux cavales ;
> De deux cavales royales
> Et de quatre vieux chevaux
> Bien meilleurs qu'ils ne sont beaux.
> . . . .
>
> Les juments sont de bon train
> Et connaissent le terrain,
> Fouquet, Rohan, dans tout chemin,
> Les menaient à Saint-Germain ;
> L'une boite et marche en cane,
> L'autre est forte et rubicane ;
> L'une est maigre au dernier point,
> L'autre crève d'embonpoint.

(*Recueil Maurepas.*)

plus goûter le plaisir de voir à tous les instants humilier sa rivale, que la délicatesse de sa passion ne la portoit à la crainte de ses charmes[1]. Quoi qu'il en soit, c'est un fait certain. Mais un jour, fâchée contre le roi pour quelque autre sujet (ce qui lui arrivoit souvent), elle se plaignit de cette communauté avec une amertume qu'elle ne sentoit pas : elle y trouvoit, disoit-elle, peu de délicatesse de la part du roi. Ce prince, pour l'apaiser, répondit avec beaucoup de douceur et de tendresse, et finit par lui dire que cet établissement s'étoit fait insensiblement. *Insensiblement pour vous*, reprit madame de Montespan, *mais très sensiblement pour moi*[2].

Le personnage singulier de madame de La Vallière pendant plus de deux ans mérite de n'être pas oublié. Tout le monde l'a su, tout le monde en a parlé ; mais, comme il pourroit être du nombre de

---

[1] « La Montespan était plus blanche que La Vallière ; elle avait une belle bouche, de belles dents, mais elle avait l'air effronté ; on voyait sur sa figure qu'elle avait quelque projet en vue. Elle avait de beaux cheveux blonds, de belles mains, de beaux bras, ce que La Vallière n'avait pas, mais celle-ci était fort propre et la Montespan une sale personne. » (*Princesse Palatine, Lettre du 14 avril* 1719.)

On trouve dans les *Émaux de Petitot* le portrait des deux favorites.

[2] Les chansonniers répétaient sur tous les tons :

> L'on dit que La Vallière
> S'en va sur son déclin ;
> Ce n'est que par manière
> Que le roi va son train ;
> Montespan prend sa place,
> Il faut que tout y passe,
> Ainsi de main en main.

ces choses qui ne s'écrivent point et qu'on oublie, je veux en faire un article dans mes *Souvenirs*[1].

Madame de La Vallière étoit née tendre et vertueuse : elle aima le Roi et non la royauté. Le Roi cessa de l'aimer pour madame de Montespan. Si, à la première vue, ou du moins après des preuves certaines de cette nouvelle passion, elle s'étoit jetée dans les Carmélites, ce mouvement auroit été naturel et conforme à son caractère : elle prit un autre parti, et demeura non seulement à la cour, mais même à la suite de sa rivale. Madame de Montespan, abusant de ses avantages, affectoit de se faire servir par elle, donnoit des louanges à son adresse, et assuroit qu'elle ne pouvoit être contente de son ajustement si elle n'y mettoit la dernière main. Madame de La Vallière s'y portoit, de son côté, avec tout le zèle d'une femme de chambre dont la fortune dépendroit des agrémens qu'elle prêteroit à sa maîtresse.

1. Tous les contemporains qui ont parlé de madame de La Vallière sont unanimes à reconnaître sa douceur, sa modestie, et l'affection profonde et désintéressée qu'elle avait pour le roi. « Mademoiselle de La Vallière, dit l'abbé de Choisy, dans ses *Mémoires*, avait le teint beau, les cheveux blonds, le sourire agréable, les yeux bleus et le regard si tendre et en même temps si modeste, qu'il gagnait le cœur et l'estime au même moment ; au reste, assez peu d'esprit, qu'elle ne laissait pas d'orner tous les jours par une lecture continuelle. Point d'ambition, point de vices, toute renfermée en elle-même et dans sa passion, qui a été la seule de sa vie ; l'humeur douce, libérale, timide, n'ayant jamais oublié qu'elle faisait mal, espérant toujours rentrer dans le bon chemin. » Et la princesse Palatine : « C'était une personne tout à fait agréable, bonne, douce, tendre. Elle n'avait pas aimé le roi par ambition, mais elle avait pour lui une passion sincère, et de sa vie elle n'a aimé personne si ce n'est lui. » (*Lettre du 6 août* 1717).

Combien de dégoûts[1], de plaisanteries et de dénigremens n'eut-elle pas à essuyer pendant l'espace de deux ans qu'elle demeura ainsi à la cour, à la fin desquels elle vint prendre publiquement congé du roi ! Il la vit partir d'un œil sec pour aller aux Carmélites, où elle a vécu d'une manière aussi édifiante que touchante.

Elle disoit souvent à madame de Maintenon, avant

1. Empruntons à la princesse Palatine une page curieuse qui complète les renseignements donnés par madame de Caylus. « C'est à l'instigation de la Montespan que le roi a si mal traité La Vallière ; elle en avait le cœur percé ; mais la pauvre créature s'imaginait qu'elle ne pouvait faire un plus grand sacrifice à Dieu, qu'en lui sacrifiant la source de ses péchés, et elle croyait être d'autant plus agréable à Dieu que la pénitence viendrait du même lieu où elle avait péché. Aussi restait-elle, par pénitence, chez la Montespan. Celle-ci qui avait plus d'esprit se moquait d'elle publiquement, la traitait fort mal, et obligeait le roi à en agir de même. Il fallait que le roi traversât la chambre de La Vallière lorsqu'il voulait aller chez la Montespan. Le roi avait un bel épagneul appelé *Malice*; à l'instigation de la Montespan, il prenait ce petit chien et le jetait à la duchesse de La Vallière, en disant : Tenez madame, voilà votre compagnie, c'est assez. Cela était d'autant plus dur qu'il ne restait pas chez elle, mais qu'il allait chez la Montespan. Cependant elle a souffert tout cela en patience. Elle avait autant de vertus que la Montespan avait de vices. La faiblesse qu'elle avait eue pour le roi était bien pardonnable : tout le monde le lui avait conseillé et y avait contribué. Le roi était jeune, galant et beau ; elle-même était encore très jeune, mais dans le fond elle était modeste et vertueuse, et avait un très bon cœur. Lorsqu'on la fit duchesse et qu'on légitima ses enfants, elle fut désespérée, car elle avait cru que personne ne saurait qu'elle avait eu des enfants. Ses regards avaient un charme qu'on ne peut décrire, elle avait une taille fine, mais de vilaines dents ; ses yeux me paraissaient bien plus beaux que ceux de madame de Montespan ; tout son maintien était modeste. Elle boitait légèrement, mais cela ne lui allait pas mal. » (*Lettre du* 14 *avril* 1719.)

de quitter la cour : *Quand j'aurai de la peine aux Carmélites, je me souviendrai de ce que ces gens-là m'ont fait souffrir* (en parlant du roi et de madame de Montespan), ce qui marque que sa patience n'étoit pas tant un effet de son insensibilité, qu'une épreuve peut-être mal entendue et téméraire : je laisse aux dévots à en juger. Il est certain que le style de la dévotion convenait mieux à son esprit que celui de la cour, puisqu'elle a paru en avoir beaucoup de ce genre. Je l'ai vue dans les dernières années de sa vie, et je l'ai entendue, avec un son de voix qui alloit jusqu'au cœur, dire des choses admirables de son état, et du bonheur dont elle jouissoit déjà malgré l'austérité de sa pénitence [1].

Je me souviens d'avoir ouï raconter que feu M. l'évêque de Meaux, Bossuet, lui ayant annoncé la mort de M. le comte de Vermandois, son fils [2], elle avoit, par un mouvement naturel, répandu beaucoup de larmes ; mais que, revenant tout à coup à elle,

---

[1]. C'est alors qu'elle écrivit les *Réflexions sur la Miséricorde de Dieu*, qui furent publiées en 1680, sans nom d'auteur. M. Romain-Cornut a donné une rédaction nouvelle de cet opuscule d'après un manuscrit de la Bibliothèque du Louvre, sous ce titre : *Les Confessions de mademoiselle de La Vallière repentante, écrites par elle-même et corrigées par Bossuet, avec un commentaire historique et littéraire.* (Didier, édit., 1854, in-12.)

[2]. Mademoiselle de La Vallière avait eu quatre enfants de Louis XIV ; deux seulement vécurent ; Marie Anne de Bourbon, dite mademoiselle de Blois, née en 1666 (il en sera question plus loin dans les *Souvenirs*), et Louis de Bourbon, comte de Vermandois, né en 1667. Le comte de Vermandois, légitimé en 1669, et nommé la même année amiral de France, mourut à l'âge de 16 ans au siège de Courtray, le 18 novembre 1683. « Il tomba

elle dit à ce prélat : *C'est trop pleurer la mort d'un fils dont je n'ai pas encore assez pleuré la naissance.*

J'ai vu madame de Montespan aux Carmélites, bien des années après, et dans le temps qu'elle-même n'étoit plus à la cour, y venir chercher madame de La Vallière, devenue pour elle une espèce de directeur.

Mais mes *Souvenirs* me rappellent à la cour, où madame de Maintenon jouoit un grand rôle auprès du roi et auprès de la reine. Elle avoit été faite dame d'atours de madame la Dauphine de Bavière; et le roi avoit acheté pour elle la terre de Maintenon, en 1674 ou 1675, dont il voulut qu'elle prît le nom[1].

Mais les commencemens de la faveur de madame de Maintenon ont tant de liaison et de rapport à madame de Montespan, que je ne puis parler de l'une sans me souvenir de l'autre. Il est donc nécessaire

---

malade d'avoir bu trop d'eau-de-vie, trouvons-nous dans les *Mémoires de Mademoiselle*. On dit qu'il avait donné de grandes marques de courage, et l'on parlait de son esprit et de sa conduite, comme l'on a accoutumé, selon que l'on aime les gens. » (Edit. Charpentier, IV, p. 504).

1. L'acte d'acquisition est du 27 septembre 1674; madame de Maintenon acheta cette terre pour 240,000 livres, provenant des gratifications du roi. Mais c'est seulement en 1687 que Louis XIV érigea en marquisat la terre et seigneurie de Maintenon à laquelle il ajouta celle de Grogneul, située dans le voisinage, qu'il acquit au prix de 300,000 livres. La veuve Scarron devint ainsi marquise de Maintenon quatre années environ après avoir secrètement épousé Louis XIV.

Dans une lettre à madame de Coulanges, elle disait à ce propos : « Les amis de mon mari ont tort de m'accuser d'avoir concerté avec le roi ce changement de nom. Ce ne sont pas ses amis qui le disent, ce sont mes ennemis ou mes envieux; peu de bonheur en attire beaucoup. »

de dire un mot des commencemens de leur connoissance pour en raconter les suites.

Madame de Maintenon m'a dit souvent qu'elle avoit connu madame de Montespan chez le maréchal d'Albret, et qu'elle n'avoit point alors cette humeur qu'elle a fait paroître depuis; ajoutant que ses sentimens étoient honnêtes, sa conduite réglée, et sa réputation bien établie.

Elle devint peu après dame du palais de la reine, par la faveur de Monsieur, et le roi ne fit alors aucune attention à sa beauté : toute sa faveur se bornoit à sa maîtresse, qu'elle amusoit à son coucher qui duroit long-temps, parce que la reine s'étoit fait une habitude d'attendre toujours le roi pour se mettre au lit. Cette princesse étoit si vertueuse qu'elle n'imaginoit pas facilement que les autres femmes ne fussent pas aussi sages qu'elle; et, pour faire voir jusqu'à quel point alloit son innocence, quoique avec beaucoup de hauteur dans ses sentimens, il suffit de rappeler ici ce qu'elle dit à une carmélite, qu'elle avoit priée de l'aider à faire son examen de conscience pour une confession générale qu'elle avoit dessein de faire. Cette religieuse lui demanda si, en Espagne, dans sa jeunesse, avant d'être mariée, elle n'avoit point eu envie de plaire à quelques-uns des jeunes gens de la cour du roi son père : *Oh! non, ma mère*, dit-elle, *il n'y avoit point de roi*[1].

---

1. Ce mot, comme la plupart de ceux que l'on prête aux grands personnages, ne résiste pas à un examen sérieux. Vol-

Mais enfin madame de Montespan plut au roi ; elle en eut des enfans[1], et il fut question de les mettre entre les mains d'une personne qui sût et les bien élever et les bien cacher. Elle se souvint de madame de Maintenon, et elle crut qu'il n'y avoit personne qui en fût plus capable : elle lui en fit donc faire la proposition, à quoi madame de Maintenon répondit

taire l'a spirituellement critiqué dans sa courte notice sur Marie-Thérèse, placée à la fin du siècle de Louis XIV : « Les historiens, écrit-il, se sont fatigués à dire quelque chose d'elle. On a prétendu qu'une religieuse lui ayant demandé si elle n'avait pas cherché à plaire aux jeunes gens de la cour du roi son père, elle répondit : *Non, il n'y avait point de roi*. On ne nomme point cette religieuse ; elle aurait été plus qu'indiscrète. Les infantes ne pouvaient parler à aucun jeune homme de la cour ; et lorsque Charles Ier, roi d'Angleterre, étant prince de Galles, alla à Madrid pour épouser la fille de Philippe III, il ne put même lui parler. Ce discours de Marie-Thérèse semble d'ailleurs supposer que s'il y avait eu des rois à la cour de son père, elle aurait cherché à s'en faire aimer. Une telle réponse eût été convenable à la sœur d'Alexandre, mais non pas à la modeste simplicité de Marie-Thérèse. La plupart des historiens se plaisent à faire dire aux princes, ce qu'ils n'ont ni dit, ni dû dire. » (*Siècle de Louis XIV*, édit. Louandre, p. 549.)

1. Les enfants naturels de Louis XIV et de madame de Montespan, furent :

Un enfant mort en bas âge, sans avoir été nommé.

Louis-Auguste de Bourbon, *duc du Maine* (né le 31 mars 1670, légitimé en décembre 1673) ;

Louis-César, comte de Vexin, abbé de Saint-Denis et de Saint-Germain des Prés (né en 1672, mort en 1683) ;

Louise-Marie de Bourbon, nommée *Mademoiselle de Tours* (morte en 1681) ;

Louise-Françoise de Bourbon, nommée *Mademoiselle de Nantes* (née le 1er juin 1673) ;

Françoise-Marie de Bourbon, nommée *Mademoiselle de Blois* (née le 4 mai 1677, légitimée en novembre 1681) ;

Louis-Alexandre de Bourbon, *comte de Toulouse* (né le 6 juin 1678, légitimé en novembre 1681), grand amiral de France en novembre 1683.

que pour les enfans de madame de Montespan, elle ne s'en chargeroit point ; mais que si le Roi lui ordonnoit d'avoir soin des siens, elle lui obéiroit. Le Roi l'en pria, et elle les prit avec elle.

Si ce fut pour madame de Maintenon le commencement d'une fortune singulière, ce fut aussi le commencement de ses peines et de sa contrainte. Il fallut s'éloigner de ses amis, renoncer aux plaisirs de la société, pour lesquels elle sembloit être née, et il le fallut sans en pouvoir donner de bonnes raisons aux gens de sa connoissance. Cependant comme il n'étoit pas possible de s'en éloigner tout d'un coup, pour remédier aux inconvéniens qui pouvoient arriver dans une aussi petite maison que la sienne, dans laquelle il étoit aisé de surprendre une nourrice, d'entendre crier un enfant, et tout le reste, elle prit pour prétexte la petite d'Heudicourt, et la demanda à madame sa mère, qui la lui donna sans peine par l'amitié qui étoit entre elles, et par le goût qu'elle lui connoissoit pour les enfans. Cette petite fille fut depuis madame de Montgon[1], dame du palais de madame la Dauphine de Savoie.

Je me souviens d'avoir ouï raconter beaucoup de particularités de ces temps-là, qui ne méritent pas, je crois, d'être écrites, quoique le récit m'en ait infiniment amusée. Je n'en dirai qu'un mot.

On envoyoit chercher madame de Maintenon quand

1.* Mère de l'abbé de Montgon, auteur de Mémoires où le cardinal de Fleury est très dénigré.

les premières douleurs pour accoucher prenoient à madame de Montespan. Elle emportoit l'enfant, le cachoit sous son écharpe, se cachoit elle-même sous un masque, et, prenant un fiacre, revenoit ainsi à Paris. Combien de frayeurs n'avoit-elle point que cet enfant ne criât! Ces craintes se sont souvent renouvelées, puisque madame de Montespan a eu sept enfans du roi.

Mais je me souviens d'avoir ouï raconter qu'elle fut si pénétrée de douleur au premier que sa beauté s'en ressentit. Elle devint maigre, jaune, et si changée qu'on ne la reconnoissoit pas. Loin d'être née débauchée, le caractère de madame de Montespan étoit naturellement éloigné de la galanterie et porté à la vertu. Son projet avoit été de gouverner le roi par l'ascendant de son esprit. Elle s'étoit flattée d'être maîtresse non seulement de son propre goût, mais de la passion du Roi. Elle croyoit qu'elle lui feroit toujours désirer ce qu'elle avoit résolu de ne lui pas accorder : la suite fut plus naturelle. Elle se désespéra, comme je l'ai dit, à la première grossesse, se consola à la seconde, et porta dans les autres l'impudence aussi loin qu'elle pouvoit aller. Cependant on cachoit avec le même soin les enfans dont elle paroissoit publiquement grosse.

Il arriva une fois que le feu prit à une poutre de la chambre de ses enfans, à Paris. Ce feu, qui n'avoit pas encore eu d'air, étoit comme endormi, et madame de Maintenon, en prenant les mesures nécessaires sans faire de bruit, jugea cependant que ce feu pourroit s'allumer tout à coup, et de façon qu'il ne seroit pas possible de ne pas laisser entrer beaucoup de monde. Dans cette crainte, elle envoya en diligence à Saint-Germain pour demander à madame de Montespan ce qu'il faudroit qu'elle fît en pareil cas; sur quoi elle dit pour toute réponse à celui qu'on avoit envoyé : *J'en suis bien aise ; dites à madame Scarron que c'est une marque de bonheur pour ces enfans.*

L'aînée des enfans du roi et de madame de Montespan mourut à l'âge de trois ans. Madame de Maintenon en fut touchée comme une mère tendre, et beaucoup plus que la véritable; sur quoi le roi dit, en parlant de madame de Maintenon : *Elle sait bien aimer; il y auroit du plaisir à être aimé d'elle.*

Madame de Montespan eut cinq enfans de suite. Je ne sais s'ils furent reconnus tous ensemble ou séparément; je sais seulement que, ne pouvant les faire légitimer sans nommer la mère, parce qu'il n'y avoit pas eu d'exemples d'une pareille reconnoissance, pour qu'il y en eût, on fit précéder celle des enfans du Roi par celle du bâtard du comte de Saint-Pol, fils de madame de Longueville, qui se trouvoit dans le même cas, puisqu'il étoit fils de la maréchale de La Ferté, et qu'elle l'avoit eu du vivant de son mari[1].

Le roi fit ensuite reconnoître les siens, savoir : M. le duc du Maine, M. le comte du Vexin, made-

---

1.* Celui qu'on appeloit le chevalier de Longueville, et qui fut tué au siège de Philipsbourg, en 1688.

moiselle de Nantes, et mademoiselle de Tours ; l'aîné étoit mort sans être reconnu, et M. le comte de Toulouse et mademoiselle de Blois, depuis duchesse d'Orléans, n'étoient pas encore nés.

Madame de Maintenon alla à la cour avec ces enfans du roi ; mais elle s'attacha particulièrement à M. le duc du Maine, dont l'esprit promettoit beaucoup. Heureux, je l'oserai dire, si l'usage, ou la fortune de madame de Maintenon, lui avoit permis de demeurer plus longtemps auprès de lui, et qu'elle eût pu achever son éducation comme elle l'avoit commencée! Elle n'auroit rien ajouté à l'agrément de son esprit; mais elle lui auroit peut-être inspiré plus de force et de courage (j'entends celui de l'esprit), qualités si nécessaires aux hommes élevés au-dessus des autres[1]. Il faut avouer aussi que la figure de M. le duc du Maine, sa timidité naturelle, et le goût du roi (car il n'aimoit pas naturellement que ceux qu'il admettoit dans sa familiarité fussent infiniment répandus dans le grand monde), ont contribué à éloigner ce prince du commerce des hommes, dont il auroit fait les délices s'il en avoit été connu. La timidité rend les hommes farouches, quand ils se font surtout un devoir de ne la pas surmonter.

Le mariage de M. le duc du Maine mit le comble à ses malheureuses dispositions. Il épousa une prin-

___
1. Cf. La lettre du duc du Maine citée dans la Notice biographique.

cesse du sang, d'un caractère entièrement opposé au sien, aussi vive et entreprenante qu'il étoit doux et tranquille. Cette princesse abusa de sa douceur : elle secoua bientôt le joug qu'une éducation peut-être trop sévère lui avoit imposé ; elle dédaigna de faire sa cour au Roi pour tenir la sienne à Sceaux, où, par sa dépense, elle ruina monsieur son mari, lequel approuvoit ou n'osoit s'opposer à ses volontés. Le Roi lui en parla, mais inutilement ; et voyant enfin que ses représentations ne servoient qu'à faire souffrir intérieurement un fils qu'il aimoit, il prit le parti du silence, et le laissa croupir dans son aveuglement et sa foiblesse.

Je me souviens, à propos du mariage de M. le duc du Maine, que le Roi, qui pensoit toujours juste, auroit désiré que les princes légitimés ne se fussent jamais mariés. *Ces gens-là*, disoit-il à madame de Maintenon, *ne se devroient jamais marier*. Mais M. le duc du Maine ayant voulu l'être, cette même sagesse du Roi auroit fait du moins qu'il auroit choisi une fille d'une des grandes maisons du royaume, sans les persécutions de M. le Prince, qui regardoit ces sortes d'alliances comme la fortune de la sienne. Je sais même que le Roi avoit eu dessein de choisir mademoiselle d'Uzès, et qu'il étoit sur le point de le déclarer, lorsque M. de Barbezieux vint lui faire part de son mariage avec elle, ce qui fit que le Roi n'y songea pas davantage. *Tout est conjoncture dans cette vie*, disoit le maréchal de Clairambault, *et la destinée de mademoiselle d'Uzès en est une preuve.*

Le comte du Vexin mourut jeune, et ne vécut que pour faire voir par ses infirmités qu'il étoit heureux de mourir. Madame de Montespan ne haïssoit ni les remèdes ni les expériences; et j'ai ouï dire qu'on lui avoit fait treize cautères le long de l'épine du dos. On le destinoit à l'Église, et il possédoit déjà plusieurs grands bénéfices, entre lesquels étoit l'abbaye de Saint-Denis, qui fut depuis donnée à la maison royale de Saint-Cyr.

Mademoiselle de Tours, leur sœur, mourut à peu près au même âge, de huit à neuf ans. La quatrième étoit mademoiselle de Nantes[1], dont j'aurai souvent occasion de parler dans mes *Souvenirs*. Je dirai seulement ici qu'on n'oublioit rien dans son éducation pour faire valoir les talens propres à plaire qu'elle avoit reçus de la nature. Elle répondit parfaitement à son éducation; mais ses grâces et ses charmes sont bien au-dessus de mes éloges. Ce n'est pourtant ni une taille sans défaut, ni ce qu'on appelle une beauté parfaite. Ce n'est pas non plus, à ce que je crois, un esprit d'une étendue infinie. Quoi qu'il en soit, elle a si bien tout ce qu'il faut pour plaire, qu'on ne juge de ce qui lui manque que lorsque la découverte de son cœur laisse la raison libre. Cette découverte devroit être aisée à faire, puisqu'elle ne s'est jamais piquée d'amitié; cependant la pente naturelle qu'on a à se flatter soi-même, et la séduction de ses agrémens est telle qu'on ne l'en veut pas croire elle-

---

1. Depuis duchesse de Bourbon.

même, et qu'on attend pour se désabuser une expérience personnelle, qui ne manque guère.

Après ces cinq enfans, madame de Montespan fut quelque temps sans en avoir; et ce fut dans cet intervalle que se fit cette fameuse séparation, et ce raccommodement si glorieux à M. l'évêque de Meaux, à madame de Montausier, et à toutes les personnes de mérite et de vertu qui étoient alors à la cour.

La rupture se fit dans le temps d'un jubilé. Le Roi avoit un fond de religion qui paroissoit même dans ses plus grands désordres avec les femmes; car il n'eut jamais que cette foiblesse. Il étoit né sage et si régulier dans sa conduite, qu'il ne manqua d'entendre la messe tous les jours que deux fois dans toute sa vie, et c'étoit à l'armée.

Les grandes fêtes lui causoient des remords, également troublé de ne pas faire ses dévotions ou de les faire mal. Madame de Montespan avoit les mêmes sentimens; et ce n'étoit pas seulement pour se conformer à ceux du Roi qu'elle les faisoit paroître. Elle avoit été parfaitement bien élevée par une mère d'une grande piété, et qui avoit jeté dans son cœur des semences de religion dès sa plus tendre enfance, dont elle ne se défit jamais. Elle les fit voir, comme le Roi, dans tous les temps; et je me souviens d'avoir ouï raconter que, vivant avec le roi de la façon dont je viens de parler, elle jeûnoit si austèrement les carêmes, qu'elle faisoit peser son pain.

Un jour la duchesse d'Uzès, étonnée de ses scrupules, ne put s'empêcher de lui en dire un mot. *Eh quoi! madame*, reprit madame de Montespan, *faut-il, parce que je fais un mal, faire tous les autres*[1] ?

Enfin, ce jubilé dont je viens de parler arriva[2]. Ces deux amans, pressés par leur conscience, se séparèrent de bonne foi, ou du moins ils le crurent. Madame de Montespan vint à Paris, visita les églises, jeûna, pria et pleura ses péchés ; le Roi, de son côté, fit tout ce qu'un bon chrétien doit faire. Le jubilé fini, gagné ou non gagné, il fut question de savoir si madame de Montespan reviendroit à la cour.

1. Ces singuliers scrupules n'étaient pas rares à la cour du grand roi ; la princesse Palatine cite un exemple identique à celui de madame de Montespan : « Un jour, le Dauphin (fils de Louis XIV), fit venir La Raisin (comédienne), à Choisy, et la cacha dans un moulin sans manger ni boire, car c'était jour de jeûne ; il pensait que le plus grand de tous les péchés était de manger de la viande un jour maigre. Après le départ de la cour, il lui donna pour tout souper de la salade et du pain rôti dans l'huile. La Raisin en a bien ri elle-même et l'a raconté à plusieurs personnes. L'ayant appris, je demandai au Dauphin à quoi il avait pensé en faisant jeûner ainsi sa maîtresse ; il me dit : Je voulais bien faire un péché, mais pas deux ; et il rit lui-même de bon cœur. » (*Lettre du 13 janvier* 1719.)

2. M. Asselineau, dans son édition des *Souvenirs*, fait à propos de ce passage la réflexion suivante : « Madame de Caylus tombe ici dans une erreur de date qui a été partagée par Rulhières dans ses *Éclaircissements historiques sur la Révocation de l'édit de Nantes*. La séparation passagère du Roi et de madame de Montespan n'eut point lieu à l'époque du jubilé de 1676, mais pendant la semaine sainte de l'année 1675. Madame de Caylus, qui n'arriva à la cour qu'en 1681, rapporte ici ce qu'elle a entendu dire ; cette erreur a pu facilement lui échapper. » Et Sainte-Beuve lui répond spirituellement : « Que nous fait le jubilé un an plus tôt ou plus tard ? L'essentiel est qu'on le retrouve dans la physionomie de cette fille du roi et de madame de Montespan. » (Cette fille fut mademoiselle de Blois, dont il est question ci-après, et qui épousa Philippe d'Orléans, le Régent.)

« Pourquoi non ? disoient ses parens et ses amis même les plus vertueux ; madame de Montespan, par sa naissance et par sa charge, doit y être ; elle peut y vivre aussi chrétiennement qu'ailleurs. » M. l'évêque de Meaux fut de cet avis[1]. Il restoit cependant une difficulté : « Madame de Montespan, ajoutoit-on, paroîtra-t-elle devant le Roi sans préparation ? Il faudroit qu'ils se vissent avant que de se rencontrer en public, pour éviter les inconvéniens de la surprise. » Sur ce principe, il fut conclu que le Roi viendroit chez madame de Montespan ; mais pour ne pas donner à la médisance le moindre sujet de mordre, on convint que des dames respectables et les plus graves de la cour seroient présentes à cette entrevue, et que le Roi ne verroit madame de Montespan qu'en leur compagnie. Le Roi vint donc chez madame de Montespan, comme il avoit été décidé ; mais, insensiblement, il la tira dans une fenêtre ; ils se parlèrent bas assez longtemps, pleurèrent, et se dirent ce qu'on a accoutumé de dire en pareil cas ; ils firent ensuite une profonde révérence à ces vénérables matrones, passèrent dans une autre chambre ; et il en avint madame la duchesse d'Orléans, et ensuite M. le comte de Toulouse.

Je ne puis me refuser de dire ici une pensée qui me vient dans l'esprit. Il me semble qu'on voit encore dans le caractère, dans la physionomie et dans

---

1. « Il ignoroit donc ainsi que les autres que la fuite est le seul remède en pareil cas ? » Phrase ajoutée par M. de Monmerqué d'après le manuscrit de mademoiselle d'Aumale.

toute la personne de madame la duchesse d'Orléans, des traces de ce combat de l'amour et du jubilé[1].

Ces deux grossesses furent traitées avec beaucoup de mystère. On cacha ces deux derniers enfans avec soin. Un des deux naquit à Maintenon, pendant une campagne du Roi; et madame de Montespan avec madame de Thianges y firent un assez long séjour ; mais madame de Maintenon ne fut pas chargée de ces derniers enfans comme elle l'avoit été des autres : M. de Louvois les fit élever à Paris, dans une maison au bout de la rue de Vaugirard.

Je me souviens de les avoir vu reconnoître pendant que j'étois encore chez madame de Maintenon. Ils parurent à Versailles sans préparation. La beauté de M. le comte de Toulouse surprit et éblouit tous ceux qui le virent. Il n'en étoit pas de même de mademoiselle de Blois; car c'est ainsi qu'on l'appela jusqu'à son mariage. La flatterie a fait depuis que ses favorites l'entretenoient continuellement de sa grande beauté, langage qui devoit d'autant plus lui plaire qu'elle y étoit moins accoutumée.

Les figures avoient un grand pouvoir sur l'esprit de madame de Montespan, ou, pour mieux dire, elle comptoit infiniment sur l'impression qu'elles ont accoutumé de faire sur le commun des hommes, et les effets qu'elles produisent. C'est sans doute par là qu'elle eut tant de peine à pardonner à mademoiselle

---

1. C'est précisément ce que constate Sainte-Beuve dans la citation ci-dessus. (Cf. p. 45.)

de Blois d'être née aussi désagréable. Madame de Thianges, sœur de madame de Montespan, et dont je parlerai quelquefois, encore moins raisonnable sur ce point, ne pouvoit supporter que la portion du sang de Mortemart que cet enfant avoit reçue dans ses veines, n'eût pas produit une machine parfaite. Ainsi mademoiselle de Blois passoit sa vie à s'entendre reprocher ses défauts; et comme elle étoit naturellement timide et glorieuse, elle parloit peu, et ne laissoit rien voir du côté de l'esprit qui pût les réparer. Le Roi en eut pitié; et c'est peut-être l'origine des grands biens qu'il lui a faits, et la première cause du rang où il la fit monter depuis.

Madame la duchesse d'Orléans ne laissoit pas d'avoir de la beauté, une belle peau, une belle gorge, de beaux bras, et de belles mains; mais peu de proportion dans ses traits. Telle qu'elle étoit, madame de Thianges auroit dû avoir plus d'indulgence pour elle, puisqu'elle lui ressembloit beaucoup. Quant à l'esprit, il est certain que madame la duchesse d'Orléans en a, quoique, à dire la vérité, elle en ait peu montré dans sa conduite, par rapport à sa famille, depuis la mort du Roi.

Je reviens à madame de Maintenon, qui vécut chez madame de Montespan avec M. le duc du Maine jusqu'au temps où elle le promena en différents endroits pour chercher du remède à sa jambe. Ce prince étoit né droit et bien fait, et le fut jusqu'à l'âge de trois ans que les grosses dents lui percèrent, en lui causant des convulsions si terribles qu'une de ses jambes se retira beaucoup plus que l'autre. On essaya en vain de tous les remèdes de la faculté de Paris, après lesquels on le mena à Anvers pour le faire voir à un homme dont on vantoit le savoir et les remèdes, mais, comme on ne voulut pas que M. du Maine fût connu pour ce qu'il étoit, madame de Maintenon fit ce voyage sous le nom supposé d'une femme de condition du Poitou [1], qui menoit son fils à cet empirique, dont les remèdes étoient apparemment bien violents, puisqu'il allongea cette malheureuse jambe beaucoup plus que l'autre, sans la fortifier; et les douleurs extrêmes que M. du Maine souffrit ne servirent qu'à la lui faire traîner comme nous voyons. Malgré ce mauvais succès, il ne laissa pas encore de faire deux voyages à Barèges, aussi inutilement que le reste. Connu en France pour être fils du Roi, il reçut, dans tous les lieux où il passa, des honneurs qu'on auroit à peine rendus au Dauphin.

Madame de Maintenon fut bien aise, en passant par le Poitou ou la Saintonge, de revoir sa patrie, sa famille, et ses connoissances. M. d'Aubigné [2], en ce temps-là gouverneur de Cognac, y reçut M. le duc

---

1.* Sous le nom de la marquise de Surgers. — Le voyage et le traitement ne furent pas longs, puisque madame de Maintenon, partie en avril 1674 avec le duc du Maine, était de retour à Paris le 7 mai. Ce jour-là, en effet, elle assistait à l'union de Lazare Tirpré, maître charcutier, avec Marie Richard, femme qui avait été sans doute à son service et signait sur le registre des mariages de la paroisse. (Cf. Jal, *Dictionnaire critique d'histoire et de biographie.*)

2.* Le comte d'Aubigné, frère de madame de Maintenon.

du Maine avec une magnificence qui devoit lui plaire ; mais le plus grand plaisir qu'elle eut dans ces différents voyages fut de n'être pas à la cour. Elle en trouva encore un autre dans la conversation de M. Fagon [1], alors médecin de M. le duc du Maine. C'est là que se forma entre eux cette estime et cette amitié qui ne se sont pas démenties. Plus M. Fagon vit madame de Maintenon de près, plus il admira sa vertu et goûta son esprit. Je le cite comme un bon juge du vrai mérite.

Au retour de ces voyages, la faveur de madame de Maintenon augmenta, et celle de madame de Montespan diminua avec la même rapidité. Son humeur s'en ressentit ; et madame de Maintenon qui vouloit encore la ménager, et qui sans doute ne prévoyoit pas jusqu'où sa faveur devoit la conduire, pensoit sérieusement à se retirer, ne désirant que la tranquil-

---

1. Guy-Crescence Fagon (né à Paris en 1638, mort en 1718), fut successivement premier médecin de la Dauphine, de la reine, des enfants de France et du roi, surintendant du Jardin royal et membre de l'Académie des sciences. Saint-Simon l'a rendu responsable de la mort de Louis XIV, dont il ne vit point l'état, et qu'il s'obstina à soigner contrairement à son tempérament. Les satiriques du temps ont répété cette accusation dans leurs vers :

> Que Fagon soit récompensé,
> Il a le royaume sauvé.

> Sans cet ignorant médecin
> Qui de Louis fut l'assassin,
> Nos maux auraient duré sans fin !

(Cf. notre *Chansonnier historique du dix-huitième siècle*, t. I. Paris, Quantin, 1879.)

lité et le repos de sa première vie. Je le sais, et pour le lui avoir entendu dire, et par des lettres que j'ai vues depuis sa mort, écrites de sa main, et adressées à un docteur de Sorbonne, nommé l'abbé Gobelin [1], son confesseur; mais son étoile singulière ne lui permit pas d'accomplir un projet si sensé : tout l'acheminoit au grand personnage que nous lui avons vu jouer depuis.

J'ai vu encore dans ces mêmes lettres qu'on avoit voulu la marier au vieux duc de Villars, pour s'en défaire peut-être un peu plus honnêtement [2]. Je rapporte ici la manière dont elle s'en explique elle-même avec son confesseur. « Madame de Montespan
« et madame de Richelieu travaillent présentement
« à un mariage pour moi, qui pourtant ne s'achè-
« vera pas. C'est un duc assez malhonnête homme
« et fort gueux : ce seroit une source d'embarras et

---

1. Les lettres de madame de Maintenon à Gobelin ont été imprimées dans sa correspondance. — Cette correspondance se compose :
Des *Lettres et entretiens sur l'éducation des filles;*
Des *Conseils aux demoiselles;*
Et de la *Correspondance générale*, dans laquelle se trouvent la plupart des lettres adressées par madame de Maintenon à ses parents ou à ses amis.
L'édition la plus répandue de cette correspondance est celle de La Beaumelle; mais elle est généralement infidèle; les textes sont presque toujours modifiés, arrangés ou tronqués. M. Lavallée en avait entrepris une nouvelle qui est restée malheureusement inachevée.
2. D'après une lettre de madame de Maintenon à madame d'Heudicourt (citée par M. de Noailles dans son *Histoire de madame de Maintenon*), c'est l'année 1674 qu'il faut assigner pour date à ce projet de mariage.

« de déplaisirs qu'il seroit imprudent de s'attirer[1] ;
« j'en ai déjà assez dans une condition singulière
« et enviée de tout le monde, sans aller en chercher
« dans un état qui fait le malheur des trois quarts
« du genre humain. »

Il faut avouer que le Roi, dans les premiers temps, eut plus d'éloignement que d'inclination pour madame de Maintenon ; mais cet éloignement n'étoit fondé que sur une espèce de crainte de son mérite, et sur ce qu'il la soupçonnoit d'avoir dans l'esprit le précieux de l'hôtel de Rambouillet, dont les hôtels d'Albret et de Richelieu, où elle avoit brillé, étoient une suite et une imitation, quoiqu'avec des correctifs, et qu'il leur manquât un *Voiture* pour en faire passer à la postérité, les plaisanteries et les amusemens.

On se moquoit à la cour de ces sociétés de gens oisifs, uniquement occupés à développer un sentiment et à juger d'un ouvrage d'esprit. Madame de Montespan elle-même, malgré le plaisir qu'elle avoit trouvé autrefois dans ces conversations, les tourna après en ridicule pour divertir le Roi.

1.* La singularité de sa condition et de son état venoit sans doute de ce qu'elle se trouvoit à la cour, et la veuve de Scarron, dont pourtant elle n'avoit jamais été la femme. — Nous n'avons pas besoin de faire ressortir l'absurdité de cette note que nous avons simplement conservée à titre de curiosité historique. Bien que l'acte du mariage de Françoise d'Aubigné avec Scarron ne soit point parvenu jusqu'à nous (Cf., p. 8), l'on n'est nullement fondé à contester la réalité de cette union et les témoignages des contemporains sont trop précis pour qu'il soit possible de la révoquer en doute.

L'éloignement de ce prince pour madame de Maintenon auroit paru plus naturel, s'il eût été fondé sur ce qu'il savoit bien qu'elle condamnoit le scandale donné à toute la France par la manière dont il vivoit avec une femme mariée et enlevée à son mari. Elle lâchoit même souvent, sur ce sujet, des traits dont on ne devoit pas lui savoir gré, et tels que celui-ci : Elle dit un jour au Roi, à une revue des mousquetaires : *Que feriez-vous, sire, si on vous disoit qu'un de ces jeunes gens vît publiquement avec la femme d'un autre, comme si elle étoit la sienne?* Il est vrai que j'ignore le temps où elle fit cette question, et qu'il est à présumer qu'elle se croyoit alors bien sûre de sa faveur. J'ignore aussi quelle fut la réponse du Roi ; mais le discours est certain, et il suffit pour faire voir quels ont été les sentimens et la conduite de madame de Maintenon à cet égard, d'autant plus qu'elle étoit encore, dans ce temps-là, chez madame de Montespan, auprès de ses enfans.

Cependant le Roi, si prévenu dans les commencemens contre madame de Maintenon, qu'il ne l'appeloit d'un air de dénigrement, en parlant à madame de Montespan, que *votre bel esprit*, s'accoutuma à elle, et comprit qu'il y avoit tant de plaisir à l'entretenir, qu'il exigea de sa maîtresse, par une délicatesse dont on ne l'eût peut-être pas cru capable, de ne lui plus parler les soirs quand il seroit sorti de sa chambre. Madame de Maintenon s'en aperçut ; et voyant qu'on ne lui répondoit qu'un oui et qu'un non assez sec : *J'entends*, dit-elle, *ceci est un sacrifice ;* et, comme elle se levoit, madame de Montespan l'arrêta, charmée qu'elle eût pénétré le mystère. La conversation n'en fut que plus vive après, et elles se dirent sans doute, dans un genre différent, l'équivalent de ce que Ninon avoit dit du billet de La Châtre [1].

On peut juger, par cet échantillon, que le Roi n'étoit pas incapable de délicatesse, et que madame de Montespan n'étoit pas en droit de lui reprocher, comme elle lui reprocha une fois, de n'être point amoureux d'elle, mais de se croire seulement redevable au public d'être aimé de la plus belle femme de son royaume. Il est vrai que le Roi n'étoit point l'homme du monde le plus fidèle en amour, et qu'il a eu, pendant son commerce avec madame de Montespan, quelques autres aventures galantes dont elle se soucioit peu, et elle n'en parloit que par humeur ou pour se divertir.

Je ne sais pourtant si madame de Soubise lui fut aussi indifférente [2], quoiqu'elle parût ne pas s'en

---

1.* M. de La Châtre avait exigé de mademoiselle de Lenclos un billet comme quoi elle lui seroit fidèle pendant son absence ; et, étant avec un autre, dans le moment le plus vif, elle s'écria : « Ah! le bon billet qu'a La Châtre. »

2. Anne de Rohan-Chabot, princesse de Soubise, fut pendant quelque temps la maîtresse de Louis XIV. Après qu'elle eut été nommée dame du palais, « le roi, dit Saint-Simon, ne fut pas longtemps sans en être épris. Tout s'use : l'humeur de madame de Montespan le fatiguoit; au plus fort de sa faveur, il avoit des passades ailleurs, et lui avoit même donné des rivales. Celle-ci sut bien se conduire ; Bontemps porta les paroles, le secret extrême fut exigé et la frayeur de M. de Soubise fort exagérée. La maréchale de Rochefort, accoutumée au métier, fut choisie pour confidente. Elle donnoit les rendez-vous chez

soucier. Madame de Montespan découvrit cette intrigue, par l'affectation que madame de Soubise avoit de mettre certains pendans d'oreilles d'émeraudes les jours que M. de Soubise alloit à Paris. Sur cette idée, elle observa le Roi, le fit suivre, et il se trouva que c'étoit effectivement le signal de rendez-vous.

Madame de Soubise avoit un mari [1] qui ne ressembloit pas à celui de madame de Montespan, et pour lequel il falloit avoir des ménagemens. D'ailleurs, madame de Soubise étoit trop solide pour s'arrêter à des délicatesses de sentiment, que la force de son

---

elle où Bontemps les venoit avertir ; et toutes deux, bien seules et bien affublées, se rendoient par des derrières chez le roi. »

La princesse Palatine ne se montre pas tendre pour cette favorite. « Madame de Soubise, écrit-elle, était fine, dissimulée et très méchante ; elle a pitoyablement trompé la bonne reine, mais la reine l'a bien jugée, car elle a mis au jour toutes ses faussetés, et l'a pour ainsi démasquée devant tout le monde. »

1. Les chansonniers du temps invitaient facétieusement la princesse à se débarrasser de son mari :

> Si c'est la crainte d'un époux
> Qui vous fait combattre un monarque,
> Soubise, que ne parlez-vous ?
> On lui ferait bientôt passer la barque.
> Si vous voulez aujourd'hui,
> On l'enverroit demain chez lui.

Il ne paraît pas cependant, si l'on en croit Saint-Simon, que le prince de Soubise ait été fort gênant. « M. de Soubise, instruit à l'école de son père et d'un frère aîné, infiniment plus âgé que lui, ne prit pas le parti le plus honnête, mais le plus utile. Il se tint toute sa vie rarement à la cour, se renferma dans le gouvernement de ses affaires domestiques, ne fit jamais semblant de se douter de rien, et sa femme évita avec soin tout ce qui pouvoit trop marquer. »

esprit ou la froideur de son tempérament lui faisoit regarder comme des foiblesses honteuses. Uniquement occupée des intérêts et de la grandeur de sa maison, tout ce qui ne s'opposoit pas à ses vues lui étoit indifférent.

Pour juger si madame de Soubise s'est conduite selon ses maximes, il suffit de considérer l'état présent de cette maison, et de la comparer à ce qu'elle étoit quand elle y est entrée. A peine M. de Soubise avoit-il alors six mille livres de rente.

Madame de Soubise a soutenu son caractère, et suivi les mêmes idées dans le mariage de monsieur son fils avec l'héritière de la maison de Ventadour[1],

1. Hercule-Mériadec de Rohan, prince de Soubise, épousa en 1694 Anne-Geneviève de Levis-Ventadour, veuve du prince de Turenne, fils aîné de M. de Bouillon. « Pendant son premier mariage, au dire de Saint-Simon, elle avoit eu le temps de se faire connoître par tant de galanterie publique qu'aucune femme ne la voyoit, et que les chansons qui avoient mouché s'étoient chantées en Flandre dans l'armée où le prince de Rohan ne l'avoit pas épargnée, et souvent et publiquement chantée. » Après son second mariage on fit encore de nouvelles chansons sur son compte. Voici un spécimen de l'année 1697 :

> Rohan paraît fort tranquille
> De sa femme, et ne dit rien ;
> Je connais certain blondin
> Qui va disant par la ville,
> Qu'on a beau la tant garder,
> Qu'elle n'est pas plus facile.

A la date de 1699 on lui prête à elle-même ce couplet impudent :

> Si j'aime l'amour et le vin,
> De quoi va-t-on se mettre en peine ?...
> Se peut-il qu'on ait oublié
> Comme j'en usais étant fille ?
> Tout le monde l'a publié ;
> J'ai les vertus de ma famille.

veuve du prince de Turenne, dernier mort. Les discours du public, et la mauvaise conduite effective de la personne ne l'arrêtèrent pas [1]; elle pensa ce que madame Cornuel en dit alors *que ce seroit un grand mariage dans un siècle* [2].

1. Ils n'arrêtèrent pas non plus M. de Soubise : « Il regarda ce grand mariage comme la plus solide base de sa branche. Il avoit de bonnes raisons pour n'être pas difficile au choix : la beauté de sa femme l'avoit fait prince et gouverneur de province, avec espérance de plus encore. La richesse d'une belle-fille, de quelque réputation qu'elle fût, lui parut mériter le mépris du qu'en dira-t-on. » (*Saint-Simon.*)

2. Les *Mémoires* de Saint-Simon confirment l'anecdote racontée par madame de Caylus. « Il y avoit, dit-il, une vieille bourgeoise au Marais, chez qui son esprit et la mode avoit toujours attiré la meilleure compagnie de la cour et de la ville ; elle s'appeloit madame Cornuel et M. de Soubise étoit son ami. Il alla donc lui apprendre le mariage qu'il venoit de conclure, tout engoué de la naissance et des grands biens qui s'y trouvoient joints. *Ho! Monsieur*, lui répondit la bonne femme qui se mouroit et qui mourut deux jours après, *que voilà un grand et bon mariage pour dans soixante ou quatre-vingts ans d'ici!* »

Anne Bigot, dame Cornuel, jouit au dix-septième siècle d'une grande notoriété, grâce aux bons mots et aux fines réparties dont elle possédait le secret. Durant plus de quatre-vingts ans elle charma par l'allure ingénieuse de sa conversation les meilleurs salons de l'époque. L'épitaphe que l'on composa pour elle, consacrait le souvenir de ses agréments :

> Dans ses mœurs, quelle politesse !
> Quel tour, quelle délicatesse
> Éclatait dans tous ses discours !
> Ce sel tant vanté de la Grèce,
> En faisait l'assaisonnement ;
> Et malgré la froide vieillesse,
> Son esprit léger et charmant
> Eut de la brillante jeunesse
> Tout l'éclat et tout l'engouement.

On peut consulter sur madame Cornuel et ses bons mots *les Lettres de madame de Sévigné*, *les Historiettes de Tallemant des Réaux* et une étude de M. Livet, dans son histoire des *Précieux et Précieuses*. (Paris, Didier.)

Pour dire la vérité, je crois que madame de Soubise et madame de Montespan n'aimoient guère plus le Roi l'une que l'autre. Toutes deux avoient de l'ambition; la première pour sa famille, la seconde pour elle-même. Madame de Soubise vouloit élever sa maison et l'enrichir; madame de Montespan vouloit gouverner et faire sentir son autorité. Mais je ne pousserai pas plus loin le parallèle; je dirai seulement que, si l'on en excepte la beauté et la taille, qui pourtant n'étoient en madame de Soubise que comme un beau tableau ou une belle statue, elle ne devoit pas disputer un cœur avec madame de Montespan. Son esprit uniquement porté aux affaires rendoit sa conversation froide et plate; madame de Montespan, au contraire, rendoit agréables les matières les plus sérieuses, et ennoblissoit les plus communes : aussi je crois que le Roi n'a jamais été fort amoureux de madame de Soubise, et que madame de Montespan auroit eu tort d'en être inquiète. Bien des gens ont cru M. le cardinal de Rohan fils du Roi [1]; mais s'il y a eu un des enfans de madame de

---

1. Armand-Gaston-Maximilien de Rohan (1674-1749), évêque de Strasbourg, cardinal et grand aumônier de France, prit une part active aux querelles suscitées par la bulle *Unigenitus*. Ce fut lui qui sacra l'abbé Dubois, archevêque de Cambrai. Il paraît qu'il ne repoussait nullement la supposition rapportée par madame de Caylus. « Le cardinal, dit le marquis d'Argenson, en parlant quelquefois de lui-même, laisse entendre avec une sorte de modestie qu'il doit avoir quelque ressemblance avec Louis XIV, tant dans la figure que dans le caractère. En effet, madame la princesse de Soubise, sa mère, étoit très belle. L'on sait que Louis XIV en fut amoureux et l'époque de ce penchant

Soubise qui fut de lui, il est mort il y a longtemps.

Malgré ces infidélités du Roi, j'ai souvent entendu dire que madame de Montespan auroit toujours conservé du crédit sur son esprit, si elle avoit eu moins d'humeur, et si elle avoit moins compté sur l'ascendant qu'elle croyoit avoir. L'esprit qui ne nous apprend pas à vaincre notre humeur devient inutile quand il faut ramener les mêmes gens qu'elle a écartés ; et si les caractères doux souffrent plus longtemps que les autres, leur fuite est sans retour.

Le roi trouva une grande différence dans l'humeur de madame de Maintenon ; il trouva une femme toujours modeste, toujours maîtresse d'elle-même, toujours raisonnable, et qui joignoit encore à des qualités si rares les agrémens de l'esprit et de la conversation.

Mais elle eut à souffrir avant de s'être fait connoître. Il est aisé de juger qu'une femme, dont l'humeur est plus forte que l'envie de plaire à son maître et à son amant, ne ménage pas une amie qu'elle croit lui devoir être soumise. Il paroît même que la mauvaise humeur de madame de Montespan augmentoit à proportion de la raison et de la modération qu'elle découvroit dans madame de Maintenon, et peut-être à mesure que le roi revenoit des préventions qu'il avoit eues contre elle. Il étoit cependant bien

---

se rapproche de l'année 1674, qui est celle de la naissance du cardinal de Rohan. » (*Loisirs d'un ministre.*)

difficile qu'on pût prévoir les suites qu'auroient un jour ces commencemens d'estime.

Je rapporterai ici quelques fragmens des lettres que madame de Maintenon écrivoit à l'abbé Gobelin, on y verra, mieux que je ne pourrois l'exprimer, et ce qu'elle eut à souffrir, et quels étoient ses véritables sentimens. Il est vrai qu'il seroit à désirer que ses lettres fussent datées; mais les choses marquent assez le temps où elles ont été écrites.

« Madame de Montespan et moi avons eu une conversation fort vive; elle en a rendu compte au Roi à sa mode, et je vous avoue que j'aurai bien de la peine à demeurer dans un état où j'aurai tous les jours de pareilles aventures. Qu'il me seroit doux de me remettre en liberté! j'ai eu mille fois envie d'être religieuse; mais la peur de m'en repentir m'a fait passer par-dessus des mouvemens que mille personnes auroient appelés vocation... Je ne saurois comprendre que la volonté de Dieu soit que je souffre de madame de Montespan. Elle est incapable d'amitié, et je ne puis m'en passer. Elle ne sauroit trouver en moi les oppositions qu'elle y trouve, sans me haïr. Elle me redonne au Roi comme il lui plaît, et m'en fait perdre l'estime. Je suis avec lui sur le pied d'une bizarre qu'il faut ménager[1]. » Dans une autre lettre : « Il se passe ici des choses terribles entre madame de Montespan et moi. Le Roi en fut hier témoin; et ces procédés-là, joints aux maux continuels de ses

---

1.* Lettre du 13 septembre 1674.

enfans, me mettent dans un état que je ne pourrai longtemps soutenir[1]. »

C'est apparemment à cette lettre qu'il faut rapporter ce que j'ai ouï raconter à madame de Maintenon, qu'étant un jour avec madame de Montespan dans une crise la plus violente du monde, le Roi les surprit, et, les voyant toutes deux fort échauffées, il demanda ce qu'il y avoit. Madame de Maintenon prit la parole d'un grand sang-froid, et dit au Roi : *Si Votre Majesté veut passer dans cette autre chambre, j'aurai l'honneur de le lui apprendre.* Le Roi y alla; madame de Maintenon le suivit, et madame de Montespan demeura seule. Sa tranquillité en cette occasion paroît très surprenante; et j'avoue que je ne la pourrois croire, s'il m'étoit possible d'en douter.

Quand madame de Maintenon se vit tête à tête avec le Roi, elle ne dissimula rien; elle peignit l'injustice et la dureté de madame de Montespan d'une manière vive, et fit voir combien elle avoit lieu d'en appréhender les effets. Les choses qu'elle citoit n'étoient pas inconnues du Roi; mais comme il aimoit encore madame de Montespan, il chercha à la justifier; et pour faire voir qu'elle n'avoit pas l'âme si dure, il dit à madame de Maintenon : *Ne vous êtes-vous pas souvent aperçue que ses beaux yeux se remplissent de larmes lorsqu'on lui raconte quelque action généreuse et touchante?* Avec cette disposition, il est à présumer, comme je l'ai dit, que si madame

---

1. 1675.

de Montespan eût voulu, elle auroit encore long-temps gouverné ce prince.

Cette conversation de madame de Maintenon avec le Roi fut suivie de plusieurs autres ; mais le mariage de Monseigneur fit trouver à madame de Maintenon, dans la maison de madame la Dauphine, une porte honorable pour se soustraire à la tyrannie de madame de Montespan.

Cependant, avant de quitter le chapitre des choses qui la regardent, la vérité m'oblige de convenir, d'après madame de Maintenon, que si madame de Montespan avoit des défauts[1], elle avoit aussi de grandes qualités. Sensible à la bonne gloire, elle laissoit à madame de Thianges, sa sœur, le soin de se prévaloir des avantages de la naissance, et se moquoit souvent de son entêtement sur ce chapitre.

Mais puisque je parle de madame de Thianges, je dirai un mot des trois sœurs.

Madame de Montespan, disoit M. l'abbé Testu[2], *parle comme une personne qui lit ; madame de Thianges comme une personne qui rêve ; et madame de Fonte-*

---

1. Entre autres défauts que madame de Caylus passe sous silence, il faut noter celui de s'adonner sans mesure à la boisson.

2.* Jacques Testu, de l'Académie françoise, aumônier et prédicateur du roi (mort en 1706). — Il est fréquemment question de cet abbé dans les *Lettres* de madame de Sévigné. Littérateur assez médiocre, il dut sa renommée passagère à son tact et à son amabilité beaucoup plus qu'à ses ouvrages. Les quelques volumes de poésies qu'ils a laissés sont à peine au-dessus du médiocre. (On trouvera ci-après, p. 83, son portrait.)

vrault comme une personne qui parle. Il pouvoit avoir raison sur les deux autres; mais il avoit tort sur madame de Montespan, dont l'éloquence étoit sans affectation.

Je n'ai point eu l'honneur de connoître madame l'abbesse de Fontevrault[1]; je sais seulement, par tous les gens qui l'ont connue, qu'on ne pouvoit rassembler dans la même personne plus de raison, plus d'esprit, et plus de savoir : son savoir fut même un effet de sa raison. Religieuse sans vocation, elle chercha un amusement convenable à son état, mais ni les sciences, ni la lecture, ne lui firent rien perdre de ce qu'elle avoit de naturel.

Madame de Thianges, folle sur deux chapitres,

---

1. Gabrielle de Rochechouart-Mortemart, abbesse de Fontevrault, sœur de madame de Montespan. « Elle avoit plus d'esprit qu'aucun de sa famille, ce qui étoit beaucoup dire, et le même tour qu'eux et plus de beauté que madame de Montespan. Elle savoit beaucoup, et même de la théologie. Son père l'avoit coffrée fort jeune; avec peu de vocation, elle avoit fait de nécessité vertu, et devint une bonne religieuse et une meilleure abbesse, et adorée autant que révérée dans tout cet ordre, dont elle étoit chef. Elle avoit un esprit de gouvernement singulier, qui se jouoit du sien et qui auroit embrassé avec succès les plus grandes affaires. Elle en avoit eu qui l'avoient attirée à Paris dans le temps du plus grand règne de sa sœur, qui l'aimoit et la considéroit fort et qui la fit venir à la cour, où elle fit divers voyages et de longs séjours, et c'étoit un contraste assez rare de voir une abbesse dans les parties secrètes du roi et de sa maîtresse. Il goûtoit fort cette abbesse, à qui tout ce qu'il y avoit de plus élevé en rang, en place et crédit faisoit la cour, et qui conserva presque une égale considération après l'éloignement de sa sœur. » (Saint-Simon, *Notes sur Dangeau*). La biographie de *l'Abbesse de Fontevrault* a été écrite de nos jours par M. P. Clément, l'historien de Colbert. (Didier, édit.)

celui de sa personne¹ et celui de sa naissance, d'ailleurs dénigrante et moqueuse, avoit pourtant une sorte d'esprit, beaucoup d'éloquence, et rien de mauvais dans le cœur² : elle condamnoit même souvent les injustices et la dureté de madame sa sœur, et j'ai ouï dire à madame de Maintenon qu'elle avoit trouvé en elle de la consolation³ dans leurs démêlés.

Il y auroit des contes à faire à l'infini sur les deux points de sa folie ; mais il suffit de dire, pour celle de sa maison, qu'elle n'en admettoit que deux en France, la sienne et celle de La Rochefoucauld⁴ ; et que si elle ne disputoit pas au roi l'illustration, elle lui disputoit quelquefois l'ancienneté, parlant à lui-même⁵. Quant à sa personne, elle se regardoit comme un chef-d'œuvre de la nature, non tant pour la beauté extérieure que pour la délicatesse des organes

---

1. Tout le monde ne partageait pas l'enthousiasme qu'elle éprouvait pour sa personne ; témoin ce couplet satirique :

> O ! vous, dont les vers odieux
> Disent qu'on aime la Thiange,
> Médisants, connaissez-la mieux,
> Elle est aussi chaste qu'un ange ;
> Que diable voulez-vous qu'elle puisse charmer
> Cette masse de chair ?

2. Telle n'est point l'opinion de la Palatine, qui l'accuse d'être « une mère bien méchante, un vrai diable aussi bien que sa sœur la Montespan, mais encore pire. »
3. Le manuscrit de mademoiselle d'Aumale, cité par M. de Monmerqué, dit « conciliation. »
4.* Elle distinguait la maison de La Rochefoucauld des autres, en faveur des fréquentes alliances qu'elle avait eues avec la maison de Rochechouart.
5. Cette fatuité aristocratique fut longtemps un sujet de

qui composoient sa machine; et, pour réunir les deux objets de sa folie, elle s'imaginoit que sa beauté et la perfection de son tempérament procédoient de la différence que la naissance avoit mise entre elle et le commun des hommes.

Madame de Thianges étoit l'aînée de plus de dix ans de madame de Montespan, et je ne sais comment il se pouvoit faire qu'ayant une mère aussi vertueuse [1] elle eût été élevée avec autant de liberté. Je n'en serois pas étonnée de la part de M. le duc de Mortemart, leur père, qui, je crois, n'étoit pas fort scrupuleux, et dont j'ai entendu raconter plusieurs bons mots, qui sont autant de preuves de la mauvaise humeur de la femme, et du libertinage du mari, tels que celui-ci : M. de Mortemart étant rentré fort tard, à son ordinaire, sa femme, qui l'attendoit, lui dit : *D'où venez-vous? passerez-vous ainsi votre vie avec des diables?* A quoi M. de Mortemart répondit : *Je ne sais d'où je viens; mais je sais que mes diables sont de meilleure humeur que votre bon ange.*

plaisanteries à la cour. On la railloit encore, plus de dix ans après la mort de madame de Thianges, lorsque le fils du bonhomme Chamillard épousa mademoiselle de Mortemart.

> Si pour punir ta vanité,
> Orgueilleuse Thiange,
> Là-bas on n'a point inventé
> Quelque supplice étrange,
> Apprends-y qu'une Mortemart,
> Qui l'eût jamais pu croire?
> Vient d'épouser un Chamillard :
> Quel affront pour ta gloire?

1. « Qu'étoit madame la duchesse de Mortemart. » Var. de l'édition *Monmerqué*.

J'ai ouï dire au feu Roi que madame de Thianges s'échappoit souvent de chez elle pour le venir trouver, lorsqu'il déjeunoit avec des gens de son âge. Elle se mettoit avec eux à table, en personne persuadée qu'on n'y vieillit point[1]. Cette éducation ne devoit point contribuer à la faire bien marier; cependant elle épousa M. le marquis de Thianges, de la maison de Damas, et elle lui apporta en dot le dénigrement qu'elle avoit pour tout ce qui n'étoit pas de son sang, ni dans son alliance; et comme les terres de la maison de Thianges sont en Bourgogne, où elle fit quelque séjour, l'ennui qu'elle y eut lui inspira une aversion pour tous les Bourguignons qu'elle conserva jusqu'à la fin de ses jours; en sorte que la plus grande injure qu'elle pouvoit dire à quelqu'un étoit de l'appeler Bourguignon. Elle eut de ce mariage un fils et deux filles; mais elle ne vit dans ce fils[2] que cette province qu'elle détestoit, et dans sa fille aînée que sa propre personne qu'elle adoroit. Elle la maria au duc de Nevers[3]; la cadette épousa le duc de Sforce, et partit

---

1.* C'étoit une maxime devenue proverbe, du célèbre gourmand Broussin, de la famille des Brûlart, l'un des trois frères auxquels Chapelle et Bachaumont ont adressé leur *Voyage*.

2. La princesse Palatine explique son aversion par des motifs encore moins honorables : « Elle ne pouvait souffrir son fils, dit-elle, pour deux raisons : La première, c'est qu'il n'était pas débauché et qu'il aimait sincèrement sa femme; la seconde, c'est qu'il craignait Dieu et se livrait à la prière; aussi disait-elle souvent : mon fils n'est qu'un sot! »

3. Philippe-Julien Mancini Mazarin, duc de Nevers (1639-1707), neveu du cardinal, célèbre par ses demêlés avec Racine et Boileau. « C'était, dit Voltaire, un auteur de vers singuliers qu'on entendait très aisément et avec un grand plaisir. »

aussitôt après son mariage pour l'Italie, dont elle ne revint qu'après la décadence de la faveur de madame de Montespan. Je l'ai vue à son retour encore assez jeune pour juger de sa beauté ; mais elle n'avoit que de la blancheur, d'assez beaux yeux, et un nez tombant dans une bouche fort vermeille, qui fit dire à M. de Vendôme qu'elle ressembloit à un perroquet qui mange une cerise.

Madame de Thianges n'avoit pas tort d'admirer madame de Nevers ; tout le monde l'admiroit avec elle ; mais personne ne trouvoit qu'elle lui ressemblât, comme elle se l'imaginoit. Madame de Montespan fit ce qu'elle put pour inspirer au Roi du goût pour sa nièce ; mais il ne donna pas dans le piège, soit qu'on s'y prît d'une manière trop grossière, capable de le révolter, ou que sa beauté n'eût pas fait sur lui l'effet qu'elle produisoit sur tous ceux qui la regardoient.

Au défaut du Roi, madame de Nevers se contenta de M. le Prince[1], qu'on appeloit en ce temps-là M. le Duc. L'esprit, la galanterie et la magnificence quand il étoit amoureux, réparoient en lui une figure qui tenoit plus du gnome que de l'homme. Il a marqué sa galanterie pour madame de Nevers par une infinité de traits ; mais je ne parlerai que de celui-ci : M. de Nevers avoit accoutumé de partir pour Rome de la même manière dont on va souper à ce qu'on appelle aujourd'hui une guinguette ; et on avoit vu madame

---

[1]. Henri-Jules de Bourbon, fils du grand Condé, nommé d'abord le *duc d'Enghien*, puis *Monsieur le Prince* à la mort de son père (1686).

de Nevers monter en carrosse, persuadée qu'elle alloit seulement se promener, entendre dire à son cocher : *A Rome.* Mais comme avec le temps elle connut mieux monsieur son mari, et qu'elle se tenoit plus sur ses gardes, elle découvrit qu'il étoit sur le point de lui faire faire encore le même voyage, et en avertit M. le Prince, lequel, aussi fertile en inventions que magnifique lorsqu'il s'agissoit de satisfaire ses goûts[1], pensa, par la connoissance qu'il avoit du génie et du caractère de M. de Nevers, qu'il falloit employer son talent, et réveiller sa passion pour les vers. Il imagina donc de donner une fête à Monseigneur à Chantilly. Il la proposa : on l'accepta. Il alla trouver M. de Nevers, et supposa avec lui un extrême embarras pour le choix du poète qui feroit les paroles du divertissement, lui demandant en grâce de lui en trouver un, et de le vouloir conduire; sur quoi M. de Nevers s'offrit lui-même, comme M. le Prince l'avoit prévu. Enfin la fête se donna ; elle coûta plus de cent mille écus, et madame de Nevers n'alla point à Rome.

Pour terminer l'article des nièces de madame de Montespan, je parlerai succinctement de l'aînée des filles du maréchal de Vivonne son frère, la seule qui ait paru à la cour du temps de sa faveur. Elle épousa le prince d'Elbeuf par les soins et les représentations continuelles de madame de Maintenon, à qui

---

1.* M. le duc, pour entrer secrètement chez madame de Nevers, dont le mari étoit si jaloux, avoit acheté deux maisons contiguës à l'hôtel de Nevers.

elle fit pitié; car je ne sais par quelle fatalité madame sa tante eut tant de peine à l'établir. Rien cependant ne lui manquoit, beauté, esprit, agrémens; et madame de Montespan, quoiqu'elle ne l'aimât pas, ne l'a jamais blâmée que sur ce qu'elle n'avoit pas, disoit-elle, l'air assez noble. Quant au duc d'Elbeuf, on sait l'usage qu'il a fait de sa grande naissance, d'un courage qui en étoit digne, d'une figure aimable[1], et d'un esprit auquel il ne manquoit que de savoir mieux profiter de ces grands et rares avantages de la nature. Il a passé sa jeunesse à être le fléau de toutes les familles par ses mauvais procédés avec les femmes, et par se vanter souvent de faveurs qu'il n'avoit pas reçues. Comme il n'y avoit pas moyen de mettre dans son catalogue celles de madame sa femme, il semble qu'il ait voulu s'en dédommager par les discours qu'il en a tenus, et par une conduite fort injuste à son égard.

Madame de Maintenon conserva avec le duc d'Elbeuf une liberté qu'elle avoit prise dans la maison de madame de Montespan, où on ne l'appeloit en badinant que le *goujat*, pour marquer la vie qu'il menoit et la compagnie qu'il voyoit; et elle lui a fait souvent des réprimandes aussi inutiles que bien reçues. Le Roi avoit du foible pour ce prince; il lui parloit avec bonté, lui pardonnoit ses fautes, et ne lui a presque jamais rien refusé de ce qu'il lui

---

1. « C'étoit un homme, dit Saint-Simon, dont l'esprit audacieux se plaisoit à des scènes éclatantes, et que sa figure, sa naissance et les bontés du roi avoient solidement gâté. »

demandoit ; mais enfin madame sa femme n'a pas été heureuse, et madame de Montespan ne l'a pas assez soutenue dans ses peines domestiques.

Je reviens au caractère de la tante, dont la dureté a paru dans des occasions où il est rare d'en montrer, et plus singulier encore d'en tirer vanité. Un jour que le carrosse de madame de Montespan passa sur le corps d'un pauvre homme, sur le pont de Saint-Germain, madame de Montausier, madame de Richelieu, madame de Maintenon, et quelques autres qui étoient avec elle, en furent effrayées et saisies comme on l'est d'ordinaire en pareille occasion ; la seule madame de Montespan ne s'en émut pas, et elle reprocha même à ces dames leur foiblesse. *Si c'étoit,* leur disoit-elle, *un effet de la bonté de votre cœur, et une véritable compassion, vous auriez le même sentiment en apprenant que cette aventure est arrivée loin comme près de vous.*

Elle joignoit à cette dureté de cœur une raillerie continuelle, et elle portoit des coups dangereux à ceux qui passoient sous ses fenêtres, pendant qu'elle étoit avec le Roi. L'un étoit, disoit-elle, si ridicule, que ses meilleurs amis pouvoient s'en moquer sans manquer à la morale ; l'autre, qu'on disoit être honnête homme : « Oui, reprenoit-elle, il faut lui savoir gré de ce qu'il le veut être ; » un troisième ressembloit au valet de carreau ; ce qui donna même à ce dernier un si grand ridicule, qu'il lui a fallu depuis tout le manège d'un Manceau pour faire la fortune qu'il a faite ; car elle ne s'en tenoit pas à la critique de son ajustement, elle se moquoit aussi de ses phrases, et n'avoit pas tort[1].

Ces choses peuvent passer pour des bagatelles, et elles le sont en effet entre des particuliers; mais il n'en est pas de même quand il est question du maître. Ces bagatelles et ces traits satiriques reviennent dans des occasions importantes et décisives pour la fortune. En un mot, on ne paroissoit guère impunément sous les yeux de madame de Montespan; et souvent un courtisan, satisfait de s'être montré, n'en a retiré qu'un mauvais office, dont il a été perdu sans en démêler la cause.

Mais, malgré ces défauts, madame de Montespan avoit des qualités peu communes, de la grandeur d'âme, et de l'élévation dans l'esprit. Elle le fit voir dans les sujets qu'elle proposa au roi pour l'éducation de Monseigneur : elle ne songea pas seulement au temps présent, mais à l'idée que la postérité auroit de cette éducation par le choix de ceux qui devoient y contribuer. Car, en effet, si on considère le mérite et la vertu de M. de Montausier[2], l'esprit et le savoir de M. de Meaux[3], quelle haute idée n'aura-t-on pas et du Roi qui a fait élever si dignement son fils, et

---

1. « Il est impossible, dit M. de Monmerqué, de ne pas reconnoître ici le marquis de Dangeau, cet homme *chamarré de ridicules*, selon Saint-Simon. »

2. Charles de Sainte-Maure, duc de Montausier, fut nommé, en 1668, gouverneur du grand Dauphin.

3. Bossuet, évêque de Meaux, succéda comme précepteur du Dauphin au président de Périgny, qui mourut en 1669, après avoir rempli cette fonction pendant deux ans. Il eut pour collègue le savant Huet, évêque d'Avranches, qui surveilla l'exé-

dû Dauphin qu'on croira savant et habile, parce qu'il le devoit être?

On ignorera les détails qui nous ont fait connoître l'humeur de M. de Montausier[1], et qui nous l'ont fait voir plus propre à rebuter un enfant tel que Monseigneur, né doux, paresseux et opiniâtre, qu'à lui inspirer les sentimens qu'il devoit avoir.

La manière rude[2] avec laquelle on le forçoit d'étu-

cution de ces belles éditions d'auteurs classiques, dites *ad usum Delphini*, dont le duc de Montausier avait eu l'idée. (Cf. Floquet, *Bossuet, précepteur du grand Dauphin.*)

1. Ce personnage austère, simple et franc jusqu'à la rudesse, fut, s'il faut en croire la tradition, l'original du *Misanthrope* de Molière. Madame de Choisy disait de lui que : « C'étoit un fagot d'ortie qui piquoit de quelque côté qu'on le prît. » Tallemant des Réaux ne l'épargne pas dans ses *Historiettes* : « C'est un homme tout d'une pièce, écrit-il; madame de Rambouillet dit qu'il est fou à force d'être sage. Jamais il n'y en eut un qui eût plus besoin de sacrifier aux Grâces. Il crie, il est rude, il rompt en visière, et s'il gronde quelqu'un, il lui remet devant les yeux toutes les iniquités passées. Jamais homme n'a tant servi à me guérir de l'humeur de disputer. » (Cf. *Montausier, sa vie et son temps*, par Amédée Roux.)

2. Un curieux document, le *Journal de Dubois de Lestourmières*, valet de chambre du roi, nous fournit des détails précis sur la manière dont le gouverneur s'acquittait de ses fonctions. Nous n'en citerons qu'un seul extrait tout à fait caractéristique : « Le mardi 4, au matin, à l'estude, M. de Montausier le battit de quatre ou cinq coups de férulles cruelles au point qu'il estropioit ce cher enfant. L'après-dînée fut encore pire. Point de collation, point de promenade; et le soir, comme la planète cruelle dominoit toujours l'esprit de M. de Montausier, au prier Dieu, où estoit tout le monde à l'ordinaire, ce précieux enfant disoit l'oraison Dominicale en françois, il manqua ung mot, M. Montausier se jetta dessus luy à coups de poing de toute sa force, je croyois qu'il l'assomeroit. M. de Joyeuse dit seulement : Eh! monsieur de Montausier! — Cela fait, il le fit recommencer, et ce cher enfant fit encore la même faute qui n'estoit rien. M. de Montausier se leva, lui prit les deux mains

dier lui donna un si grand dégoût pour les livres, qu'il prit la résolution de n'en jamais ouvrir quand il seroit son maître. Il a tenu parole; mais comme il étoit bien né, et qu'il avoit un bon modèle devant les yeux dans la personne du Roi son père, qu'il admiroit et qu'il aimoit, son règne auroit été heureux et tranquille : je dis tranquille, parce que la paix étant faite, et sachant bien que le Roi n'avoit pas envie de recommencer la guerre, il n'y auroit de lui-même pensé de longtemps, et jamais qu'avec justice. Il auroit suivi le même plan de gouvernement; nous n'aurions vu de changement que dans le lieu de son séjour, qu'il auroit, je crois, partagé entre Paris et Meudon.

Madame de Montespan, dans les mêmes vues de la gloire du Roi, fit choix de M. Racine et de M. Despréaux pour en écrire l'histoire[1]. Si c'est une flatterie,

---

dans sa droite, le traîna dans le grand cabinet où il faisoit ses estudes et là luy donna cinq férulles de toute sa force dans chacune de ses belles mains. C'estoient des cris épouvantables que faisoit ce cher enfant. M. de Montausier l'avoit tiré de force au travers de la presse qui estoit dans la chambre, au point que mon camarade de La Chesnardière me dit qu'en passant, il l'avoit heurté et qu'il lui avoit fait grand mal... Je pleuray tout mon saoul, voyant une semblable cruauté. » Le duc de Montausier ne fut pas d'ailleurs le premier qui maltraita le grand Dauphin. « Pendant qu'il estoit petit entre les mains des femmes, nous dit le même Dubois, j'ai vu Lacoste, sa première femme de chambre, le déshabillant pour le coucher, le battre comme plâtre. » Ce *Journal*, dans lequel le sensible valet raconte en détail les infortunes scolaires de son jeune maître, a été publié intégralement par M. Léon Aubineau, avec une étude sur l'auteur, dans les *Notices littéraires sur le dix-septième siècle*. (Gaume, éd.)

1. La charge d'historiographe était remplie par Pellisson,

on conviendra qu'elle n'est pas d'une femme commune, ni d'une maîtresse ordinaire.

Cependant madame de Montespan s'aperçut que le Roi lui échappoit lorsque le mal étoit sans remède. Elle chercha à s'appuyer de M. de La Rochefoucault, regardé comme une espèce de favori. Elle mit M. de Louvois dans ses intérêts, et voulut enfin regagner par l'intrigue ce qu'elle avoit perdu par son humeur, et par l'opinion où elle avoit toujours été que celui dont l'esprit est supérieur doit gouverner celui qui en a moins. Mais à quoi sert cette prétendue supériorité, quand les passions nous aveuglent et nous font prendre les plus mauvais partis?

Le Roi ne savoit peut-être pas si bien discourir qu'elle, quoiqu'il parlât parfaitement bien. Il pensoit

que madame de Montespan desservit auprès du roi, pour lui substituer Racine et Boileau en 1677. Les travaux de Pellisson ont été publiés par l'abbé Lemascrier (1749, 3 vol. in-12), sous le titre d'*Histoire de Louis XIV*. Le dixième livre de cet ouvrage est l'œuvre de Racine; c'est tout ce qui nous reste aujourd'hui de son travail, dans lequel Boileau n'eut qu'une faible part. Le manuscrit inachevé de l'*Histoire de Louis XIV*, rédigée par lui, périt dans l'incendie qui consuma, à Saint-Cloud, la maison de campagne de Valincour, désigné par madame de Maintenon comme successeur des deux poètes en 1699. Au plus fort de l'incendie, Valincour offrit une somme d'argent élevée à celui qui lui sauverait du feu ce précieux manuscrit; un homme du peuple, qui s'était courageusement élancé, rapporta par erreur un recueil de gazettes. — Il existe aux Archives nationales (K, 119) un « ordre du roy à Gédéon Barbier, sieur de Metz, conseiller du roy et garde du trésor royal » de payer comptant à Nicolas Boileau Despréaux et à J. Racine la somme de douze mille livres, comme émolumens de leur charge. Cet ordre, daté de Fontainebleau, 11 sept. 1677, montre que le roi payait par anticipation les deux poètes pour une fonction qu'ils remplirent fort imparfaitement.

juste, s'exprimoit noblement; et ses réponses les moins préparées renfermoient, en peu de mots, tout ce qu'il y avoit de mieux à dire, selon les temps, les choses et les personnes. Il avoit, bien plus que sa maîtresse, l'esprit qui donne de l'avantage sur les autres. Jamais pressé de parler, il examinoit, il pénétroit les caractères et les pensées; mais, comme il étoit sage, et qu'il savoit combien les paroles des rois sont pesées, il renfermoit souvent en lui-même ce que sa pénétration lui avoit fait découvrir. S'il étoit question de parler de choses importantes, on voyoit les plus habiles et les plus éclairés étonnés de ses connoissances, persuadés qu'il en savoit plus qu'eux, et charmés de la manière dont il s'exprimoit. S'il falloit badiner, s'il faisoit des plaisanteries, s'il daignoit faire un conte, c'étoit avec des grâces infinies, un tour noble et fin, que je n'ai vu qu'à lui.

La principale vue de madame de Montespan, de M. de La Rochefoucauld, et de M. de Louvois, fut de perdre madame de Maintenon, et d'en dégoûter le Roi. Mais ils s'y prirent trop tard; l'estime et l'amitié qu'il avoit pour elle avoient déjà pris de trop fortes racines. Sa conduite étoit d'ailleurs trop bonne, et ses sentimens trop purs, pour donner le moindre prétexte à l'envie et à la calomnie.

J'ignore les détails de cette cabale, dont madame de Maintenon ne m'a parlé que très légèrement, et seulement en personne qui sait oublier les injures, mais qui ne les ignore pas.

Si j'ai dit que M. de La Rochefoucauld étoit une

espèce de favori, c'est que depuis la disgrâce de M. de Lauzun[1], causée par la matière insolente dont

1. Antonin Nompar de Caumont, duc de Lauzun (1633-1723), humble cadet de Gascogne, était venu à la cour sans aucun biens, sous le titre de marquis de Puy-Guilhem, et avait promptement obtenu la faveur de Louis XIV, qui le combla de bienfaits. Mais enflé par l'excès de sa fortune, il ne sut pas mettre un frein à son orgueil, et s'attira bientôt une longue disgrâce. Saint-Simon, qui était son beau-frère, ne l'a pas ménagé dans ses *Mémoires :* « C'étoit, dit-il, un petit homme blondasse, bien fait dans sa taille, de physionomie haute, pleine d'expression, qui imposoit, mais sans agrément dans le visage. Il étoit plein d'ambition, de caprices, de fantaisies; jaloux de tout, voulant toujours passer le but, jamais content de rien, sans lettres, sans aucun ornement ni agrément dans l'esprit, naturellement chagrin, solitaire, sauvage; fort noble dans toutes ses façons; méchant et malin par nature, encore plus par jalousie et par ambition. Courtisan également insolent, moqueur et bas jusqu'au valetage, et plein de recherche, d'industrie et de bassesse pour arriver à ses fins : avec cela dangereux aux ministres, à la cour redouté de tous et plein de sel qui n'épargnoit personne. Il étoit extraordinaire en tout par nature, et se plaisoit encore à l'affecter jusque dans le plus intérieur de son domestique et de ses valets. » La Bruyère, dans un de ses *Caractères,* où il dépeint Lauzun sous le nom de *Straton,* a fait nettement ressortir ce qu'il y avait d'extraordinaire dans l'existence de ce personnage. « *Straton* est né sous sous deux étoiles : malheureux, heureux dans le même degré. Sa vie est un roman : non il lui manque le vraisemblable; il n'a point eu d'aventures; il a eu de beaux songes, il en a eu de mauvais : que dis-je ? on ne rêve point comme il a vécu. Personne n'a tiré d'une destinée plus qu'il n'a fait; l'extrême et le médiocre lui sont connus : il a brillé, il a souffert, il a mené une vie commune; rien ne lui est échappé. Il s'est fait valoir par des vertus qu'il assuroit fort sérieusement qui étoient en lui. Il a dit de soi : *J'ai de l'esprit, j'ai du courage;* et tous ont dit après lui : *Il a de l'esprit, il a du courage.* Il a exercé dans l'une et l'autre fortune le génie du courtisan, qui a dit de lui plus de bien peut-être, et plus de mal, qu'il n'y en avait. Le joli, le rare, le merveilleux, l'héroïque, ont été employés à son éloge; et tout le contraire a servi depuis pour le ravaler : caractère équivoque, mêlé, enveloppé; une énigme; une question presque indécise. » (Chap. *de la Cour.*)

il parla au Roi après la rupture de son mariage avec Mademoiselle[1], ce prince avoit pris la résolution de n'en jamais avoir, c'est-à-dire de favori déclaré. Ainsi M. de La Rochefoucauld eut tous les avantages de la faveur par les bienfaits, et le Roi se garantit des inconvéniens attachés à cette qualité.

M. de Lauzun, peu content d'épouser Mademoiselle, voulut que le mariage se fît de couronne à couronne; et, par de longs et vains préparatifs, il donna le loisir à M. le Prince d'agir et de faire révoquer la permission que le Roi lui avoit accordée[2].

[1]. A la cour, comme à la ville, l'étonnement fut prodigieux lorsqu'on apprit que Mademoiselle épousait Lauzun (Cf. *Lettres* de madame de Sévigné, *Mémoires* de Choisy, *Journal* d'Olivier Lefèvre d'Ormesson). On ne manqua pas de faire des chansons sur cet événement :

> Qui la croira cette étrange nouvelle !
>   On dit que Lauzun
> Qui n'est qu'un homme du commun,
> Epouse dans deux jours Mademoiselle ;
> Plutôt que de conclure un tel mariage,
> Qui fait à la cour un murmure si grand,
> Il valait mieux garder son intendant,
> Et prendre au moins deux nouveaux pages.

[2]. La Fare, dans ses *Mémoires*, attribue à madame de Maintenon la mésaventure de Lauzun. « Ce qui rompit entièrement l'affaire, dit-il, fut madame Scarron, femme de beaucoup d'esprit, que madame de Montespan avoit mise auprès des enfans qu'elle avoit eus du Roi et qui étoit alors sa principale confidente. Madame Scarron, dis-je, fit voir à madame de Montespan l'orage qu'elle s'attiroit en soutenant Lauzun dans cette affaire; que la famille royale et le roi lui-même lui reprocheroient le pas qu'elle lui faisoit faire. Enfin, elle fit si bien, que celle qui avoit fait cette affaire la rompit. » La Fare pourrait bien avoir raison en indiquant madame de Maintenon et madame de Montespan comme causes de la rupture du mariage; mais je crois qu'il se trompe sur les véritables motifs. Cette rupture fut un

Pénétré de douleur, il ne garda plus de mesures, et se fit arrêter et conduire dans une longue et dure prison par la manière dont il parla à son maître[1].

Sans cette folle vanité, le mariage se seroit fait. Le Roi, avec le temps, auroit calmé M. le Prince, et M. de Lauzun se seroit vu publiquement le mari de la petite-fille de Henri IV, refusée à tant de princes et de rois pour ne les pas rendre trop puissans : il se seroit vu cousin germain de son maître. Quelle fortune détruite en un moment par une gloire mal placée !

Peut-être aussi n'avoit-il plu à Mademoiselle que par ce même caractère audacieux, et pour avoir été

---

calcul de leur part; et la meilleure preuve du fait c'est que Lauzun sortit de prison lorsque Mademoiselle eut donné au duc du Maine une partie de ses immenses propriétés. (Cf. ci-après, p. 80.)

1. Lauzun fut enfermé à Pignerol, où se trouvait déjà le surintendant Fouquet, avec lequel il entra en relations et à qui il raconta ses aventures. « Le malheureux surintendant, rapporte Saint-Simon, ouvrit les oreilles et de grands yeux quand il entendit dire à ce cadet de Gascogne trop heureux d'être recueilli et hébergé chez le maréchal de Grammont, qu'il avoit été général des dragons, capitaine des gardes et eu la patente et la fonction de général d'armée. Fouquet ne savoit plus où il en étoit, le crut fou, et qu'il lui racontoit ses visions, quand il lui expliqua comment il avoit manqué l'artillerie et ce qui s'étoit passé après là-dessus ; mais il ne douta plus de la folie arrivée à son comble, jusqu'à avoir peur de se trouver avec lui, quand il lui raconta son mariage consenti par le roi avec Mademoiselle, comment rompu, et tous les biens qu'elle lui avoit assurés. Cela refroidit fort leur commerce du côté de Fouquet, qui, lui croyant la cervelle totalement renversée, ne prenoit que pour des contes en l'air toutes les nouvelles que Lauzun lui disoit de tout ce qui s'étoit passé dans le monde, depuis la prison de l'un jusqu'à la prison de l'autre. »

le seul homme qui eût osé lui parler d'amour[1] ; mais, comme cet événement est écrit partout, je ne m'y suis arrêtée que par sa singularité.

Mademoiselle, foible et sujette à des mouvemens violents qu'elle soutenoit mal, ne cacha pas sa douleur. Après la rupture de son mariage elle se mit au lit, et reçut des visites comme une veuve désolée, et j'ai ouï dire à madame de Maintenon qu'elle s'écrioit dans son désespoir : *Il seroit là! Il seroit là!* c'est-à-dire, il seroit dans mon lit ; car elle montroit la place vide.

On a prétendu mal à propos que M. de Lauzun avoit été bien avec madame de Montespan avant qu'elle fût maîtresse du Roi[2]. Rien n'est plus faux,

---

1. Il est, au contraire, évident, d'après les *Mémoires* de Mademoiselle, que ce fut elle qui parla la première d'amour à Lauzun. (Voir ces *Mémoires*, éd. Chéruel, chap. XIII, tome IV. — On trouvera dans le même volume, p. 562, un intéressant appendice sur Mademoiselle et Lauzun, dans lequel M. Chéruel, a transcrit un roman du temps fort curieux et une lettre de Lous XIV relatifs à cette intrigue.)

2. C'était du moins un bruit assez répandu. Dans les recueils mss. du temps nous trouvons à ce sujet une épigramme significative que l'on attruibait à Lauzun lui-même, et dans laquelle le cadet de Gascogne disait à Louis XIV :

> Votre majesté, Sire,
> M'a fait un vilain tour ;
> Mais je n'en fais que rire,
> Car je n'ai plus d'amour.
> Je vous laisse ma maîtresse ;
> Mon Dieu que j'en étais las !
> Faites en tous vos choux gras ;
> Moi je n'en fais plus de cas :
> Elle est vieille et sans appas.

Bien que l'on retrouve dans ces vers la fatuité gasconne qui était le trait distinctif du caractère de Lauzun, il est fort probable qu'il n'en était pas l'auteur.

si j'en crois ce que madame de Maintenon m'en a souvent dit.

Par la suite des temps, Mademoiselle négocia avec madame de Montespan le retour de M. de Lauzun; et c'est à cette considération qu'elle fit une donation à M. le duc du Maine de la souveraineté de Dombes et du comté d'Eu[1] : mais M. de Lauzun ne fit que saluer le Roi, et vécut ensuite à Paris jusqu'à la révolution d'Angleterre, dont je parlerai ailleurs.

Monseigneur fut marié en 1680[2], et madame de Maintenon, entrant en charge dans ce temps-là n'eut plus rien à démêler avec madame de Montespan.

Elles ne se voyoient plus l'une chez l'autre; mais, partout où elles se rencontroient, elles se parloient

---

1. Il ne fut pas facile d'obtenir de Mademoiselle qu'elle renonçât à ces deux domaines. Au moment où son mariage avait dû se conclure, elle les avait donnés à Lauzun et il lui répugnait de l'en dépouiller. Mais enfin le désir d'assurer la liberté de son amant triompha de sa résistance. Il fallut alors amener Lauzun à accepter cet arrangement, et l'on n'y parvint pas sans peine; Lauzun fut donc délivré, mais dut rester en exil. Mademoiselle, irritée de son absence, se plaignit hautement qu'après l'avoir impitoyablement rançonnée, madame de Montespan ne tenait pas la parole promise. Elle fit tant de bruit que Lauzun fut autorisé à revenir à Paris, toutefois à la condition de ne pas approcher plus près de deux lieues de tout endroit où le roi serait.

Les deux amants s'unirent-ils alors par un mariage secret? il est impossible de l'affirmer; nous savons seulement qu'ils vécurent en assez mauvaise intelligence. Mademoiselle, dure et emportée, battait souvent Lauzun, qui « se lassa d'être battu, dit Saint-Simon, et à son tour battit bel et bien Mademoiselle, tant qu'à la fin, lassés l'un de l'autre, ils se brouillèrent une une fois pour toutes, et ne se revirent jamais depuis. »

2. Monseigneur épousa Marie-Anne-Victoire de Bavière, le 7 mars 1680.

et avoient des conversations si vives et si cordiales en apparence, que qui les auroit vues sans être au fait des intrigues de la cour, auroit cru qu'elles étoient les meilleures amies du monde.

Ces conversations rouloient sur les enfans du Roi, pour lesquels elles ont toujours agi de concert. L'habitude et le goût qu'elles avoient l'une et l'autre pour leur esprit faisoient aussi qu'elles avoient du plaisir à s'entretenir quand l'occasion s'en présentoit.

Je me souviens, à propos de ce goût indépendant de leurs procédés et de leurs mécontentemens, qu'elles se trouvèrent embarquées à faire un voyage de la cour dans le même carrosse, et, je crois, tête à tête. Madame de Montespan prit la parole, et dit, à madame de Maintenon : *Ne soyons pas les dupes de cette affaire-ci ; causons comme si nous n'avions rien à démêler : bien entendu,* ajouta-t-elle, *que nous ne nous en aimerons pas davantage, et que nous reprendrons nos démêlés au retour.* Madame de Maintenon accepta la proposition, et elles se tinrent parole en tout.

Le Roi, avant de nommer madame de Maintenon seconde dame d'atours de madame la Dauphine, eut la politesse, pour madame la maréchale de Rochefort, de lui demander si cette compagne ne lui feroit point de peine, en l'assurant en même temps qu'elle ne se mêleroit pas de la garde-robe.

La conduite de madame de Maintenon ne démentit pas ces assurances. Sa faveur occupoit tout son temps, et son caractère, encore plus que sa faveur, ne lui permettoit pas d'agir d'une autre manière.

Madame la duchesse de Richelieu fut faite dame d'honneur de madame la Dauphine : madame de Maintenon, et même madame de Montespan, dans tous les temps, avoient inspiré au Roi une si grande considération pour elle, qu'il ne voulut pas lui donner le dégoût d'avoir une surintendante au-dessus d'elle.

Il fit aussi M. de Richelieu chevalier d'honneur, pour lui faire plaisir[1]. Voici, je crois, l'occasion de parler de l'hôtel de Richelieu, comme je l'ai promis.

Madame de Richelieu[2], sans biens, sans beauté, sans jeunesse, et même sans beaucoup d'esprit, avoit épousé par son savoir-faire, au grand étonnement de toute la cour et de la reine-mère, qui s'y opposa, l'héritier du cardinal de Richelieu, un homme revêtu des plus grandes dignités de l'État, parfaitement bien fait ; et qui, par son âge, auroit pu être son fils ; mais il étoit aisé de s'emparer de l'esprit de M. de Richelieu : avec de la douceur et des louanges sur sa

1. Il ne faudrait pas croire que ce fût un titre purement honorifique, comme madame de Caylus semble le laisser supposer. « Madame de Maintenon, dit Saint-Simon, fit donner la charge de chevalier d'honneur au duc de Richelieu avec promesse qu'après l'avoir gardée quelque temps, il la vendrait tout ce qu'il la pourrait vendre à qui il voudrait qui serait agréé. » M. de Richelieu n'attendit pas longtemps, et reçut 350,000 livres du marquis de Dangeau, qui lui acheta sa charge.

2.* Anne-Marguerite d'Acigné, fille de Jean-Léonard d'Acigné, comte de Grand-Bois, morte en 1698. — M. Lavallée prétend qu'il s'agit ici de Anne-Poussard de Fors de Vigean, mariée en premières noces au frère du maréchal d'Albret, et en secondes noces au duc de Richelieu, petit neveu du cardinal. Il est vraisemblable qu'il a raison contre Voltaire.

figure, son esprit et son caractère, il n'y avoit rien qu'on ne pût obtenir de lui ; il falloit seulement prendre garde à sa légèreté naturelle ; car il s'engouoit et se dégoûtoit facilement. Madame de Maintenon m'a dit que ses amis s'apercevoient même de la place qu'ils avoient dans son cœur par celle que leurs portraits occupoient dans sa chambre. Au commencement d'une connoissance et d'une idée d'amitié, il faisoit aussitôt peindre ceux qu'il croyoit aimer, les mettoit au chevet de son lit, et peu à peu ils cédoient leurs places à d'autres, reculoient jusqu'à la porte, gagnoient l'antichambre et puis le grenier, et enfin il n'en étoit plus question.

Madame de Richelieu continua, après son mariage, à ménager les foiblesses et à supporter les caprices de monsieur son mari ; elle le voyoit se ruiner à ses yeux par son jeu et sa dépense sans jamais en faire paroître un instant de mauvaise humeur. L'un et l'autre avoient du goût pour les gens d'esprit, et ils rassembloient chez eux, comme le maréchal d'Albret, ce qu'il y avoit de meilleur à Paris en hommes et en femmes, et c'étoit à peu près les mêmes gens, excepté que l'abbé Testu, intime ami de madame de Richelieu, dominoit à l'hôtel de Richelieu, et s'en croyoit le Voiture[1]. C'étoit un homme plein de son

1. Voici le portrait que Saint-Simon a tracé de cet abbé : « C'étoit un homme fort singulier, mêlé toute sa vie dans la meilleure compagnie de la ville et de la cour, et de fort bonne compagnie lui-même ; il ne bougeoit de l'hôtel d'Albret où il s'étoit intimement lié avec madame de Montespan, qu'il voyoit

propre mérite, d'un savoir médiocre, et d'un caractère à ne pas aimer la contradiction : aussi ne goûtoit-il pas le commerce des hommes ; il aimoit mieux briller seul au milieu d'un cercle de dames auxquelles il imposoit, ou qu'il flattoit plus ou moins, selon qu'elles lui plaisoient. Il faisoit des vers médiocres, et son style étoit plein d'antithèses et de pointes.

Le commerce de l'abbé Testu avec les femmes a

tant qu'il vouloit, dans sa plus grande faveur, et à qui il disoit tout ce qui lui plaisoit ; il s'y lia de même avec madame Scarron. Il la voyoit dans ses *ténèbres* avec les enfans du Roi et de madame de Montespan qu'elle élevoit. Il la vit toujours et toutes les fois qu'il voulut, depuis le prodige de sa fortune ; ils s'écrivirent toute leur vie souvent, et il avoit un vrai crédit auprès d'elle ; il étoit un ami de tout ce qui l'approchoit le plus et en grand commerce surtout avec M. de Richelieu et sa femme, dame d'honneur, et avec madame d'Heudicourt et madame de Montchevreuil. Il avoit une infinités d'amis considérables dans tous les états, ne se contraignoit pas pour un, pas même pour madame de Maintenon ; ne l'avoit pas qui vouloit. C'est un des premiers hommes qui aient fait connoître ce qu'on appelle des vapeurs ; il en étoit désolé, avec un tic qui, à tous les momens, lui démontoit tout le visage. Il primoit partout ; on en rioit, mais on le laissoit faire.

« Il étoit très bon ami et serviable, et il a fait sous la cheminée beaucoup de grands plaisirs, et avancé, et fait même des fortunes ; avec cela, simple, sans ambition, sans intérêt, et bon homme et honnête homme ; mais fort vif, fort dangereux et fort difficile à pardonner, et même à ne pas poursuivre quiconque l'avoit heurté. Il étoit grand, maigre et blond, et à quatre-vingts ans il se faisoit verser peu à peu une aiguière d'eau à la glace sur sa tête pelée, sans qu'il en tombât goutte à terre ; et cela lui arrivoit souvent depuis beaucoup d'années ; il a fort servi l'archevêque d'Arles, depuis cardinal de Mailly, et grand nombre d'autres, rompu le cou aussi à quelques-uns. Ce fut une perte pour ses amis, et une encore pour la société. C'étoit en tout un homme fort considéré et recherché jusqu'au bout. »

nui à sa fortune, et le Roi n'a jamais pu se résoudre à le faire évêque. Je me souviens qu'un jour madame d'Heudicourt parla en sa faveur; et, sur ce que le Roi lui dit qu'il n'étoit pas assez homme de bien pour conduire les autres, elle répondit : *Sire, il attend, pour le devenir, que Votre Majesté l'ait fait évêque*[1].

Madame de Coulanges[2], femme de celui qui a tant fait de chansons, augmentoit la bonne compagnie de l'hôtel de Richelieu. Elle avoit une figure et un esprit agréables, une conversation remplie de traits vifs et brillans; et ce style lui étoit si naturel, que l'abbé Gobelin dit, après une confession générale qu'elle lui avoit faite : *Chaque péché de cette dame est une épigramme*. Personne, en effet, après madame Cornuel, n'a plus dit de bons mots que madame de Coulanges.

M. de Barillon[3], amoureux de madame de Maintenon, mais maltraité comme amant et fort estimé comme ami, n'étoit pas ce qu'il y avoit de moins bon

---

1. Pour se concilier les bonnes grâces de Louis XIV, l'abbé Testu entreprit, dit-on, la conversion de Ninon de Lenclos. Nous ne savons pas au juste le temps qu'il consacra à cette tâche édifiante; mais il est hors de doute que ses efforts restèrent sans résultat.

2. Marie-Angélique Du Gué Bagnoles, fille d'un intendant de Lyon, avait épousé Philippe-Emmanuel de Coulanges. Elle s'était fait de son esprit une dignité à la cour, et sa réputation s'étendait si loin que lorsque son mari alla à Rome, le pape le pria de faire venir madame de Coulanges. Dans la *Correspondance* de madame de Sévigné, qui fut très liée avec les deux époux, on trouve sur eux beaucoup de détails, et un certain nombre de lettres qu'ils avaient adressées à la spirituelle marquise.

3.* Frère de l'évêque de Luçon.

dans cette société. Je ne l'ai vu qu'au retour de son ambassade d'Angleterre, après laquelle il trouva madame de Maintenon au plus haut point de sa faveur; et comme il vit un jour le Roi et toute la cour empressés autour d'elle, il ne put s'empêcher de dire tout haut : *Avois-je grand tort?* Mais, piqué de ne la pouvoir aborder, il dit aussi un autre jour, sur le rire immodéré et le bruit que faisoient les dames qui étoient avec elle : *Comment une personne d'autant d'esprit et de goût peut-elle s'accommoder du rire et de la bavarderie d'une récréation de couvent, telle que me paroît la conversation de ces dames?* Ce discours, rapporté à madame de Maintenon, ne lui déplut pas : elle en sentit la vérité.

Le cardinal d'Estrées n'étoit pas moins amoureux dans ce temps dont je parle; et il a fait pour madame de Maintenon beaucoup de choses galantes, qui, sans toucher son cœur, plaisoient à son esprit.

M. de Guilleragues, par la constance de son amour, son esprit et ses chansons, doit aussi trouver place dans le catalogue des adorateurs de madame de Maintenon : enfin, je n'ai rien vu, ni rien entendu dire de l'hôtel de Richelieu, qui ne donnât également une haute opinion de sa vertu et de ses agrémens.

Mademoiselle de Pons, depuis madame d'Heudicourt[1], et mademoiselle d'Aumale, depuis madame la maréchale de Schomberg, avoient aussi leurs

---

1. Saint-Simon l'appelle « le mauvais ange de madame de Maintenon. »

amans déclarés, sans que la réputation de cette dernière en ait reçu la moindre atteinte; et, si l'on a parlé différemment de madame d'Heudicourt, c'est qu'on ne regardoit pas alors un amour déclaré, qui ne produisoit que des galanteries publiques, comme des affaires dont on se cache, et dans lesquelles on apporte du mystère.

Madame de Schomberg étoit précieuse; mademoiselle de Pons, bizarre, naturelle, sans jugement, pleine d'imagination, toujours nouvelle et divertissante, telle enfin que madame de Maintenon m'a dit plus d'une fois: *Madame d'Heudicourt n'ouvre pas la bouche sans me faire rire; cependant je ne me souviens pas, depuis que nous nous connoissons, de lui avoir entendu dire une chose que j'eusse voulu avoir dite*[1].

Il est temps de sortir de l'hôtel de Richelieu pour retourner à la cour et reprendre ce que j'avois commencé à dire de la maison de madame la dauphine de Bavière, où madame de Maintenon eut beaucoup de part, tant au choix de madame la duchesse de Richelieu qu'à l'égard des autres charges. Cependant madame de Richelieu n'aima madame de Maintenon que dans la mauvaise fortune et dans le repos d'une vie oisive. La vue d'une faveur qu'elle croyoit mériter mieux qu'elle l'emporta sur le goût naturel, l'estime et la reconnoissance. La première place dans la

---

1.* Madame de Caylus le répète plus loin : c'est une preuve de la négligence et de la simplicité dont elle écrivoit ses Mémoires, qui ne sont en effet que des souvenirs sans ordre. (Cf. p. 133).

confiance du Roi parut à ses yeux un vol qu'elle ne put pardonner à son ancienne amie ; mais, désespérant d'y parvenir, elle se tourna du côté de madame la Dauphine ; et, par des craintes, des soupçons, et mille fausses idées, elle contribua à l'éloignement que cette princesse eut pour le monde. Madame la la Dauphine voyoit la nécessité d'être bien avec la favorite, pour être bien avec le Roi son beau-père ; mais, la regardant en même temps comme une personne dangereuse dont il falloit se défier, elle se détermina à la retraite où elle étoit naturellement portée, et ne découvrit qu'après la mort de madame de Richelieu, dans un éclaircissement qu'elle eut avec madame de Maintenon, la fausseté des choses qu'elle lui avoit dites. Étonnée de la voir aussi affligée, elle marqua sa surprise, et, par l'enchaînement de la conversation, elle mit au jour les mauvais procédés de cette infidèle amie [1].

Si cet éclaircissement fournit à madame de Maintenon un motif de consolation, elle ne put voir sans douleur combien elle avoit été abusée ; mais il produisit un changement favorable dans l'esprit de la Dauphine : elle songea dans ce moment à s'attacher plus étroitement madame de Maintenon ; elle lui proposa de remplir la place de madame de Richelieu, et elle le demanda au Roi comme une chose qu'elle désiroit passionnément.

1.* La véritable raison fut que madame de Richelieu, qui avoit protégé autrefois madame Scarron, ne put supporter d'être totalement éclipsée par madame de Maintenon.

Le Roi avoit eu la même pensée, et ce fut son premier mouvement lorsqu'il apprit la mort de madame de Richelieu[1]; mais madame de Maintenon refusa constamment un honneur que sa modestie lui faisoit regarder comme au-dessus d'elle. C'est sans doute ce qu'elle veut dire dans une de ses lettres à M. d'Aubigné, que j'ai lue, et qui est encore à Saint-Cyr; et comme je suis persuadée qu'on ne pourroit jamais la faire si bien parler qu'elle parle elle-même, je vais copier l'article de cette lettre, qui répond au sujet dont je parle.

« Je ne pourrois vous faire connétable quand je le
« voudrois, et, quand je le pourrois, je ne le vou-
« drois pas. Je suis incapable de vouloir demander
« rien que de raisonnable à celui à qui je dois tout,
« et que je n'ai pas voulu qu'il fît pour moi-même une
« chose au-dessus de moi. Ce sont des sentimens
« dont vous pâtissez peut-être; mais peut-être aussi
« que, si je n'avois pas le fonds d'honneur qui les
« inspire, je ne serois pas où je suis. Quoi qu'il en
« soit, vous êtes heureux si vous êtes sage. »

Ce refus fit beaucoup de bruit à la cour : on y trouva plus de gloire que de modestie, et j'avoue que mon enfance ne m'empêcha pas d'en porter le même jugement. Je me souviens que madame de Maintenon me fit venir, à son ordinaire, pour voir ce que je

---

1. « L'offre faite à madame de Maintenon de la place de dame d'honneur ne fut pas sérieuse : c'était un moyen de tromper la cour sur le projet de mariage secret entre cette dame et le roi. » (Théop. Lavallée, note sur les *Mémoires de Languet de Gergy*.)

pensois; elle me demanda si j'aimerois mieux être la nièce de la dame d'honneur que la nièce d'une personne qui refuseroit de l'être. A quoi je répondis sans balancer que je trouvois celle qui refusoit infiniment au-dessus de l'autre; et madame de Maintenon, contente de ma réponse, m'embrassa.

Il fallut donc choisir une autre dame d'honneur; mais comme madame de Navailles avoit dégoûté le Roi de celles qui avoient de la fermeté et qui pouvoient être trop clairvoyantes[1], celles qui lui succédèrent, à l'exception de madame de Richelieu, le dégoûtèrent à leur tour de la douceur et du manque d'esprit. Il étoit cependant difficile de trouver dans la même personne titres, vertu, esprit, représentatation; et le nombre des duchesses, quelque grand qu'il soit, étant pourtant limité, le roi fut embarrassé dans ce choix : madame de Maintenon essaya inutilement de le déterminer en faveur de madame la duchesse de Créquy, dame d'honneur de la feue reine; elle n'en tira que cette réponse : *Ah! madame, changeons au moins de sotte.* L'occasion lui parut alors trop favorable pour la duchesse d'Arpajon, son ancienne amie, et sœur du marquis de Beuvron, auquel elle étoit bien aise de faire plaisir, pour ne la pas proposer : le Roi l'accepta, et madame d'Arpajon a parfaitement rempli l'idée qu'on avoit d'elle.

Madame de Maintenon plaça encore, dans la maison de madame la Dauphine, madame de Montche-

---

1. On verra bientôt pour quel motif. (Cf. ci-après, p. 95.)

vreuil [1], femme de mérite, si l'on borne l'idée du mérite à n'avoir point de galanteries. C'étoit d'ailleurs une femme froide et sèche dans le commerce, d'une figure triste, d'un esprit au-dessous du médiocre, et d'un zèle capable de dégoûter les plus

---

1. « La Scarron devenue reine, écrit Saint-Simon, eut cela de bon qu'elle aima presque tous ses vieux amis dans tous les temps de sa vie. Elle attira Montchevreuil et sa femme à la cour... Montchevreuil étoit un fort honnête homme, modeste, brave, mais des plus épais. Sa femme étoit une grande créature, maigre, jaune, qui rioit niais, et montroit de longues et vilaines dents, dévote à outrance, d'un maintien composé, et à qui il ne manquoit que la baguette pour être une parfaite fée. Sans aucun esprit elle avoit tellement captivé madame de Maintenon qu'elle ne voyoit que par ses yeux, et ses yeux ne voyoient jamais que des apparences et la laissaient la dupe de tout. Elle étoit pourtant la surveillante de toutes les femmes de la cour, et de son témoignage dépendoient les distinctions ou les dégoûts et souvent par enchaînement les fortunes. Tout, jusqu'aux ministres, jusqu'aux filles du roi, trembloit devant elle; on ne l'approchoit que difficilement; un sourire d'elle étoit une faveur qui se comptoit pour beaucoup. Le Roi avoit pour elle une considération la plus marquée. Elle étoit de tous les voyages, et toujours avec madame de Maintenon. » Elle avait trop d'influence pour échapper aux railleries des poètes satiriques; après sa mort, ils lui composèrent pour toute oraison funèbre un couplet mordant :

C'en est fait, la mort l'a ravie;
Nous ne verrons plus l'effigie
De la funeste Montchevreuil.
De triste augure était sa mine,
Et même jusques au cercueil
Elle est horreur à la vermine.

Oh! vous qui déplorez sa perte,
Pendant que la route est ouverte,
Jusqu'au delà des sombres bords,
Allez lui tenir compagnie;
Et quand vous serez chez les morts
Nous en aimerons mieux la vie.

Ces derniers vers s'adressaient à madame de Maintenon.

dévots de la piété, mais attachée à madame de Maintenon, à qui il convenoit de produire à la cour une ancienne amie, d'une réputation sans reproche, avec laquelle elle avoit vécu dans tous les temps, sûre et secrète jusqu'au mystère. J'ignore l'occasion et les commencemens de leur connoissance; je sais seulement que madame de Maintenon a passé souvent, dans sa jeunesse, plusieurs mois de suite à Montchevreuil[1].

Je ne prétends pas dissimuler ce qui s'est dit sur M. de Villarceaux, parent et de même maison que madame de Montchevreuil. Si c'est par lui que cette liaison s'est formée, elle ne décide rien contre madame de Maintenon, puisqu'elle n'a jamais caché qu'il eût été de ses amis. Elle parla pour son fils, et obtint le cordon bleu pour lui : on voit même encore à Saint-Cyr une lettre écrite à madame de Villarceaux, où elle fait le détail de l'entrée du Roi à Paris après son mariage, dans laquelle elle parle de ce même M. de Villarceaux, et voici ce qu'elle en dit : « Je cherchai M. de Villarceaux; mais il avoit un cheval si fougueux qu'il étoit à vingt pas de moi avant que je le reconnusse; il me parut fort bien et des plus galamment habillés, quoique des moins magnifiques : sa tête brune paroissoit fort aussi, et il avoit fort bonne grâce à cheval. »

---

1. « La Montchevreuil était une méchante diablesse, mais la Maintenon avait bien raison de l'aimer et de lui faire du bien, car cette dame l'avait nourrie et vêtue lorsqu'elle vivait encore dans la détresse et dans la plus grande pauvreté. » (*Princesse Palatine*, lettre du 2 juillet 1720.)

Cependant, quelque persuadée que je sois de la vertu de madame de Maintenon, je ne ferois pas comme M. de Lassay, qui, pour trop affirmer un jour que ce qu'on avoit dit sur ce sujet étoit faux, s'attira une question singulière de la part de madame sa femme, fille naturelle de M. le Prince. Ennuyée de la longueur de la dispute, et admirant comment monsieur son mari pouvoit être autant convaincu qu'il le paroissoit, elle lui dit d'un sang-froid admirable : *Comment faites-vous, monsieur, pour être si sûr de ces choses-là ?* Pour moi, il me suffit d'être persuadée de la fausseté des bruits désavantageux qui ont couru, et d'en avoir assez dit pour montrer que je ne les ignore pas [1].

[1]. Rien n'est plus obscur que la nature des relations de madame de Maintenon avec Villarceaux; tous les témoignages, cependant, à l'exception de celui de madame de Caylus, sont défavorables à la veuve de Scarron. Voltaire dit dans une note : « Cet endroit étoit délicat à traiter ; il est certain que madame Scarron avoit enlevé à Ninon Villarceaux son amant. J'ignore jusqu'à quel point M. de Villarceaux poussa sa conquête, mais je sais que Ninon ne fit que rire de cette infidélité, qu'elle n'en sut nul mauvais gré à sa rivale, et que madame de Maintenon aima toujours Ninon. » Saint-Simon, plus affirmatif, déclare sans ambages que « Villarceaux, débauché, fort riche, entretint longtemps madame Scarron et la tenoit presque tout l'été à Villarceaux. » Enfin, on trouve dans une lettre de Ninon à Saint-Évremond cette singulière confidence : « Scarron étoit mon amy ; sa fame m'a donné mille fois plaisirs par sa conversation, et dans le temps je l'ay trouvée trop gauche pour l'amour. Quant aux détails, je ne sçay rien, je n'ay rien veu, mais je luy ay presté souvent ma chambre jaune à elle et à Villarceaux.

M. Feuillet de Conches qui possède cette lettre en original autographe, et l'a publiée dans ses *Causeries d'un curieux* (t. II), affirme qu'elle ne prouve rien contre madame de Maintenon.

Je reviens à madame de Montchevreuil, pour laquelle toute la faveur et l'amitié de madame de Maintenon ne purent obtenir que la place de gouvernante des filles : c'étoit peu pour elle, mais on y attacha de grandes distinctions; elle fut regardée comme une quatrième dame qui suivoit et servoit madame la Dauphine au défaut des dames d'honneur et de la dame d'atours; et la chambre, composée des plus grands noms du royaume, fut établie sur un pied différent de celle des filles de la reine.

Le Roi, jeune et galant alors, avoit contribué aux choses peu exemplaires qui s'y étoient passées. On sait les démêlés qu'il eut avec madame de Navailles pour une fenêtre qu'elle fit boucher, et qu'elle suspendit par là certaines visites nocturnes que son austère vertu ne crut pas devoir tolérer. Elle dit en face au Roi qu'elle feroit sa charge, et qu'elle ne souffriroit pas que la chambre des filles fût déshonorée; sur quoi le Roi déclara qu'elle seroit à l'avenir dans la dépendance de madame la comtesse de Soissons, surintendante. Madame de Navailles sou-

---

C'est aussi notre opinion. Bien qu'il soit difficile de se prononcer sur une question aussi épineuse, nous croyons volontiers que la veuve de Scarron était victime d'une injuste médisance. Elle tenait trop à sa considération personnelle pour la compromettre, et les principes de conduite qu'elle avait adoptés dès sa jeunesse et qu'elle exposait sur ses vieux jours aux *Dames de Saint-Cyr*, nous paraissent une garantie absolue de sa vertu. Toutefois le pour et le contre sont également soutenables dans cette affaire; il suffit pour s'en convaincre de lire le plaidoyer très circonstancié de M. de Feuillet de Conches, et le réquisitoire non moins précis qui forme la conclusion du travail de M. H. Bonhomme sur madame de Maintenon et sa famille.

tint toujours ses droits avec la même fermeté, et s'attira enfin une disgrâce honorable, que monsieur son mari voulut partager avec elle[1].

---

1. Madame de Caylus glisse légèrement sur une aventure peu honorable pour la jeunesse de Louis XIV et dont elle paraît connaître assez mal le détail. Saint-Simon est plus explicite et plus exact sur les causes de la disgrâce de madame de Navailles, dame d'honneur de la reine. « C'étoit, dit-il, une femme d'esprit et qui avoit conservé beaucoup de monde, malgré ses longs séjours en province et autant de vertu que son mari. La reine eut des filles d'honneur, et les filles d'honneur avec leur gouvernante et sous-gouvernante sont dans l'entière dépendance de la dame d'honneur. Le roi étoit jeune et galant. Tant qu'il n'en voulut point à la chambre des filles, madame de Navailles ne s'en mit pas en peine ; mais elle avoit l'œil ouvert sur ce qui la regardoit. Elle s'aperçut que le roi commençoit à s'amuser, et bientôt après elle apprit qu'on avoit secrètement percé une porte dans leur chambre, qui donnoit sur un petit degré par lequel le roi y montait la nuit, et que le jour cette porte étoit cachée par le dossier d'un lit. Elle tint sur cela conseil avec son mari. Ils mirent la vertu et l'honneur d'un côté; la colère du roi, la disgrâce, le dépouillement, l'exil de l'autre ; ils ne balancèrent pas. Madame de Navailles prit si bien son temps, pendant le jeu et le souper de la reine, que la porte fut exactement murée, et qu'il n'y parut pas. La nuit, le roi pensant entrer par ce petit degré fut bien étonné de ne plus trouver de porte. Il tâte, il cherche, il ne comprend pas comment il s'est mépris, et découvre enfin qu'elle est devenue muraille. La colère le saisit, il ne doute point que ce ne soit un trait de madame de Navailles et qu'elle ne l'a pas fait sans la participation du mari. Du dernier, il ne put l'éclaircir que par la connoissance qu'il avait d'eux; mais pour la porte, il s'en informa si bien qu'il sut positivement que c'étoit madame de Navailles qui l'avait fait murer. Aussitôt il leur envoie demander la démission de toutes leurs charges. » Leur disgrâce fut assez courte, mais madame de Navailles ne reparut presque plus à la cour. « Le roi se souvenait toujours de sa porte, et madame de Maintenon du foin et de l'avoine de madame de Neuillan ; les années ni la dévotion n'avaient pu en amortir l'amertume. » (Madame de Navailles était la fille de madame de Neuillant. Cf. p. 7.)

Ainsi le Roi, instruit par sa propre expérience, et corrigé par les années, n'oublia rien de ce qui pouvoit mettre les filles d'honneur de madame la Dauphine sur un bon pied [1]. Voilà les noms et à peu près le caractère des six premières.

Mademoiselle de Laval avoit un grand air, une

---

1. La chronique scandaleuse du temps s'occupait souvent des *Filles d'honneur*. Voici un spécimen des chansons satiriques dont elles furent l'objet :

> Je me suis laissé dire
> Que les filles d'honneur
> Ont pris plaisir à lire
> Certain joyeux auteur.
> Arétin, on l'appelle,
> Selon le bruit commun.
> La moindre bagatelle
> Et cela, c'est tout un.
>
> — Que dit la gouvernante (madame de Montchevreuil)
> De ce plaisir nouveau?
> En est-elle contente?
> L'a-t-elle trouvé beau?
> — L'âme d'horreur atteinte,
> Prenant la chose en mal,
> Elle porta sa plainte
> Jusques au tribunal.
>
> — Sur ce fait d'importance,
> Et les témoins ouïs,
> Dis-nous quelle sentence
> A prononcé Louis.
> — Ce prince bon et sage,
> Grand en tout ce qu'il fait,
> Condamne au mariage,
> Pour punir ce forfait.
>
> — Pour marier ces belles,
> Trouve-t-on à la cour
> Des époux dignes d'elles,
> Introduits par l'amour?
> — On en trouve à revendre,
> Quand le roi prend le soin
> De doter, ou de rendre
> Le service au besoin.

belle taille, un visage agréable, et dansoit parfaitement bien. On prétend qu'elle plut au Roi; je ne sais ce qui en est[1]. Il la maria avec M. de Roquelaure, et le fit duc à brevet, comme l'avoit été monsieur son père.

Les premières vues de M. de Roquelaure n'avoient pas été pour mademoiselle de Laval. La faveur de madame de Maintenon qu'on voyoit augmenter chaque jour, le fit penser à moi; mais il me demanda inutilement : madame de Maintenon répondit que j'étois un enfant qu'elle ne songeroit pas si tôt à établir, et qu'il feroit bien d'épouser mademoiselle de Laval. M. de Roquelaure, surpris de ce discours, ne put s'empêcher de dire: *Pourrois-je l'épouser avec les bruits qui courent? qui m'assurera qu'ils sont sans fondement!* — *Moi*, reprit madame de Maintenon, *je vois les choses de près, et je n'ai pas d'intérêt à vous tromper.* Il la crut, le mariage se fit, et le public, moins crédule, tint plusieurs discours, et en fit tenir à M. de Roquelaure de peu convenables. On fit aussi des chansons, comme on ne manque jamais d'en faire à Paris sur tous les événemens [2].

1. La princesse Palatine dit de même : « On a soupçonné la duchesse de Roquelaure d'avoir fait la conquête du roi; la médisance a beaucoup parlé de cette intrigue, mais je n'y ai pas mis le nez. » Saint-Simon, d'ordinaire peu circonspect, se borne à constater que Louis XIV était fort épris d'elle.

2. Les recueils manuscrits nous ont conservé quelques-unes des chansons auxquelles madame de Caylus fait allusion :

> Nous portons des fontanges,
> C'est la mode entre nous;
> Ne trouvez pas étrange
> Si Roquelaure, aussi belle qu'un ange,
> En donne à son époux.

Mademoiselle de Biron n'étoit pas jeune : on disoit qu'elle avoit été belle ; mais il n'y paraissoit plus. Ne pouvant donc faire usage d'une beauté passée, elle se tourna du côté de l'intrigue, à quoi son esprit étoit naturellement porté. Elle tira le secret de ses compagnes, se rendit nécessaire à Monseigneur, et obtint par là de la cour de quoi se marier.

Mademoiselle de Gontaut, sa sœur, avoit de la beauté, peu d'esprit, mais une si grande douceur et tant d'égalité d'humeur qu'elle s'est toujours fait aimer et honorer de tous ceux qui l'ont connue. Le Roi la maria au marquis d'Urfé, qu'il fit menin de Monseigneur.

Mademoiselle de Tonnerre n'étoit pas belle, mais bien faite, folle et malheureuse.

> Charmante Roquelaure,
> Votre mari discret,
> Vous aime et vous adore,
> Et sait qu'on vous a fait
> Flon, flon, laridondaine,
> Flon, flon, laridondon.
>
> Croyez-moi, belle Roquelaure,
> Si cet enfant qui doit éclore
> De votre heureux accouplement,
> A le nez fait comme son père,
> Un si terrible changement
> Découvrira tout le mystère.

Un autre couplet fait allusion aux amours prétendues de mademoiselle de Laval avec Fontrailles :

> Fais-nous savoir encore
> Pour quel fâcheux discours,
> La belle Roquelaure
> A chassé ses amours ?
> Un amant téméraire
> Grand seigneur indiscret,
> A dit, dans sa colère,
> Ce qu'il n'avait pas fait.

M. de Rhodes, grand-maître des cérémonies, encore plus fou qu'elle dans ce temps-là, en devint amoureux, et fit des extravagances si publiques pour elle qu'il la fit chasser de la cour. Madame de Richelieu, par un faux air d'austérité qui devenoit à la mode depuis la dévotion du Roi, l'emmena à Paris d'une manière peu convenable, et qui ne fut approuvée de personne; elle la mit dans un carrosse de suite avec des femmes de chambre [1].

Mademoiselle de Rambures avoit le style de la famille des Nogent dont étoit madame sa mère; vive, hardie, et avec l'esprit qu'il faut pour plaire aux hommes sans être belle. Elle attaqua le roi et ne lui déplut pas, c'est-à-dire assez pour lui adresser plutôt la parole qu'à une autre. Elle en voulut ensuite à Monseigneur, et elle réussit dans ce dernier projet : madame la Dauphine s'en désespéra ; mais elle ne devoit s'en prendre qu'à elle-même et à ses façons d'agir.

---

1. On trouve dans le *Journal* de Dangeau quelques mentions relatives à cet événement qui causa un certain scandale :

« Le roi ordonna à mademoiselle de Tonnerre de sortir de la cour pour entrer aux Filles-Sainte-Marie de Paris (12 avril 1654). — M. de Rhodes sortit avant-hier de la Bastille, et revint à la cour; il n'apprit que chez M. de La Feuillade le malheur de mademoiselle de Tonnerre (15 avril). — Elle fut mise à Port-Royal et deux ans après elle épousa un gentilhomme du Dauphiné, nommé de Musy, dont le père étoit aussi de la maison de Clermont. Madame la Dauphine parut fort aise de cet établissement, et elle parla de mademoiselle de Tonnerre avec bonté (31 janvier 1686). — Le roi refusa de signer son contrat de mariage, en disant qu'il ne vouloit faire cet honneur-là qu'aux personnes dont il avoit été content (2 février 1686). »

Mademoiselle de Jarnac, laide et malsaine, ne tiendra pas beaucoup de place dans mes *Souvenirs*. Elle vécut peu et tristement; elle avoit, disoit-on, un beau teint pour éclairer sa laideur.

Mademoiselle de Lewestein, depuis madame de Dangeau, entra fille d'honneur à la place de mademoiselle de Laval; et comme j'aurai souvent occasion de parler d'elle, il est bon de donner ici une légère idée de sa personne et de son caractère. On sait qu'elle est de la maison Palatine. Un de ses ancêtres, pour n'avoir épousé qu'une simple demoiselle, perdit son rang [1], et sa postérité n'a plus été regardée comme des princes souverains; mais messieurs de Lewestein ont toujours porté le nom et les armes de la maison Palatine, et ont été depuis comtes de l'empire, et alliés aux plus grandes maisons de l'Allemagne.

M. le cardinal de Furstemberg [2], après une longue et dure prison qu'il s'attira par son attachement à la France, vint s'y établir, et amena à la cour made-

---

1.* Il ne perdit point son rang de prince; mais ses enfants n'en purent jouir, faute d'un diplôme de l'Empereur.

2. Guillaume Egon de Furstemberg (1629-1704), évêque de Strasbourg et cardinal, avait été conseiller de l'électeur de Cologne, Maximilien-Henri, et s'était montré partisan de la France. L'empereur irrité de ce dévouement contraire à ses intérêts le fit enlever, puis incarcérer successivement à Vienne et à Neustadt, et ne le délivra qu'après la paix de Nimègue. Furstemberg fut élu, en 1688, coadjuteur de l'archevêque de Cologne, mais comme son élection ne fut pas ratifiée par le Saint-Siège, Louis XIV lui donna on compensation l'abbaye de Saint-Germain des Prés, où il vint terminer ses jours.

moiselle de Lewestein sa nièce, celle même dont je parle, dont la beauté, jointe à une taille de nymphe, qu'un ruban couleur de feu qu'elle portoit comme les hommes portent le cordon bleu, parce qu'elle étoit chanoinesse, relevoit encore; mais sa sagesse et sa vertu y causèrent une plus juste admiration [1].

Cependant cette haute naissance, cette figure charmante et une vertu si rare, n'ont trouvé que M. de Dangeau, capable d'en connoître le prix. Il étoit veuf[2], et n'avoit qu'une fille de son premier mariage[3];

---

1. « Elle étoit belle comme les anges, une taille fine, les yeux brillants, le teint admirable, les cheveux du plus beau du monde, un air engageant, modeste et spirituel; elle avoit une fort bonne conduite dans une place fort glissante. » (*Mémoires de l'abbé de Choisy.*)

2. Il avait épousé en premières noces Françoise Morin, fille de Jacques Morin, seigneur de Châteauneuf, qui mourut en 1682.

3. Madame de Caylus est dans l'erreur : Dageau avait deux filles. L'aînée, Marie-Anne, épousa, en 1694, Honoré d'Albert de Luynes, connu sous le nom de duc de Montfort, et la cadette, Thérèse, mourut sans avoir été mariée.
Philippe de Courcillon, marquis de Dangeau (1638-1720), né protestant, avait abjuré de bonne heure, et fait la campagne de Flandre sous Turenne lorsqu'il vint à la cour. Là, son habileté prodigieuse au jeu, son esprit de conduite et sa souplesse de courtisan le signalèrent bientôt à l'attention de Louis XIV qui le combla de faveurs et de dignités. En 1668 il fut reçu membre de l'Académie française. Dangeau est surtout connu aujourd'hui par le volumineux *Journal* qu'il nous a laissé et qui s'étend sans interruption de l'année 1684 à l'année 1720. Voltaire, qui a pillé à diverses reprises ce document, appelle son auteur « un vieux valet de chambre imbécile qui se mêlait de faire à tort et à travers des gazettes de toutes les sottises qu'il entendait dire dans les antichambres, » et « un frotteur de la maison qui se glisse derrière les laquais pour

d'ailleurs la charge de chevalier d'honneur de madame la Dauphine, qu'il avoit achetée de M. le

entendre ce qu'on dit à table. » Jamais mépris ne fut moins justifié, l'œuvre de Dangeau est la chronique la plus complète et la plus exacte que nous possédions sur la cour de Louis XIV. On y trouve, à vrai dire, de singulières mentions ; celle-ci par exemple : « Ce matin on m'a dit que le bonhomme Corneille étoit mort. Il avoit été fameux par ses comédies ; » mais elles s'expliquent tout naturellement par l'ignorance dans laquelle vivaient les courtisans pour tout ce qui n'était pas Versailles. Ce *Journal* a été intégralement publié par MM. Dussieux et Soulié, avec les additions de Saint-Simon, qui ajoutent encore à son intérêt et à son utilité (Paris, Didot, 19 vol. in-8°).

Le *Recueil Maurepas* nous a conservé la curieuse chanson qui fut faite à l'occasion de son second mariage ; nous la transcrivons en entier. (L'auteur a donné à Dangeau le prénom de Jean, nous ne savons pourquoi ; son véritable prénom était Philippe) :

  Jean de Courcillon
  A épousé Sophie,
  De l'illustre maison
  De Bavière sortie,
  D'autres disent que non ;
  Mais peu je m'en soucie.

  Jean de Courcillon
  A fait grande folie,
  Dans un âge grison
  Prendre femme jolie,
  C'est tenter le larron ;
  Mais peu je m'en soucie.

  Jean de Courcillon
  En épousant Sophie,
  Lui prouva par raison
  Que l'amoureuse envie
  Cède en toute saison
  A la philosophie.

  Jean de Courcillon
  Comme un autre Tobie,
  Passa la nuit, dit-on,
  A dire litanie
  Non par dévotion
  Mais par économie.

duc de Richelieu, menin de Monseigneur, et un bien considérable, lui donnoient tous les agrémens qu'on

>Jean de Courcillon
>Pour divertir Sophie,
>Lui conta tout au long
>Sa généalogie;
>Elle lui dit : dormons,
>Car peu je m'en soucie.

>Jean de Courcillon
>Jugeant bien que Sophie
>N'entendoit pas raison,
>Voulut faire folie;
>Mais tout lui fit faux-bond;
>Dont peu je me soucie.

>Jean de Courcillon
>Dit alors à Sophie :
>Pour une autre saison
>Remettons la partie,
>Le printemps n'est pas bon;
>Dont peu je me soucie.

>Jean de Courcillon
>Par grande modestie,
>Couvert d'un caleçon
>De manière jolie,
>Baisa trois fois au front
>Son épouse Sophie.

>Jean de Courcillon
>Par grande prud'hommie,
>D'or fait faire un poëlon
>Pour cuire la bouillie
>Au prétendu poupon
>Qu'il aura de Sophie.

>Jean de Courcillon
>Croit amuser Sophie
>De ducats, ducaton,
>Perles et pierreries,
>Mais l'amour est fripon,
>Et d'or peu se soucie.

>Jean de Courcillon
>N'entend pas raillerie,
>Et charmé de son nom,
>Il est tout en furie
>Qu'on l'ait mis en chanson;
>Dont peu je me soucie.

peut avoir à la cour. La signature de son contrat de mariage causa d'abord quelques désagrémens à madame sa femme [1]. Madame la Dauphine, surprise qu'elle s'appelât comme elle, voulut faire rayer son véritable nom; Madame entra dans ses sentimens : mais on leur fit voir si clairement qu'elle étoit en droit de le porter, que ces princesses n'eurent plus rien à dire [2]; et même Madame a toujours rendu

---

1. « Les fiançailles, raconte l'abbé de Choisy, se firent dans l'antichambre de madame la Dauphine, en présence du roi, et les épousailles dans la chapelle du château. Mais il y eut beau bruit le lendemain. Quelque bonne âme (ce fut mademoiselle de Rambures) alla tout courant dire à madame la Dauphine : Vraiment, Madame, je viens de voir une belle chose. Lowenstein a été mariée tout comme vous, et le curé l'a nommée tout haut *Sophie de Bavière.* — Comment, reprit madame la Dauphine, il ne l'a pas nommée *comtesse de Lowenstein?* — Et là-dessus elle se mit fort en colère, se fit apporter le contrat de mariage, et voulut absolument qu'elle signât *comtesse de Lowenstein.* »

2. Ceci n'est pas exact; bien que madame de Dangeau fut dans son droit, la Dauphine insista pour que le mot de *Bavière* fût supprimé, et elle obtint gain de cause. « Tout a été effacé, rayé, biffé, écrivait, le 3 avril 1686, madame de Sévigné au président de Moulceau, M. de Strasbourg ayant demandé pardon et avoué que sa nièce est d'une branche égarée et séparée depuis longtemps, et rabaissée par de mauvaises alliances, qui n'a jamais été appelée que Lowenstein. C'est à ce prix qu'on a fini cette brillante et ridicule scène, en promettant qu'elle ne serait point *Bavière.* »

Mais l'affaire ne fut point terminée par la soumission du cardinal et de sa nièce. La Dauphine, qui voulait anéantir toutes les pièces relatives à ce qu'elle considérait comme une usurpation du titre, se fit apporter le registre de la paroisse de Versailles, sur lequel était inscrit le mariage de Dangeau, et voulut le détruire. Elle avait même commencé à le brûler, lorsque quelqu'un, probablement Louis XIV, le lui arracha des mains, et le préserva du feu, mais à la condition que les feuillets sur lesquels madame de Dangeau avait eu l'insolence de

depuis à madame de Dangeau, ce qui étoit dû à sa naissance et à son mérite, et elle a eu pour elle toute l'amitié dont elle étoit capable.

Madame la Dauphine étoit non seulement laide, mais si choquante que Sanguin, envoyé par le Roi en en Bavière dans le temps qu'on traitoit son mariage, ne put s'empêcher de dire au Roi au retour : *Sire, sauvez le premier coup d'œil.* Cependant Monseigneur l'aima, et peut-être n'auroit aimé qu'elle, si la mauvaise humeur et l'ennui qu'elle lui causoit ne l'avoient forcé à chercher des consolations et des amusemens ailleurs.

Le roi, par une condescendance dont il se repentit, avoit laissé auprès de madame la Dauphine une femme de chambre allemande, élevée avec elle, et à peu près du même âge : cette fille, nommée Bessola, sans avoir rien de mauvais[1], fit beaucoup de mal à

---

signer *Sophie de Bavière* fussent arrachés. Une lettre de cachet de Louis XIV en ordonna la suppression, et le bailli de Versailles, assisté de son greffier, du curé de la paroisse, et d'un autre prêtre, exécutèrent sans retard les ordres du roi. Le registre en question est conservé à l'hôtel de ville de Versailles, et l'un des angles en partie brûlé témoigne de la colère de la Dauphine. Les deux feuillets, 27 et 28, manquent, et sur le feuillet 31 se trouvent la lettre de cachet du roi et le procès-verbal de la suppression du feuillet. (Cf. *Vie de Dangeau*, en tête de son *Journal*, publié par MM. Dussieux et Soulié.)

1. Telle n'est pas l'opinion de la princesse Palatine, qui, dans ses *Lettres*, représente la confidente de la Dauphine comme une espionne aux gages de madame de Maintenon. « La Bessola ne méritait sûrement pas une pareille affection; elle a chaque jour trahi et vendu la princesse à la Maintenon. J'ai prévenu souvent sa maîtresse de sa perfidie; mais elle n'a jamais voulu me croire. — La Bessola, qui était très jalouse de moi et qui

sa maîtresse et beaucoup de peine au roi. Elle fu cause que madame la Dauphine, par la liberté qu'elle eut de l'entretenir et de parler allemand avec elle, se dégoûta de toute autre conversation, et ne s'accoutuma jamais à ce pays-ci. Peut-être que les bonnes qualités de cette princesse y contribuèrent : ennemie de la médisance et de la moquerie, elle ne pouvoit supporter ni comprendre la raillerie et la malignité du style de la cour, d'autant moins qu'elle n'en entendoit pas les finesses. En effet, j'ai vu les étrangers, ceux même dont l'esprit paroissoit le plus tourné aux manières françoises, quelquefois déconcertés par notre ironie continuelle, et madame la Dauphine de Savoie, que nous avons eue enfant, n'a jamais pu s'y accoutumer : elle disoit assez souvent à madame de Maintenon, qu'elle appeloit sa tante par un badinage plein d'amitié : *Ma tante, on se moque de tout ici.*

Enfin les bonnes et les mauvaises qualités de madame la Dauphine de Bavière, mais surtout son

---

ne pouvait souffrir que la Dauphine eût confiance en moi, qui d'ailleurs avait été gagnée et payée par la vieille, nous trahissait auprès de la Maintenon, et lui rapportait tout ce que j'avais dit pour consoler la princesse; elle avait ordre de la vieille de tourmenter et d'intimider la pauvre Dauphine. Elle s'acquittait à merveille de cette commission, et faisait peur sur peur à la princesse, sous prétexte de n'agir que par attachement pour elle, et de lui être entièrement dévouée et fidèle. La pauvre Dauphine ne se défiait point de cette Bessola, qui avait été élevée avec elle et qu'elle avait amenée; elle n'imaginait pas qu'on pût pousser la fausseté aussi loin que le faisait cette maudite créature. » (*Lettres* du 5 août et du 7 novembre 1719.)

attachement pour Bessola[1], lui donnèrent un goût pour la retraite peu convenable aux premiers rangs[2]. Le Roi fit de vains efforts pour l'en retirer. Il lui proposa de marier cette fille à un homme de qualité, afin qu'elle pût être comme les autres dames, manger avec elle quand l'occasion s'en présenteroit, et la suivre dans ses carrosses; mais la Dauphine, par une délicatesse ridicule, répondit qu'elle ne pouvoit y consentir, parce que le cœur de Bessola seroit partagé.

Cependant le Roi, soutenu des conseils de madame de Maintenon, et porté par lui-même à n'être plus renfermé comme il l'avoit été avec ses maîtresses, ne se rebuta pas; il crut, à force de bons traitemens, par le tour galant et noble dont il accompagnoit ses bontés, ramener l'esprit de madame la Dauphine, et l'obliger à tenir une cour. Je me souviens d'avoir ouï raconter, et de l'avoir encore vu, qu'il alloit

---

1. Et les intrigues de madame de Richelieu, dont il a déjà été question. (Cf., p. 88.)
2. S'il faut en croire la princesse Palatine, l'isolement de la Dauphine tenait à d'autres causes : « Lorsque la Dauphine de Bavière arriva, dit-elle, la cour, qui avait été si belle, avait commencé à tomber en décadence, car c'était le commencement de la domination de la Maintenon qui a tout gâté, et depuis ce moment tout est allé en décadence. Il n'y a rien d'étonnant à ce que la pauvre Dauphine désirât se retrouver chez elle, car la vieille guenipe l'a fait souffrir immédiatement après son mariage, au point que cela faisait compassion. » Mais les raisons invoquées par madame de Caylus sont plus vraies et plus naturelles; la Palatine elle-même constate l'extrême attachement de la Dauphine pour Bessola : « Je ne voudrais pas jurer, écrit-elle, que la Dauphine n'eût aimé Bessola plus que son mari. »

quelquefois chez elle, suivi de ce qu'il y avoit de plus rare en bijoux et en étoffes, dont elle prenoit ce qu'elle vouloit; le reste composoit plusieurs lots que les filles d'honneur et les dames qui se trouvoient présentes tiroient au sort, ou bien elles avoient l'honneur de les jouer avec elle, et même avec le Roi. Pendant que le hoca[1] fut à la mode, et avant que le Roi, par sa sagesse, eût défendu un jeu aussi dangereux, il le tenoit chez madame la Dauphine; mais il payoit, quand il perdoit, autant de louis que les particuliers mettoient de petites pièces.

Des façons d'agir si aimables, et dont toute autre belle-fille auroit été enchantée, furent inutiles pour madame la Dauphine, et elle y répondit si mal que le Roi, rebuté, la laissa dans la solitude où elle vouloit être, et toute la cour l'abandonna avec lui.

Elle passoit sa vie renfermée dans de petits cabinets derrière son appartement, sans vue et sans air; ce qui, joint à son humeur naturellement mélancolique[2], lui donna des vapeurs. Ces vapeurs, prises pour des maladies effectives, lui firent faire des remèdes violens; et enfin ces remèdes, beaucoup plus que ses maux, lui causèrent la mort, après

---

1. On peut consulter sur ce jeu, qui eut pendant quelque temps une grande vogue, l'*Académie des jeux*.
2. Elle disait tristement à la princesse Palatine : « Nous sommes toutes deux malheureuses ; mais la différence entre nous c'est que Votre Excellence s'est défendue contre son sort autant qu'il lui a été possible, tandis que moi j'ai travaillé de mon mieux pour venir ici; je mérite donc bien ce qui m'arrive. » (*Lettre* citée ci-dessus.)

qu'elle nous eut donné trois princes[1]. Elle mourut[2] persuadée que sa dernière couche lui avoit donné la mort, et elle dit en donnant sa bénédiction à M. le duc de Berri :

Ah ! mon fils, que tes jours coûtent cher à ta mère[3] !

Il est aisé de comprendre qu'un jeune prince, tel

1.* La Dauphine de Bavière ne manquoit ni de goût ni de sensibilité ; mais sa santé, toujours mauvaise, la rendoit incapable de société. On lui contestoit ses maux ; elle disoit : Il faudra que je meure pour me justifier. Et ses maux empiroient par le chagrin d'être laide dans une cour où la beauté étoit nécessaire. (Cette note de Voltaire trouve sa confirmation dans la lettre de la princesse Palatine du 6 juin 1719.) — Les trois fils du Dauphin et de la princesse de Bavière furent : Louis, duc de Bourgogne, père de Louis XV, (né le 8 août 1682, mort le 18 février 1712) ; Philippe, duc d'Anjou, roi d'Espagne (né le 19 décembre 1683, mort le 9 juillet 1746) ; Charles, duc de Berry (né le 31 août 1686, mort le 4 mai 1714.)

2. A Versailles, le 20 avril 1690.

3.* Beau vers de l'*Andromaque*, de Racine. — Cette anecdote est confirmée par la princesse Palatine : « La veille de sa mort, pendant que le petit duc de Berry était assis sur son lit, elle lui dit : Mon cher Berry, je t'aime bien, mais tu me coûtes bien cher. »

La princesse Palatine note les bruits injurieux pour madame de Maintenon auxquels cette mort donna naissance. « On a envoyé la Dauphine dans l'autre monde, comme si on lui avait tiré un coup de pistolet sur la tête..... La vieille avait conçu une haine si effroyable contre cette pauvre princesse que j'ai cru qu'elle avait donné ordre à Clément, l'accoucheur, de la traiter si mal ; ce qui m'a confirmé dans cette idée, c'est qu'elle a failli faire mourir la Dauphine en venant chez elle avec des gants parfumés ; elle disait que c'était moi qui en portais, mais ce n'était pas vrai. » Saint-Simon, dans ses notes sur le *Journal* de Dangeau, rapporte des bruits analogues. « On a toujours cru que Clément, son accoucheur, l'avait blessée en sa dernière couche. Madame la princesse de Conti fut aussi accusée d'avoir approché d'elle aussitôt après avec des senteurs dont elle n'est pas revenue. »

qu'étoit Monseigneur alors, avait dû s'ennuyer infiniment entre madame sa femme et la Bessola, d'autant plus qu'elles se parloient toujours allemand, langue qu'il n'entendoit pas, sans faire aucune attention à lui. Il résista cependant par l'amitié qu'il avoit pour madame la Dauphine ; mais poussé à bout, il chercha à s'amuser chez madame la princesse de Conti[1], fille du roi et de madame de La Vallière. Il y trouva d'abord de la complaisance et du plaisir parmi la jeunesse qui l'environnoit : ainsi il laissa madame la Dauphine jouir paisiblement de la conversation de son Allemande. Elle s'en affligea quand elle vit le mal sans remède, et s'en prit mal à propos à madame la princesse de Conti. Son aigreur pour elle, et les plaintes qu'elle fit souvent à Monseigneur, ne produisirent que de mauvais effets. Si nos princes sont doux, ils sont opiniâtres; et, s'ils échappent une fois, leur fuite est sans retour. Madame de Maintenon l'avoit prévu, et en avoit averti inutilement madame la Dauphine[2].

1. Plus tard les chansonniers du temps disaient plaisamment dans une pièce dont le refrain avait un sens facile à deviner :

> Savez-vous pourquoi Monseigneur
> Aime tant la Conti, sa sœur ?
> C'est qu'il lui fait la besogne
> De monsieur le duc de Bourgogne.

2. La princesse Palatine affirme, au contraire, que madame de Maintenon faisait tous ses efforts pour détacher le Dauphin de sa femme. « La Maintenon avait recommandé à sa créature, madame de Montchevreuil, gouvernante des filles d'honneur de madame la Dauphine, d'attirer constamment le Dauphin dans la société de ces demoiselles et dans des parties de plaisirs avec

Monseigneur ainsi rebuté ne se contenta pas d'aller, comme je l'ai dit, chez madame la princesse de Conti; il s'amusa aussi avec les filles d'honneur[1] de madame la Dauphine, et devint amoureux de mademoiselle de Rambures[2]; mais le Roi, instruit par sa

elles, jusqu'à ce qu'il fût entièrement détaché de sa femme. Quand la Dauphine était enceinte (ce qui arrivait souvent, et elle avait des couches très pénibles), elle était fort malade et ne pouvait sortir; la Montchevreuil amenait alors les filles d'honneur auprès du Dauphin, pour chasser et jouer avec lui... Il n'avait point de fausseté avec la Dauphine; tout allait tambour battant; cette méchante et perfide sorcière de Bessola, qui était toute façonnée par la vieille guenipe et qui suivait ses ordres, détachait de plus en plus la Dauphine de son mari. Celle-ci n'était pas amoureuse du Dauphin, mais ce qui lui déplaisait dans les intrigues de son mari, c'est qu'elles étaient cause qu'on se moquait d'elle toute la journée et qu'on la tournait en ridicule. La Montchevreuil attirait son attention sur tout ce qui se passait, et la Bessola l'aigrissait contre son mari. » (*Lettre* du 12 octobre 1720.) Et la Palatine n'a pas de peine à découvrir le motif qui inspirait madame de Maintenon : « La vieille guenipe espérait, comme cela est arrivé, gouverner le Dauphin par le moyen de ses maîtresses, ce qu'elle n'aurait pu faire s'il avait continué à aimer la Dauphine. » Ces suppositions injurieuses ne doivent pas nous étonner de la part de la princesse; elle ne négligeait aucune occasion de satisfaire sa haine pour madame de Maintenon. Cette grosse Allemande, qui avait l'injure facile, appelle toujours son ennemie « la vieille » ou bien « ordure, guenipe, sorcière ».

1. Ce n'était un mystère pour personne; les chansonniers de la cour répétaient à ce sujet :

> Quelle joie surprenante
> Pour les filles d'honneur,
> D'aller sans gouvernante
> Faire avec Monseigneur,
> Flon, flon, laridondaine,
> Flon, flon, laridondon.

2. Mademoiselle de Rambures ne fut pas la première; elle avait été précédée par mademoiselle de La Force, qui avait succédé comme demoiselle d'honneur à la duchesse de Roque-

propre expérience, et voulant prévenir les désordres que l'amour et l'exemple de Monseigneur causeroient infailliblement dans la chambre des filles, prit la résolution de la marier. Plusieurs partis se présentèrent, dont elle ne voulut point. M. de Polignac fut le seul avec lequel elle crut ne pas perdre sa liberté; c'étoit le seul aussi que le Roi ne vouloit pas, à cause de madame la vicomtesse de Polignac, sa mère, qu'il avoit trouvée mêlée dans les affaires de madame la comtesse de Soissons[1], et qu'il avoit exilée dans le même temps. Le refus du Roi ne rebuta pas mademoiselle de Rambures : elle l'assura qu'elle savoit mieux que lui ce qu'il lui falloit, et qu'en un mot M. de Polignac lui convenoit. Le Roi, piqué, répondit qu'elle étoit la maîtresse de se marier à qui elle voudroit; mais qu'elle ne devoit pas compter, en épousant malgré lui M. de Polignac, de vivre à la cour. Elle tint bon, se maria, et vint à Paris. Je laisse

---

laure : « Le Dauphin, dit la Palatine, devint amoureux à sa manière de la sœur de La Force, que l'on donna ensuite au jeune du Roure. Leur amour dura malgré ce mariage; elle se fit donner par le Dauphin une promesse de mariage écrite, portant qu' « il l'épouserait dans le cas où son mari et la Dauphine viendraient à mourir. » Je ne sais comment le feu roi apprit tout cela, mais il s'en fâcha très sérieusement, et il a exilé la du Roure en Gascogne, sa patrie. » (Lettre précitée.) Cette intrigue fut l'objet d'un petit roman intitulé : *La Chasse au loup de Monseigneur le Dauphin, ou la Rencontre du comte du Roure dans les plaines d'Anet*, Cologne, P. Marteau, 1695. Elle trouva place aussi dans l'*Histoire amoureuse des Gaules*.

1. On sait que la comtesse de Soissons était impliquée dans l'affaire de La Voisin, cette empoisonneuse célèbre qui vendait la poudre de succession, et qu'elle s'enfuit en Belgique sans attendre d'être mise en jugement.

à juger si M. de Polignac a justifié le discernement de sa première femme[1].

Il est, je crois, à propos de parler présentement de madame la princesse de Conti, fille du Roi, de cette princesse belle comme madame de Fontanges, agréable comme sa mère, avec la taille et l'air du Roi son père, et auprès de laquelle les plus belles et les mieux faites n'étoient pas regardées. Il ne faut pas s'étonner que le bruit de sa beauté se soit répandu jusqu'à Maroc, où son portrait fut porté[2]. Cependant

---

1. « C'étoit, dit Saint-Simon, une créature d'esprit et de boutades, qui ne se mettoit en peine de rien que de se divertir, de ne se contraindre sur quoi que ce fût, et de suivre toutes ses fantaisies. » Avec un époux qui lui laissait, comme elle l'avait espéré, une entière indépendance, elle s'adonna au jeu, se ruina complètement, et alla mourir au Puy dans les terres de son mari. Les *Mémoires* de Choisy nous apprennent que Monseigneur lui avait fait donner cinquante mille écus au moment de son mariage.

2.* Cela est très vrai : l'ambassadeur de Maroc, en recevant le portrait du roi, demanda celui de la princesse sa fille. Comme elle eut le malheur d'essuyer beaucoup d'infidélité de ses amants, Périgny fit un couplet pour elle :

Pourquoi refusez-vous l'hommage glorieux
D'un roi qui vous attend, et qui vous croira belle ?
   Puisque l'hymen à Maroc vous appelle,
      Partez ; c'est peut-être en ces lieux
   Qu'il vous garde un amant fidèle.

M. Asselineau, dans son édition des *Souvenirs*, a donné sur Périgny une note très instructive que nous croyons utile de transcrire ici :

« Le président de Périgny, dit-il, est un personnage très peu ou très mal connu jusqu'aujourd'hui et que M. Charles Dreyss vient de mettre en lumière, dans son excellente édition des *Mémoires de Louis XIV pour l'instruction du Dauphin*, à laquelle nous renvoyons le lecteur pour les détails. Périgny, d'abord président aux enquêtes, puis conseiller d'État et lec-

le plus grand éclat de madame la princesse de Conti n'a duré que jusqu'à sa petite vérole, qu'elle eut à dix-sept ou dix-huit ans; elle lui prit à Fontainebleau, et elle la donna à monsieur son mari, qui en mourut dans le temps qu'on le croyait hors d'affaire, et qu'il le croyait si bien lui-même qu'il expira en badinant avec madame sa femme et ses amis.

On ne peut nier que la coquetterie de madame la princesse de Conti ne fût extrême. Son esprit est médiocre, et son humeur est capable de gâter d'excellentes qualités qui sont réellement en elle. Elle est bonne amie, généreuse, et a rendu de grands services aux personnes pour lesquelles elle a eu de

teur du roi, fut nommé précepteur du Dauphin en 1666. M. Ch. Dreyss nous le montre tenant la plume pour le roi dans la rédaction du journal secret qui servit de base aux Mémoires. Il mourut en 1670, âgé de quarante-cinq ans. Périgny étoit bel esprit et composa des épigrammes, des madrigaux et même un ballet intitulé *les Amours déguisés*, dansé sur le petit théâtre du Palais-Royal en 1664 et qui lui valut une épigramme de Benserade. Le *couplet* rapporté par madame de Caylus donne la juste mesure du talent poétique de Périgny, talent purement de société, et que M. Dreyss a le bon goût de ne pas respecter tout en citant de lui deux ou trois épigrammes et une paraphrase des psaumes. M. Dreyss cite comme témoignages historiques sur Périgny les lettres de Guy-Patin, la *Gazette de France*, la *Correspondance administrative de Louis XIV*, publiée par Depping, M. Floquet, *Études sur la vie de Bossuet*, Tallemant, *Vie de Benserade*, etc. — On lit d'autre part dans le *Segraisiana* : Monseigneur (l'élève de M. de Montausier) ne savoit pas encore les principes de la langue latine, qu'il étoit en colère de ce qu'il ne savoit pas le grec. Il a été la cause de la mort de M. de *Peregny* (Périgny), lequel étudia le grec avec tant d'application qu'il devint malade et mourut. Il avoit beaucoup d'esprit et de génie, et il apprit à lire à Monseigneur avec des lettres de filigrane qu'il avoit faites lui-même. »

la bonté; mais plusieurs se sont crues dispensées d'en conserver de la reconnoissance par cette humeur qui les leur faisoit trop acheter. Il faut excepter de ce nombre les princesses de Lorraine, mademoiselle de Lillebonne, et mademoiselle de Commercy : j'ai vu de trop près la fidélité de leur attachement, et la persévérance inébranlable de leur reconnoissance.

Je ne sais si l'humeur de madame la princesse de Conti contribuoit à révolter les conquêtes que sa beauté lui faisoit faire, ou par quelle fatalité elle eut aussi peu d'amans fidèles que d'amis reconnoissans; mais il est certain qu'elle n'en conserva pas, et ce qui se passa entre elle et mademoiselle Chouin est aussi humiliant que singulier.

Mademoiselle Chouin étoit une fille à elle, d'une laideur à se faire remarquer[1], d'un esprit propre à briller dans une antichambre, et capable seulement de faire le récit des choses qu'elle avoir vues. C'est par ces récits qu'elle plut à sa maîtresse, et ce qui lui attira sa confiance. Cependant cette même mademoiselle Chouin enleva à la plus belle princesse du monde le cœur de M. de Clermont-Chatte[2] en ce temps-là officier des gardes.

---

1. « Ce ne fut jamais qu'une grosse camarde, brune, ayant l'air d'une servante, et qui était devenue excessivement grosse et puante. » (*Saint-Simon.*) On trouvera plus loin, l'histoire de ses relations avec Monseigneur.
2. M. de Clermont, de la branche des Chatte en Roussillon, était « un grand homme, parfaitement bien fait, qui n'avoit rien que beaucoup d'honneur, de valeur, avec un esprit assez propre à l'intrigue. » (*Saint-Simon.*)

Il est vrai qu'ils pensoient à s'épouser; et sans doute qu'ils avoient compté, par la suite des temps, non seulement d'y faire consentir madame la princesse de Conti, mais d'obtenir par elle et par Monseigneur des grâces de la cour dont ils auroient eu grand besoin. L'imprudence d'un courrier[1] pendant une campagne, déconcerta leurs projets, et découvrit à madame la princesse de Conti, de la plus cruelle manière, qu'elle étoit trompée par son amant et par sa favorite. Le courrier de M. de Luxembourg remit à M. de Barbezieux toutes les lettres qu'il avoit; ce ministre se chargea de les faire rendre, mais il porta le paquet au roi : on peut aisément juger de l'effet qu'il produisit, et de la douleur de madame la princesse de Conti. Mademoiselle Chouin fut chassée, M. de Clermont exilé, et on lui ôta son bâton d'exempt[2].

Nous retrouverons ailleurs mademoiselle Chouin, et on la verra jouer par la suite un meilleur et plus grand rôle.

Madame la princesse de Conti donna l'exemple aux autres filles naturelles du roi d'épouser des princes du sang. Madame de Montespan, persuadée que le mariage de la fille de madame de La Vallière seroit le modèle et le premier degré de l'élévation de ses propres enfans, contribua à celui-ci de tous ses

---

1.* On ouvrait toutes les lettres. Cette infidélité ne se commet plus nulle part, comme on sait.

2. Il rentra en faveur en 1715 et fut nommé capitaine des Suisses du Régent.

soins. Le grand Condé, de son côté, ce héros incomparable, regarda cette alliance comme un avantage considérable pour sa maison. Il crut effacer par là l'impression que le souvenir du passé auroit laissé de désavantageux contre lui dans l'esprit du Roi[1]. M. le Prince son fils, encore plus attaché à la cour, n'oublia rien pour témoigner sa joie, et il marqua dans cette occasion, comme dans toutes les autres de sa vie, le zèle et la bassesse d'un courtisan qui voudroit faire sa fortune. J'oserai même assurer, et par ce que j'ai vu, et par ce que j'ai appris de gens bien informés, que le Roi n'auroit jamais pensé à élever si haut ses bâtards, sans les empressemens que ces deux princes de Condé avoient témoignés pour s'unir à lui par ces sortes de mariages.

Messieurs les princes de Conti avoient été élevés avec monseigneur le Dauphin, et, dans les premières

1. Dans la seconde partie de la Fronde, le grand Condé, après avoir pris les armes contre Anne d'Autriche et Mazarin, était allé se mettre, en 1652, au service du roi d'Espagne, qui le nomma généralissime de ses armées. Un arrêt du Parlement le déclara criminel de lèse-majesté et traître envers l'État. Le vainqueur de Rocroy, devenu un émigré mercenaire, lutta sept ans contre sa patrie.
La paix des Pyrénées lui permit de rentrer en France. Partant des Pays-Bas, il alla trouver Louis XIV et la reine mère qui se trouvaient alors en Provence et leur demanda à genoux le pardon de son crime. « Mon cousin, lui répondit le jeune roi, après les grands services que vous avez rendus à ma couronne, je n'ai garde de me souvenir d'un mal qui n'a causé de dommages qu'à vous-même. » C'étaient là de belles paroles, mais elles ne furent vraies qu'à demi. Louis XIV garda longtemps bonne mémoire de la trahison du prince. Condé le savait bien, et l'on voit à quels moyens il eut recours pour faire oublier sa trahison.

années de leur vie, par une mère d'une vertu exemplaire[1]. Ils avoient tous deux de l'esprit, et étoient fort instruits ; mais le gendre du Roi, gauche dans toutes ses actions, n'étoit goûté de personne, par l'envie qu'il eut toujours de paroître ce qu'il n'étoit pas. Le second, avec toutes les connoissances et l'esprit qu'on peut avoir, n'en montroit qu'autant qu'il convenoit à ceux à qui il parloit : simple et naturel, profond et solide, frivole même quand il falloit le paroître, il plaisoit à tout le monde ; et comme il passoit pour être un peu vicieux, on disoit de lui ce qu'on a dit de César[2].

M. le prince de Conti l'aîné, pour faire l'homme dégagé, et montrer qu'il n'avoit pas la foiblesse d'être jaloux, amenoit chez madame sa femme les jeunes gens de la cour les plus éveillés et les mieux faits. Cette conduite, comme on peut le croire, fournit une ample matière à des histoires, dont je ne parlerai que quand l'occasion s'en présentera, et lorsque je les croirai propres à éclaircir les faits que j'aurai à raconter.

1.* Anne-Marie Martinozzi, nièce du cardinal de Mazarin, mariée à Armand de Bourbon, prince de Conti, le 22 février 1654. Elle mourut le 4 février 1672.
2.* Qu'il était le mari de bien des femmes et la femme de bien des hommes..... C'est le même qui fut roi de Pologne. — La princesse Palatine fait à peu près les mêmes réflexions, à propos de la mort du prince : « Feu le prince de Conti avait de l'esprit, du courage, était agréable dans toutes ses manières et se faisait aimer ; mais ses mauvaises qualités étaient qu'il était faux, qu'il n'aimait que lui-même et qu'il se livrait fort à la débauche avec les hommes ; c'est ce qui lui a coûté la vie. »

Je vais présentement parler de la mort de la reine Marie-Thérèse d'Autriche. Elle mourut en peu de jours, d'une maladie qu'on ne crut pas d'abord considérable ; mais une saignée, faite mal à propos, fit rentrer l'humeur d'un clou, dont à peine s'étoit-on aperçu[1]. Cette princesse perdit la vie[2] dans le temps que les années et la piété du Roi la lui rendoient heureuse[3]. Il avoit pour elle des attentions auxquelles elle n'étoit pas accoutumée : il la voyoit plus souvent, et cherchoit à l'amuser ; et comme elle attribuoit cet heureux changement à madame de Maintenon, elle l'aima et lui donna toutes les marques de considération qu'elle pouvoit imaginer. Je me souviens même qu'elle me faisoit l'honneur de me caresser toutes les fois que j'avois celui de paroître devant elle ; mais cette pauvre princesse avoit tant de crainte du Roi,

---

1. La princesse Palatine, fidèle à son habitude d'outrager madame de Maintenon, toutes les fois qu'elle en trouve l'occasion, fait, à propos de cet accident, une supposition odieuse. « Notre reine, écrit-elle, est morte d'un abcès qu'elle avait sous le bras. Au lieu de le tirer au dehors, Fagon, qui par grand malheur était alors son médecin, la fit saigner ; cela fit crever l'abcès dans l'intérieur..... Après la saignée, il lui donna une grande prise d'émétique, et, dans cette opération, la reine partit pour l'autre monde. On peut bien dire que tout le bonheur de la France est mort avec elle. Le roi fut très touché ; *mais le vieux méchant diable de Fagon l'avait fait à dessein, afin de mieux assurer par là la fortune de la vieille guenipe.* » (*Lettre* du 12 décembre 1719.)

2.* Le 30 juillet 1683.

3. Il ne paraît pas qu'elle l'ait jamais été beaucoup. « Notre reine Marie-Thérèse, écrit la princesse Palatine, a dit à son lit de mort que dans toute sa vie, depuis qu'elle était reine, elle n'avait eu qu'un jour de véritable contentement. » (*Lettre* du 18 octobre 1716.)

et une si grande timidité naturelle, qu'elle n'osoit lui parler ni s'exposer au tête-à-tête avec lui.

J'ai ouï dire à madame de Maintenon qu'un jour le Roi ayant envoyé chercher la Reine, la Reine, pour ne pas paroître seule en sa présence, voulut qu'elle la suivît; mais elle ne fit que la conduire jusqu'à la porte de la chambre, où elle prit la liberté de la pousser pour la faire entrer, et remarqua un si grand tremblement dans toute sa personne, que ses mains mêmes trembloient de timidité.

C'étoit un effet de la passion vive qu'elle avoit toujours eue pour le Roi son mari[1], et que les maîtresses avoient rendue si longtemps malheureuse. Il falloit aussi que le confesseur de cette princesse n'eût point d'esprit, et ne fût qu'un cagot, ignorant des véritables devoirs de chaque état. J'en juge par une lettre de madame de Maintenon à l'abbé Gobelin[2], où elle lui dit : « Je suis ravie que le monde loue ce que fait le Roi. Si la Reine avoit un directeur comme vous, il n'y a pas de bien qu'on ne dût attendre de l'union de la famille royale; mais on eut toutes les peines du monde, sur la *médianoche*, à persuader son confesseur, qui la conduit par un chemin plus propre, selon moi, à une carmélite qu'à une reine. »

Enfin, soit par la faute du confesseur, soit par la

---

1. « La reine avait une telle passion pour le roi qu'elle cherchait à lire dans ses yeux tout ce qui pouvait lui faire plaisir; pourvu qu'il la regardât avec amitié, elle était gaie toute la journée. » (Princesse Palatine.)
2. Du 2 juin 1682.

timidité de la Reine, ou par la violence, comme je l'ai dit, d'une passion si longtemps malheureuse, il faut avouer qu'elle n'avoit rien en elle de ce qui pouvoit la faire aimer, et qu'au contraire le Roi avoit en lui toutes les qualités les plus propres à plaire, sans être capable d'aimer beaucoup. Presque toutes les femmes lui avoient plu, excepté la sienne, dont il exerça la vertu par ses galanteries; car d'ailleurs le Roi n'a jamais manqué à la considération qu'il devoit à la Reine, et a toujours eu pour elle des égards qui l'auroient rendue heureuse si quelque chose avoit pu la dédommager de la perte d'un cœur qu'elle croyoit lui être dû.

Entre toutes les maîtresses du roi, madame de Montespan est celle qui fit le plus de peine à la Reine, tant par la durée de cette passion et le peu de ménagement qu'elle eut pour elle, que par les anciennes bontés de cette princesse. Madame de Montespan avoit été dame du palais par le crédit de Monsieur, et elle fut quelque temps à la cour sans que le Roi fît attention ni à sa beauté, ni aux agrémens de son esprit. Sa faveur se bornoit à la Reine, qu'elle divertissoit à son coucher pendant qu'elle attendoit le Roi : car il est bon de remarquer que la Reine ne se couchoit jamais, à quelque heure que ce fût, qu'il ne fût rentré chez elle, et, malgré tant de galanteries, le Roi n'a jamais découché d'avec la Reine.

Elle aimoit alors madame de Montespan, parce qu'elle la regardoit comme une honnête femme, attachée à ses devoirs et à son mari. Aussi sa surprise fut égale à sa douleur, quand elle la trouva, dans la suite, si différente de l'idée qu'elle en avoit eue. Le chagrin de la Reine ne fut pas adouci par la conduite et les procédés de madame de Montespan, d'autant plus que ceux de M. de Montespan obligèrent le Roi, pour retenir sa maîtresse à la cour et pour lui donner des distinctions sans qu'elle les partageât avec lui, de la faire surintendante de la maison de la Reine.

Je sais peu le détail de ce qui se passa alors au sujet de M. de Montespan; tout ce que j'en puis dire, c'est qu'on le regardoit comme un malhonnête homme et un fou. Il n'avoit tenu qu'à lui d'emmener sa femme; et le Roi, quelque amoureux qu'il fût, auroit été incapable dans les commencemens d'employer son autorité contre celle d'un mari. Mais M. de Montespan, bien loin d'user de la sienne, ne songea d'abord qu'à profiter de l'occasion pour son intérêt et sa fortune; et ce qu'il fit ensuite ne fut que par dépit de ce qu'on ne lui accordoit pas ce qu'il vouloit. Le roi se piqua à son tour; et, pour empêcher madame de Montespan d'être exposée à ses caprices, la fit surintendante de la maison de la Reine, laissant faire en province à ce misérable Gascon toutes ses extravagances[1].

J'ai trouvé, dans les lettres de madame de Main-

1.* Il se fit faire un carrosse de deuil avec des harnois à cornes d'argent. — Henri-Louis de Pardaillan de Gondrin, marquis de Montespan, n'était, comme le dit madame de Caylus, qu'un misérable Gascon. Il aurait pu, dans le principe,

tenon à l'abbé Gobelin, qu'il y avoit eu une séparation en forme au Châtelet de Paris entre M. et madame de Montespan[1]. Madame de Maintenon en parle par rapport à la sûreté d'une fondation que madame de Montespan vouloit faire aux Hospitalières. On voit encore par là qu'elle a dans tous les temps été occupée de bonnes œuvres.

La mort de la Reine ne donna à la cour qu'un spectacle touchant. Le roi fut plus attendri qu'affligé[2]. Mais comme l'attendrissement produit d'abord les mêmes effets, et que tout paroît considérable dans les grands, la cour fut en peine de sa douleur. Celle de madame de Maintenon, que je voyais de près, me parut sincère, et fondée sur l'estime et la reconnoissance. Je ne dirai pas la même chose des larmes de madame de Montespan, que je me souviens d'avoir vue entrer chez madame de Maintenon sans que je puisse dire pourquoi ni comment. Tout ce que je sais, c'est qu'elle pleuroit beaucoup, et qu'il parois-

---

éloigner sa femme, sans que le roi, faiblement amoureux, s'y fût opposé; mais il préféra spéculer sur son élévation. Déçu dans ses calculs et frustré des avantages sur lesquels il comptait, il se laissa aller à un bruyant dépit, ce qui le fit exiler dans ses terres, où il resta jusqu'à la fin de ses jours.

1. L'arrêt du Châtelet est du mois de juillet 1676.
2. Louis XIV, au moment de sa mort, rendit à cette princesse le plus touchant hommage que sa modestie eût pu ambitionner : « Voilà, dit-il, le premier chagrin qu'elle m'ait donné. » Bossuet, dans l'oraison funèbre qu'il prononça sur sa tombe, retraça ses douces et paisibles vertus en prenant pour texte les paroles de l'apôtre saint Jean : *Sine macula enim sunt ante thronum Dei.*

soit un trouble dans toutes ses actions, fondé sur celui de son esprit, et peut-être sur la crainte de retomber entre les mains de monsieur son mari.

La Reine expirée, madame de Maintenon voulut revenir chez elle ; mais M. de la Rochefoucauld la prit par le bras, et la poussa chez le Roi, en lui disant : *Ce n'est pas le temps de quitter le Roi, il a besoin de vous.* Ce mouvement ne pouvoit être dans M. de La Rochefoucauld qu'un effet de son zèle et de son attachement pour son maître, où l'intérêt de madame de Maintenon n'avoit assurément point de part. Elle ne fut qu'un moment avec le Roi, et revint aussitôt dans son appartement, conduite par M. de Louvois, qui l'exhortoit d'aller chez madame la Dauphine, pour l'empêcher de suivre le Roi à Saint-Cloud, et lui persuader de garder le lit, parce qu'elle étoit grosse, et qu'elle avoit été saignée. *Le Roi n'a pas besoin*, disoit M. de Louvois, *de ces démonstrations d'amitié, et l'État a besoin d'un prince.*

Le Roi alla à Saint-Cloud, où il demeura depuis le vendredi que la Reine mourut jusqu'au lundi, qu'il en partit pour aller à Fontainebleau ; et le temps où madame la Dauphine étoit obligée de garder le lit pour sa grossesse se trouvant expiré, elle alla joindre le Roi, et fit le voyage avec lui. Madame de Maintenon la suivoit, et parut aux yeux du Roi dans un si grand deuil, avec un air si affligé, que lui, dont la douleur étoit passée, ne put s'empêcher de lui en faire quelques plaisanteries ; à quoi je ne jurerois pas qu'elle ne répondit en elle-même, comme le maréchal de Grammont à madame Hérault[1].

Pendant le voyage de Fontainebleau dont je parle, la faveur de madame de Maintenon parvint au plus haut degré. Elle changea le plan de sa vie; et je crois qu'elle eut pour principale règle de faire le contraire de ce qu'elle avoit vu faire chez madame de Montespan.

Mesdames de Chevreuse et de Beauvilliers, avec lesquelles elle se lia d'une étroite amitié, avoient le mérite auprès d'elle de n'avoir jamais fait la cour à madame de Montespan, malgré l'alliance que M. Colbert leur père avoit faite de sa troisième fille avec le duc de Mortemart son neveu. Ce mariage coûta au Roi quatorze cent mille livres : huit cent mille pour les dettes de la maison de Mortemart, et six cent mille pour la dot de mademoiselle Colbert. Cependant, ni cette alliance, ni le goût que ces dames avoient naturellement pour la cour, ne purent les déterminer à faire la leur à madame de Montespan. Elles crurent que madame de Maintenon leur ouvroit une porte honnête pour se rapprocher du

---

1.* Madame Hérault avoit soin de la ménagerie, et, dans son espèce, étoit bien à la cour. Elle perdit son mari; et le maréchal de Grammont, toujours courtisan, prit un air triste pour lui témoigner la part qu'il prenoit à sa douleur; mais comme elle répondit à son compliment : *Hélas! le pauvre homme a bien fait de mourir!* Le maréchal répliqua : *Le prenez-vous par là, madame Hérault? ma foi, je ne m'en soucie pas plus que vous.* Cette réponse a passé depuis en proverbe à la cour. (Note de madame de Caylus.) — Ce maréchal de Grammont est le héros des Mémoires écrits par Hamilton.

Roi, et elles en profitèrent avec une joie d'autant plus grande, qu'elles s'en voyoient éloignées par la mort de la Reine, dont elles étoient dames du palais. Cette liaison devint intime en peu de temps, et dura jusqu'à la disgrâce de M. de Cambrai : mais je réserve à parler ailleurs de cette disgrâce[1], et de la faveur de M. de Cambrai, auquel ces dames furent si attachées.

Si mesdames de Chevreuse et de Beauvilliers recherchèrent l'amitié de madame de Maintenon, elle ne fut pas fâchée, de son côté, de faire voir au Roi, par leur empressement, la différence que des personnes de mérite mettoient entre madame de Montespan et elle[2].

A ces dames se joignirent madame de Montchevreuil, madame la princesse d'Harcourt, et madame la comtesse de Grammont. M. de Brancas, chevalier d'honneur de la Reine, fameux par ses distractions[3], et ami intime de madame de Maintenon, étoit le père de madame la princesse d'Harcourt, que madame de Maintenon avoit mariée, et à laquelle elle s'est tou-

---

1. Madame de Caylus ne parle point dans la fin de ses *Souvenirs* de la disgrâce de Fénelon. On sait qu'elle eut pour causes la condamnation du livre des *Maximes des Saints*, et la publication du *Télémaque*, dans lequel Louis XIV vit une critique de son gouvernement.

2.* Cela fait voir que madame de Maintenon en savoit plus que madame de Montespan.

3. C'est lui que La Bruyère a immortalisé sous le nom de *Ménalque;* et le portrait qu'il nous en a laissé n'est nullement chargé. On peut même se convaincre en lisant certaines anecdotes rapportées par la princesse Palatine, que le moraliste est resté bien au-dessous de la réalité.

jours intéressée, par ces raisons nécessaires à dire pour la justifier d'une amitié qu'on lui a toujours reprochée[1]; à quoi il faut ajouter que madame de Maintenon n'a jamais su les histoires qu'on en a faites, et qu'elle n'a vu dans madame la princesse d'Harcourt que ses malheurs domestiques et sa piété apparente.

Madame la comtesse de Grammont[2] avoit pour elle le goût et l'habitude du Roi ; car madame de Maintenon la trouvoit plus agréable qu'aimable. Il faut avouer aussi qu'elle étoit souvent Angloise insupportable, quelquefois flatteuse, dénigrante, hautaine et rampante ; enfin, malgré les apparences, il n'y avoit de stable en elle que sa mine, que rien ne pouvoit abaisser, quoiqu'elle se piquât de fermeté dans ses sentimens, et de constance dans ses amitiés[3]. Il est vrai aussi qu'elle faisoit toujours paroître beaucoup d'esprit dans les différentes formes que son humeur

---

1. Cette amitié de madame de Maintenon pour une personne qui en était si peu digne, ne paraissait pas naturelle, et elle surprend au plus haut point, lorsqu'on a lu dans Saint-Simon le portrait de madame d'Harcourt. L'auteur des *Mémoires* explique cette étrange liaison en affirmant que Brancas, père de la princesse, avait été *plus que bien* avec madame de Maintenon.

2. Élisabeth Hamilton. — Le portrait que madame de Caylus a tracé de la comtesse de Grammont n'est pas tout à fait juste. Il nous semble que l'auteur adopte ici les sentiments et les opinions de madame de Maintenon, quelque peu jalouse d'une personne qui osait la braver ouvertement et pour laquelle le roi eut toujours une grande amitié. Saint-Simon, très lié avec la comtesse, l'a mieux connue et plus équitablement jugée.

3.* Caractère qui n'est pas extraordinaire en Angleterre.

et ses desseins lui faisoient prendre. Madame de Maintenon joignoit à l'envie de plaire au Roi, en attirant chez elle madame la comtesse de Grammont, le motif de la soutenir dans la piété, et d'aider autant qu'il lui étoit possible une conversion fondée sur celle de Du Charmel. C'étoit un gentilhomme lorrain [1] connu à la cour par le gros jeu qu'il jouoit[2] : il étoit riche et heureux ; ainsi il faisoit beaucoup de dépense [3], et étoit de mode à la cour ; mais il la

---

1.* Champenois et non Lorrain.
2. Dangeau, qui avait fait sa fortune au jeu de la cour, grâce à son extrême habileté, y avait introduit Du Charmel que la chance favorisa, et qui, devenu riche de pauvre courtisan qu'il était, acheta des charges. On ne manqua pas de railler Du Charmel à ce sujet, et l'on fit sur son compte les vers suivants, lorsque le jeu de reversi fut autorisé à la cour :

> Jouez, jouez, charmant Charmel,
> Rendez votre mémoire illustre dans la France ;
> Disciple de Dangeau, nagez dans l'opulence
> Et soyez en amour plus doux que caramel,
> Nos vœux sont accomplis, votre fortune est faite ;
> L'arrêt du sort le veut ainsi ;
> Pour vous le jeu du reversi
> Sera ce qu'était la bassette.

3. « C'étoit un fat à prétendues bonnes fortunes et de l'esprit le plus mince. La fameuse princesse Palatine, qui passoit pour avoir un esprit si solide, avoit eu une pareille vision ; elle avoit cru entendre parler une poule, et Bossuet en fait mention dans son oraison funèbre. » — On ne sait pas au juste pourquoi Voltaire présente Du Charmel comme *un fat à prétendues bonnes fortunes;* rien n'est plus faux. Saint-Simon, qui fut très lié avec Du Charmel, est d'une opinion toute différente : « C'étoit, dit-il, une homme d'une grande dureté pour soi, d'un esprit au-dessus du médiocre, qui s'entêtoit aisément et qui ne revenoit pas de même, de beaucoup de zèle, qui n'étoit pas toujours réglé, mais d'une grande fidélité à sa pénitence, à ses œuvres, et qui se jetoit la tête la première dans tout ce qu'il croyoit le meilleur ; avant

quitta brusquement, et se retira à l'Institution, sur une vision qu'il crut avoir eue[1]; et la même grâce, par un contre-coup[2] heureux, toucha aussi madame la comtesse de Grammont. Peut-être que l'inégalité qu'elle a fait paroître dans sa conduite, et dont j'ai été témoin, étoit fondée sur le combat qui se passoit continuellement en elle entre sa raison et ses inclinations; car il faut avouer qu'elle n'avoit rien qui tendît à la piété.

Je crois qu'il n'est pas hors de propos de parler ici de madame d'Heudicourt, quoiqu'elle ne fût pas encore revenue à la cour dans ce temps dont je parle; elle y revint peu après. Comme elle est une des plus singulières personnes que j'y ai vues, et qu'une infinité de circonstances la rappelleront sou-

---

sa retraite fort honnête homme et fort sûr, très capable d'amitié, doux et bon homme. » Du Charmel, ami de l'abbé de Rancé, allait passer tous les ans le temps du carnaval à la Trappe. Ce fut lui que Saint-Simon chargea de porter à l'abbé les fragments des *Mémoires*, qu'il voulait soumettre à son approbation.

1. Saint-Simon ne parle nullement d'une vision. Il dit que Du Charmel, touché par la lecture du livre d'Abbadie sur la *Vérité de la Religion chrétienne*, quitta brusquement la cour et se retira dans une maison « joignant l'Institution de l'Oratoire. » Quelques années après sa retraite, il fut exilé de Paris pour affaires de jansénisme. Au bout de huit ans il sollicita du roi la permission de revenir, pour se faire opérer de la pierre : elle lui fut impitoyablement refusée. Du Charmel se confia alors à un chirurgien inhabile qui exécuta mal l'opération, et, trois jours après, il mourait dans les sentiments de la plus vive piété.

2. *Cet heureux contre-coup* n'existe que dans l'imagination de madame de Caylus. Elle veut railler sans doute la comtesse de Grammont qu'elle paraît affectionner médiocrement.

vent à ma mémoire, il est bon de la faire connoître.

Madame d'Heudicourt étoit cette même mademoiselle de Pons, parente du maréchal d'Albret, et dont la chronique scandaleuse prétend qu'il avoit été amoureux[1], amie de madame Maintenon et de madame de Montespan jusqu'à sa disgrâce. Il est certain que sa fortune ne répondoit pas à sa naissance, et qu'elle n'auroit pu venir en ce pays-ci sans le maréchal d'Albret, ni avec bienséance, sans madame sa femme, à laquelle il étoit aisé d'en faire accroire. Elle parut donc à la cour avec elle; et elle ne put y paroître sans que sa beauté et ses agrémens y fissent du bruit. Le Roi ne la vit pas avec indifférence, et balança même quelque temps entre madame de La Vallière et elle; mais les amies de madame la maréchale d'Albret, poussées peut-être par le maréchal, lui représentèrent qu'il ne falloit pas laisser plus longtemps cette jeune personne à la cour, où elle étoit sur le point de se perdre à ses yeux, et qu'elle en partageroit la honte, puisque c'étoit elle qui l'y avoit amenée. Sur ces remontrances, la maréchale la ramena brusquement à Paris, sur le prétexte d'une maladie supposée du maréchal d'Albret.

Madame d'Heudicourt n'étoit pas mauvaise à entendre sur cette circonstance de sa vie, surtout quand elle en parloit au Roi même : scène dont j'ai été quelquefois témoin. Elle ne lui cachoit pas com-

---

1.* Le maréchal avait eu aussi beaucoup de goût pour madame Scarron.

bien sa douleur fut grande quand elle trouva le maréchal d'Albret en bonne santé, et qu'elle reconnut le sujet pour lequel on avoit supposé cette maladie. Ce fut en vain qu'elle retourna, après le voyage de Fontainebleau, à la cour, la place étoit prise par madame de La Vallière.

Madame d'Heudicourt, vieille fille, sans bien, quoique avec une grande naissance, se trouva heureuse d'épouser le marquis d'Heudicourt; et madame de Maintenon, son amie, y contribua de tous ses soins. Amie aussi de madame de Montespan, elle vécut avec elle à la cour jusqu'à sa disgrâce, dont je ne puis raconter les circonstances[1], parce que je ne les sais que confusément. Je sais seulement qu'elle rouloit sur des lettres de galanterie écrites à M. de Béthune, ambassadeur en Pologne, homme aimable et de bonne compagnie; car, quoique je ne l'aie jamais vu, je m'imagine le connoître parfaitement à force d'en avoir entendu parler à ses amis, lesquels se sont presque tous trouvés être des miens[2].

Sans doute qu'il y avoit plus que de la galanterie

---

1. La cause probable de cette disgrâce fut que madame d'Heudicourt avait révélé au marquis de Béthune et au maréchal de Rochefort le secret de l'amour du roi. Il paraît même, d'après une lettre adressée à Bussy-Rabutin par madame du Bouchet (20 septembre 1669), que Rochefort, pour surprendre les confidences de madame d'Heudicourt, feignit d'être amoureux d'elle, et arriva ainsi à ses fins. Madame d'Heudicourt rentra en grâce en 1676, l'année même ou mourait le maréchal de Rochefort.
2.* C'étoit un homme d'un génie supérieur, très voluptueux et très amusant.

dans les lettres de madame d'Heudicourt à M. de Béthune ; il n'y a pas d'apparence que le Roi et madame de Montespan eussent été si sévères sur leur découverte d'une intrigue où il n'y auroit eu que de l'amour. Selon toutes les apparences, madame d'Heudicourt rendoit compte de ce qui se passoit de plus particulier à la cour. Je sais encore que madame de Maintenon dit au Roi que pour cesser de voir, et pour abandonner son amie, il falloit qu'on lui fît voir ses torts d'une manière convaincante. On lui montra ces lettres dont je parle[1], et elle cessa alors de la voir. Madame d'Heudicourt partit après pour s'en aller à Heudicourt, où elle a demeuré pendant plusieurs années, et où le chagrin la rendit si malade, qu'elle fut plusieurs fois à l'extrémité. Une chose bien particulière qui lui arriva dans une de ses maladies, c'est qu'elle se démit le pied dans son lit : et, comme on ne s'en aperçut pas, elle demeura boiteuse ; et cette femme, si droite et si délibérée, ne pouvoit plus marcher quand elle revint à la cour.

Je ne l'ai vue qu'à son retour, si changée qu'on ne pouvoit pas s'imaginer qu'elle eût été belle. Elle y fut quelque temps sans voir madame de Maintenon ; mais elle m'envoyoit assez souvent chez elle, parce que j'avois l'honneur d'être sa parente : elle me témoignoit mille amitiés.

Insensiblement tout s'efface. Le Roi rendit à ma-

1.* Toujours des lettres interceptées qui causent des disgrâces.

dame de Maintenon la parole qu'elle lui avoit donnée de ne jamais voir madame d'Heudicourt; et elle la vit à la fin avec autant d'intimité que si elles n'avoient jamais été séparées. Pour moi, je trouvois madame de Maintenon heureuse d'être en commerce avec une personne d'aussi bonne compagnie, naturelle, d'une imagination si vive et si singulière, qu'elle trouvoit toujours moyen d'amuser et de plaire. Cependant, en divertissant madame de Maintenon, elle ne s'attiroit pas son estime, puisque je l'ai souvent entendu dire : *Je ris des choses que me dit madame d'Heudicourt, il m'est impossible de résister à ses plaisanteries ; mais je ne me souviens pas de lui avoir jamais rien entendu dire que je voulusse avoir dit*[1].

Je n'ai rien à ajouter à ce que j'ai déjà dit de madame de Montchevreuil ; si ce c'est qu'elle fut la confidente des choses particulières qui se passèrent après la mort de la Reine[2], et qu'elle seule en eut le secret.

Pendant le voyage de Fontainebleau qui suivit la mort de la Reine, je vis tant d'agitation dans l'esprit de madame de Maintenon, que j'ai jugé depuis, en la rappelant à ma mémoire, qu'elle étoit causée par une incertitude violente de son état, de ses pensées, de ses craintes, de ses espérances ; en un mot, son cœur n'étoit pas libre, et son esprit étoit fort agité. Pour cacher ses divers mouvemens, et pour justifier

---

1. Voy. plus haut, p. 87.
2.* Le mariage du roi et de madame de Mainterron.

les larmes que son domestique et moi lui voyions quelquefois répandre, elle se plaignoit de vapeurs, et elle alloit, disoit-elle, chercher à respirer dans la forêt de Fontainebleau avec la seule madame de Montchevreuil ; elle y alloit même quelquefois à des heures indues. Enfin les vapeurs passèrent, le calme succéda à l'agitation, et ce fut à la fin de ce ce même voyage.

Je me garderai bien de pénétrer un mystère[1] respectable pour moi par tant de raisons : je nommerai seulement ceux qui vraisemblablement ont été dans le secret. Ce sont M. de Harlay, en ce temps-là archevêque de Paris ; M. et madame de

---

1. La chose n'est plus un mystère aujourd'hui ; des témoignages autorisés ont permis de l'éclairer, et il est admis qu'un mariage secret unit Louis XIV et madame de Maintenon. Languet de Gergy, dans ses Mémoires, est plus affirmatif que madame de Caylus. « Le mariage, dit-il, étoit connu sans être déclaré ; on disoit même tout bas quelques circonstances de sa célébration. M. l'archevêque de Narbonne, M. de la Berchère, avec qui j'avois l'honneur d'être assez familier dans ma jeunesse, à cause de quelque alliance qu'avoit ma famille avec la sienne, m'a dit bien des fois que le mariage avoit été célébré par le P. de la Chaise, confesseur du roi, en présence de M. de Harlay, archevêque de Paris, et de M. Bontems, premier valet de chambre du roi, témoins, avec cette circonstance que le P. de la Chaise avoit une étole verte. Les mémoires qu'on m'a donnés ajoutent pour témoins M. de Louvois et M. de Montchevreuil. »

Il n'a subsisté du second mariage de madame de Maintenon, tout comme du premier, aucun acte qui permette d'en préciser la date. M. Lavallée, en se fondant sur certaines lettres ingénieusement rapprochées, veut qu'il ait été célébré dans la nuit du 12 juin 1684. Mais ce n'est là qu'une supposition, à l'appui de laquelle il n'a pu invoquer aucun témoignage précis. (Cf. *madame de Maintenon et la maison royale de Saint-Cyr*, p. 32 et suiv.)

Montchevreuil, Bontems, et une femme de chambre de madame de Maintenon, fille aussi capable que qui que ce soit de garder un secret, et dont les sentimens étoient fort au-dessus de son état[1].

J'ai vu, depuis la mort de madame de Maintenon, des lettres d'elle, gardées à Saint-Cyr, qu'elle écrivoit à ce même abbé Gobelin que j'ai déjà cité. Dans les premières, on voit une femme dégoûtée de la cour, et qui ne cherche qu'une occasion honnête de la quitter; dans les autres qui sont écrites après la mort de la Reine, cette même femme ne délibère plus, le devoir est pour elle marqué et indispensable d'y demeurer : et dans ces temps différens, la piété est toujours la même.

C'est dans ce même temps que madame de Maintenon s'amusa à former insensiblement et par degrés la maison royale de Saint-Cyr; mais il est bon, je crois, d'en raconter l'histoire en détail[2].

---

1. Elle s'appelait Nanon Balbien; Saint-Simon ne l'a pas oubliée dans ses Mémoires : « Madame de Maintenon avoit conservé auprès d'elle une vieille servante qui, du temps de sa misère, et qu'elle étoit veuve de Scarron, à la charité de la paroisse de Saint-Eustache, étoit son unique domestique ; et cette servante, qu'elle appeloit encore Nanon comme autrefois, étoit pour les autres mademoiselle Balbien, et fort considérée par l'amitié et la confiance de madame de Maintenon pour elle. Nanon se rendoit aussi rare que sa maîtresse, se coiffoit et s'habilloit comme elle ; imitoit son précieux, son langage, sa dévotion, ses manières. C'étoit une demi-fée à qui les princesses se trouvoient heureuses quand elles avoient occasion de parler et de l'embrasser, toutes filles de roi qu'elles fussent; et à qui les ministres qui travailloient chez madame de Maintenon faisoient la révérence bien bas. »

2. Bien que madame de Caylus annonce une histoire en

Madame de Maintenon avoit un goût et un talent particuliers pour l'éducation de la jeunesse. L'élévation de ses sentimens, et la pauvreté où elle s'étoit vue réduite, lui inspiroient surtout une grande pitié pour la pauvre noblesse; en sorte qu'entre tous les biens qu'elle a pu faire dans sa faveur, elle a préféré les gentilshommes aux autres; et je l'ai vue toujours choquée de ce qu'excepté certains grands noms, on confondoit trop à la cour la noblesse avec la bourgeoisie.

Elle connut à Montchevreuil, une ursuline dont le couvent avoit été ruiné, et qui peut-être n'en avoit pas été fâchée; car je crois que cette fille n'avoit pas une grande vocation. Quoi qu'il en soit, elle fit tant de pitié à madame de Maintenon qu'elle s'en souvint dans sa fortune, et loua pour elle une maison. On lui donna des pensionnaires, dont le nombre augmenta à proportion de ses revenus. Trois autres religieuses se joignirent à madame de Brinon (car c'est le nom de cette fille dont je parle), et cette communauté s'établit d'abord à Montmorency, ensuite à Ruel; mais le Roi ayant quitté Saint-Germain pour Versailles, et agrandi son parc, plusieurs maisons s'y trouvèrent renfermées, entre lesquelles étoit Noisy-le-Sec. Madame de Maintenon le demanda au Roi

---

détail, son récit est assez sommaire; aussi renvoyons-nous les lecteurs curieux de plus amples informations à l'excellent travail de M. Théophile Lavallée que nous avons déjà cité: *Madame de Maintenon et la maison royale de Saint-Cyr.* (2ᵉ édition, Paris, Plon.)

pour y mettre de Brinon avec sa communauté. C'est là qu'elle eut la pensée de l'établissement de Saint-Cyr; elle la communiqua au Roi; et bien loin de trouver en lui de la contradiction, il s'y porta avec une ardeur digne de la grandeur de son âme. Cet édifice, superbe par l'étendue de ses bâtimens, fut élevé en moins d'une année, et en état de recevoir deux cent cinquante demoiselles, trente-six dames pour les gouverner, et tout ce qu'il faut pour servir une communauté aussi nombreuse. Si je dis des dames et non religieuses en parlant de celles qui devoient être à la tête de cette maison, c'est que la première idée avoit été d'en faire des espèces de chanoinesses, qui n'auroient pas fait de vœux solennels; mais, comme on y trouva des inconvéniens, il fut résolu, quelque temps avant la translation de Noisy à Saint-Cyr, d'en faire de véritables religieuses : on leur donna des constitutions et l'on fit un mélange de l'ordre des Ursulines avec celui des filles de Sainte-Marie.

On sait que, pour entrer à Saint-Cyr, il faut faire également preuve de noblesse et de pauvreté; et s'il s'y glisse quelquefois des abus dans un de ces deux points, ce n'est ni la faute des fondateurs, ni celle des dames religieuses de cette maison. Le généalogiste du roi fait les preuves de la noblesse; l'évêque et l'intendant de la province certifient la pauvreté : si donc ils se laissent tromper, ou qu'ils le veuillent bien être, c'est que tout est corruptible, et que la prévoyance humaine ne peut empêcher les abus qui se glisseront toujours dans les établissemens les plus solides et les plus parfaits.

Les louanges qu'on donneroit à celui-ci seroient foibles ou inutiles; il parlera, autant qu'il durera, infiniment mieux à l'avantage de ses fondateurs qu'on ne pourroit faire par tous les éloges; et il fera toujours désirer que les rois, successeurs de Louis XIV, soient non seulement dans la volonté de maintenir un établissement si nécessaire à la noblesse, mais de le multiplier, s'il est possible, quand une longue et heureuse paix le leur permettra.

Quel avantage n'est-ce point pour une famille aussi pauvre que noble, et pour un vieux militaire criblé de coups, après s'être ruiné dans le service, de voir revenir chez lui une fille bien élevée, sans qu'il lui en ait rien coûté pendant treize années qu'elle a pu demeurer à Saint-Cyr, apportant même encore un millier d'écus, qui contribuent à la marier ou à la faire vivre en province? Mais ce n'est là que le moindre objet de cet établissement; celui de l'éducation que cette demoiselle a reçue, et qu'elle répand ensuite dans une famille nombreuse, est vraiment digne des vues, des sentimens et de l'esprit de madame de Maintenon[1].

Madame de Brinon présida, dans les commence-

[1.]* Cet établissement utile a été surpassé par celui de l'École militaire, imaginé par M. Pâris Du Vernay et proposé par madame de Pompadour. — Dans cette note, Voltaire, par une flatterie rétrospective à l'adresse de madame de Pompadour, est injuste pour la création de madame de Maintenon. S'il est utile de former de bons officiers, il n'est ni moins utile ni sur-

mens de cet établissement, à tous les règlemens qui furent faits, et l'on croyoit qu'elle étoit nécessaire pour les maintenir. Mais, comme elle en étoit encore plus persuadée que les autres, elle se laissa si fort emporter par son caractère naturellement impérieux, que madame de Maintenon se repentit de s'être donnée à elle-même une supérieure aussi hautaine. Elle renvoya donc cette fille dans le moment qu'on la croyoit au comble de la faveur; car les gens de la cour, qui la regardoient comme une seconde favorite, la ménageoient, lui écrivoient et la venoient quelquefois voir; chose qui ne plut pas encore à madame de Maintenon. Enfin, pendant un voyage de Fontainebleau, elle eut ordre de sortir de Saint-Cyr, et d'aller dans tel autre lieu qu'il lui conviendroit, avec une pension honnête.

De tous les gens qui la connoissoient, qui lui faisoient la cour auparavant, et à qui elle avoit fait plaisir, il ne se trouva que madame la duchesse de Brunswick qui la voulut bien recevoir. Elle la garda chez elle jusqu'à ce qu'elle eût écrit à madame sa tante, princesse palatine, en ce temps-là abbesse de Montbuisson[1] qui voulut bien la recevoir. Madame la

tout moins honorable d'assurer une éducation gratuite aux filles de ces mêmes officiers vieillis au service de leur pays. C'est ce que l'on a parfaitement compris de nos jours; aussi avons-nous, à côté de l'École de Saint-Cyr, la maison d'éducation de la Légion d'honneur.

1. Ce n'est pas *Montbuisson*, mais *Maubuisson* qu'il faut lire ici. L'abbesse était Louise-Hollandine de Bavière, *princesse palatine*, fille de Frédéric IV, roi de Bohême. Née en 1622, elle avait embrassé le catholicisme en 1659 et fut nommée abbesse

duchesse de Brunswick lui fit l'honneur de l'y mener elle-même; et elle fut non seulement bien reçue, mais bien traitée jusqu'au dernier moment de sa vie.

Madame de Maintenon, qui a toujours estimé et respecté madame la duchesse de Brunswick, respectable par tant d'autres endroits, lui sut le meilleur gré du monde de son procédé en cette occasion.

Madame de Brinon aimoit les vers et la comédie, et, au défaut des pièces de Corneille et de Racine, qu'elle n'osoit faire jouer, elle en composoit de détestables, à la vérité; mais c'est cependant à elle, et à son goût pour le théâtre, qu'on doit les deux belles pièces que Racine a faites pour Saint-Cyr. Madame de Brinon avoit de l'esprit, et une facilité incroyable d'écrire et de parler; car elle faisoit aussi des espèces de sermons fort éloquens, et, tous les dimanches après la messe, elle expliquoit l'Évangile comme auroit pu faire M. Le Tourneur[1].

---

de Maubuisson en 1664; elle mourut en 1709, âgée de près de quatre-vingt-sept ans. La princesse palatine, mère du Régent, qui était sa nièce, parle fréquemment d'elle dans ses *Lettres* et donne de ses mœurs une assez triste opinion. Ainsi par exemple : « Elle avoit eu tant de bâtards qu'elle juroit par ce ventre qui avoit porté quatorze enfants; » sur ses vieux jours, cependant, elle faisait pénitence de ses méfaits : « Elle mène une vie dure mais tranquille; elle ne mange jamais de viande, à moins d'être gravement malade; elle couche sur un matelas dur comme la pierre; elle n'a dans sa chambre qu'une chaise de paille et se lève à minuit pour prier. » (*Lettres du 20 février 1716 et du 7 août 1699.*)

1. Ou plus exactement *Le Tourneux* (Nicolas), prédicateur et théologien français qui jouit à la fin du dix-septième siècle d'une grande notoriété. Louis XIV demandant un jour à Boi-

Mais je reviens à l'origine de la tragédie dans Saint-Cyr. Madame de Maintenon voulut voir une des pièces de madame de Brinon : elle la trouva telle qu'elle étoit, c'est-à-dire si mauvaise qu'elle la pria de n'en plus faire jouer de semblables, et de prendre plutôt quelques belles pièces de Corneille ou de Racine, choisissant seulement celles où il y auroit le moins d'amour. Ces petites filles représentèrent *Cinna* assez passablement pour des enfans qui n'avoient été formées au théâtre que par une vieille religieuse. Elles jouèrent ensuite *Andromaque*; et, soit que les actrices en fussent mieux choisies, ou qu'elles commençassent à prendre des airs de la cour, dont elles ne laissoient pas de voir de temps en temps ce qu'il y avoit de meilleur, cette pièce ne fut que trop bien représentée, au gré de madame de Maintenon; et elle lui fit appréhender que cet amusement ne leur insinuât des sentimens opposés à ceux qu'elle vouloit leur inspirer[1]. Cependant, comme elle étoit per-

---

leau quel était ce prédicateur qu'on nommait Le Tourneux, et auquel tout le monde courait, le satirique lui répondit : « Sire : Votre Majesté sait qu'on court toujours à la nouveauté : c'est un prédicateur qui prêche l'Evangile. Quand il monte en chaire, il fait si peur par sa laideur qu'on voudrait qu'il en descendît, et quand il a commencé à parler, on craint qu'il n'en sorte. » Entre autres ouvrages, Le Tourneux avait écrit une *Explication littéraire et morale de l'Épitre de saint Paul aux Romains*; une *Vie de Jésus-Christ*; une *Année Chrétienne*. Dans le *Catalogue des écrivains du siècle de Louis XIV*, Voltaire dit que « son Année chrétienne est dans beaucoup de mains, quoique mise à Rome à l'index des livres prohibés ou plutôt parce qu'elle y est mise. »

1. Il n'est pas étonnant que de jeunes filles de qualité, élevées si près de la cour, aient mieux joué *Andromaque*, où il y

suadée que ces sortes d'amusemens sont bons à la jeunesse, qu'ils donnent de la grâce, apprennent à mieux prononcer, et cultivent la mémoire (car elle n'oublioit rien de tout ce qui pouvoit contribuer à l'éducation de ces demoiselles, dont elle se croyoit avec raison particulièrement chargée), elle écrivit à M. Racine, après la représentation d'*Andromaque :* « Nos petites filles viennent de jouer *Andromaque*, et l'ont si bien jouée qu'elles ne la joueront plus, ni aucune de vos pièces. » Elle le pria, dans cette même lettre, de lui faire dans ses momens de loisir quelque espèce de poème moral ou historique dont l'amour fût entièrement banni, et dans lequel il ne crût pas que sa réputation fût intéressée, puisqu'il demeureroit enseveli dans Saint-Cyr, ajoutant qu'il ne lui importoit pas que cet ouvrage fût contre les règles, pourvu qu'il contribuât aux vues qu'elle avoit de divertir les demoiselles de Saint-Cyr en les instruisant.

Cette lettre jeta Racine dans une grande agitation. Il vouloit plaire à madame de Maintenon ; le refus étoit impossible à un courtisan, et la commission délicate pour un homme qui, comme lui, avoit une grande réputation à soutenir, et qui, s'il avoit renoncé à travailler pour les comédiens, ne vouloit pas

---

a quatre personnages amoureux, que Cinna, dans lequel l'amour n'est pas traité fort naturellement, et n'étale guère que des sentiments exagérés et des expressions un peu ampoulées ; d'ailleurs une conspiration de Romains n'est pas trop faite pour de jeunes filles françaises.

du moins détruire l'opinion que ses ouvrages avoient donnée de lui [1]. Despréaux, qu'il alla consulter, décida brusquement pour la négative : ce n'étoit pas le compte de Racine. Enfin, après un peu de réflexion, il trouva dans le sujet d'Esther tout ce qu'il falloit pour plaire à la Cour. Despréaux lui-même en fut enchanté, et l'exhorta à travailler avec autant de zèle qu'il en avoit eu pour l'en détourner. Racine ne fut pas longtemps sans porter à madame de Maintenon, non seulement le plan de sa pièce (car il avoit accoutumé de les faire en prose, scène par scène, avant d'en faire les vers), mais même le premier acte tout fait. Madame de Maintenon en fut charmée, et sa modestie ne put l'empêcher de trouver dans le caractère d'Esther, et dans quelques circonstances de ce sujet, des choses flatteuses pour elle. La Vasthi avoit ses applications [2]; Aman avoit de grands traits de ressemblance [3]. Indépendamment de ces idées,

1. Racine avait renoncé au théâtre à cause des cabales formées contre sa tragédie de *Phèdre*, par la coterie de madame Deshoulières et du duc de Nevers, et des tribulations qui en furent la suite. (*Cf.* Du Casse, *Histoire anecdotique de l'ancien théâtre en France.*)

2.* Madame de Maintenon, dans une de ses lettres, dit, en parlant de madame de Montespan :

> Après la fameuse disgrâce
> De l'altière Vasthi dont je remplis la place.

3.* M. de Louvois avoit même dit à madame de Maintenon, dans le temps d'un démêlé qu'il eut avec le roi, les mêmes paroles d'Aman lorsqu'il parle d'Assuérus :

> Il sait qu'il me doit tout.

Louis Racine, dans ses *Remarques*, avait le premier signalé le fait, sans nommer le personnage.

l'histoire d'Esther convenoit parfaitement à Saint-Cyr. Les chœurs, que Racine, à l'imitation des Grecs, avoit toujours eu en vue de remettre sur la scène, se trouvoient placés naturellement dans *Esther*, et il étoit ravi d'avoir eu cette occasion de les faire connoître et d'en donner le goût. Enfin je crois que, si l'on fait attention au lieu, au temps, et aux circonstances, on trouvera que Racine n'a pas moins marqué d'esprit dans cette occasion que dans d'autres ouvrages plus beaux en eux-mêmes.

Esther fut représentée un an après la résolution que madame de Maintenon avoit prise de ne plus laisser jouer de pièces profanes à Saint-Cyr. Elle eut un si grand succès, que le souvenir n'en est pas encore effacé. Jusque-là il n'avoit point été question de moi, et on n'imaginoit pas que je dusse y représenter un rôle ; mais, me trouvant présente aux récits que M. Racine venoit faire à madame de Maintenon de chaque scène à mesure qu'il les composoit, j'en retenois des vers; et comme j'en récitai un jour à M. Racine, il en fut si content, qu'il demanda en grâce à madame de Maintenon de m'ordonner de faire un personnage ; ce qu'elle fit : mais je n'en voulus point de ceux qu'on avoit déjà destinés; ce qui l'obligea de faire pour moi le prologue de la Piété. Cependant, ayant appris à force de les entendre tous les autres rôles, je les jouai successivement, à mesure qu'une des actrices se trouvoit incommodée : car on représenta *Esther* tout l'hiver; et cette pièce, qui devoit être renfermée dans Saint-Cyr, fut vue plusieurs fois du Roi et de toute sa cour, toujours avec le même applaudissement [1].

Ce grand succès mit Racine en goût; il voulut composer une autre pièce; et le sujet d'Athalie, c'est-

---

1.* On cadençoit alors les vers dans la déclamation : c'étoit une espèce de mélopée. Et, en effet, les vers exigent qu'on les récite autrement que la prose. Comme, depuis Racine, il n'y eut presque plus d'harmonie dans les vers raboteux et barbares qu'on mit jusqu'à nos jours sur le théâtre, les comédiens s'habituèrent insensiblement à réciter les vers comme de la prose ; quelques-uns poussèrent ce mauvais goût jusqu'à parler du ton dont on lit la gazette, et peu, jusqu'au sieur Le Kain, ont mêlé le pathétique et le sublime au naturel. Madame de Caylus est la dernière qui ait conservé la déclamation de Racine. Elle récitoit admirablement la première scène d'*Esther :* elle disoit que madame de Maintenon la lisoit aussi d'une manière fort touchante. Au reste, *Esther* n'est pas une tragédie ; c'est une histoire de l'Ancien Testament mise en scène : toute la cour en fit des applications ; elles se trouvent détaillées dans une assez mauvaise chanson attribuée au baron de Breteuil, et qui fut faite en 1689. —
Voici la chanson dont parle Voltaire (C'est au duc de Nevers qu'il faut l'attribuer, croyons-nous, et non au baron de Breteuil) :

> Racine, cet homme excellent,
> Dans l'antiquité si savant,
> Des Grecs imitant les ouvrages,
> Nous peint sous des noms empruntés
> Les plus illustres personnages
> Qu'Apollon ait jamais chantés.
>
> Sous le nom d'*Aman le Cruel,*
> Louvois est peint au naturel ;
> Et de *Vasthi* la décadence
> Nous retrace un tableau vivant
> De ce qu'a vu la cour de France
> A la chute de Montespan.
>
> La persécution des Juifs
> De nos huguenots fugitifs
> Est une vive ressemblance ;
> Et l'*Esther* qui règne aujourd'hui
> Descend des rois dont la puissance
> Fut leur asile et leur appui.

à-dire la mort de cette reine et la reconnoissance de Joas, lui parut le plus beau de tous ceux qu'il pouvoit tirer de l'Écriture sainte. Il y travailla sans perdre de temps; et l'hiver d'après, cette nouvelle pièce se trouva en état d'être représentée. Mais madame de Maintenon reçut, de tous côtés, tant d'avis et tant de représentations des dévots, qui agissoient en cela de bonne foi, et de la part des poètes jaloux de la gloire de Racine, qui, non contents de faire parler les gens de bien, écrivirent plusieurs lettres anonymes[1], qu'ils empêchèrent enfin *Athalie* d'être représentée sur le théâtre. On disoit à madame de Maintenon qu'il étoit honteux à elle d'exposer sur le théâtre des demoiselles rassemblées de toutes les parties du royaume pour recevoir une éducation chrétienne, et que c'étoit mal répondre à l'idée que l'établissement de Saint-Cyr avoit fait concevoir. J'avois part aussi à ces discours, et on trouvoit encore qu'il étoit fort

> Cette Esther qui tient à nos rois,
> Ainsi que la Juive autrefois,
> Éprouva d'affreuses misères ;
> Mais, plus dure que l'autre Esther,
> Pour chasser le dieu de ses pères
> Elle prend la flamme et le fer.
>
> Pourquoi donc comme Assuérus,
> Mon roi, si rempli de vertus,
> N'a-t-il pas calmé sa colère ?
> Je vais vous le dire en deux mots :
> Les Juifs n'eurent jamais affaire
> Aux jésuites et aux dévots.

1.* Ces manœuvres de la canaille des faux dévots et des mauvais poètes, ne sont pas rares ; nous en avons vu un exemple dans la tragédie de *Mahomet*, et nous le voyons encore.

indécent à elle de me faire voir sur un théâtre à toute la cour.

Le lieu, le sujet des pièces, et la manière dont les spectateurs s'étoient introduits dans Saint-Cyr, devoient justifier madame de Maintenon; et elle auroit pu ne pas s'embarrasser de discours qui n'étoient fondés que sur l'envie et la malignité; mais elle pensa différemment, et arrêta ces spectacles dans le temps que tout étoit prêt pour jouer *Athalie*. Elle fit seulement venir à Versailles, une fois ou deux, les actrices, pour jouer dans sa chambre, devant le Roi, avec leurs habits ordinaires. Cette pièce est si belle que l'action n'en parut pas refroidie. Il me semble même qu'elle produisit alors [1] plus d'effet qu'elle

1.* Cela n'est pas très exact : elle fut très dénigrée; les cabales la firent tomber. Racine était trop grand, on l'écrasa. — A cette réflexion de Voltaire, Renouard ajoute : On alla même jusqu'à des injures aussi indécentes que ridicules. — En voici des échantillons, empruntés au *Recueil Maurepas* (t. VI) :

> Racine, de ton *Athalie*
> Le public fait bien peu de cas;
> Ta famille en est anoblie,
> Mais ton nom ne le sera pas.

(Après *Athalie*, Louis XIV avait donné à Racine une charge de gentilhomme extraordinaire de sa maison.)

> Quand tu récitois *Athalie*,
> Je disois d'une âme ravie :
> Racine est un poëte excellent;
> Mais quand tout seul je l'ai pu lire,
> J'ai dit : que l'ouvrage est méchant;
> Comment a-t-il pu me séduire?

(On sait que Racine lisait les vers avec beaucoup de grâce.)

> Gentilhomme extraordinaire,
> Poëte missionnaire,
> Transfuge de Lucifer,
> Comment diable as-tu pu faire
> Pour renchérir sur *Esther*?

n'en a produit sur le théâtre de Paris où je crois que M. Racine auroit été fâché de la voir aussi défigurée qu'elle m'a paru l'être par une Josabeth fardée, par une Athalie outrée, et par un grand prêtre plus ressemblant aux capucinades du petit père Honoré qu'à la majesté d'un prophète divin [1]. Il faut ajouter encore que les chœurs, qui manquoient aux représentations faites à Paris, ajoutoient une grande beauté

Le duc de Nevers, que Voltaire appelle dans ses notes le « Voiture de l'hôtel de Bourbon, » et qui avait pris parti pour Pradon contre Racine et Boileau, fut sans doute l'auteur de ces épigrammes. La chanson suivante, que nous empruntons à la source précitée, pourrait bien être aussi de lui :

> Ta vanité me chagrine ;
> Loin d'être friand d'honneur,
> La dévotion, Racine,
> Veut qu'on soit humble de cœur.
> — Je ne saurois.
> — Fais-en du moins quelque mine.
> — J'en mourrois !
>
> — Suis ce que je te conseille :
> Sans t'en vouloir prendre au roi ;
> Souffre que le grand Corneille
> Soit mis au-dessus de toi.
> — Je ne saurois.
> — Qu'il soit en place pareille,
> — J'en mourrois !
>
> Si tu ne veux pas me croire,
> Quitte le dévot sentier.
> Dupé par la vaine gloire,
> Reprends ton premier métier.
> — Je ne saurois.
> — Imprime donc ton histoire,
> — J'en mourrois !

1.* La Josabeth fardée étoit la *Duclos*, qui chantoit trop son rôle. L'Athalie outrée étoit la *Desmarres*, qui n'avoit pas encore acquis la perfection du tragique. Le Joad capucin étoit *Beaubourg*, qui jouoit en démoniaque avec une voix aigre.

à la pièce, et que les spectateurs, mêlés et confondus avec les acteurs, rofroidissoient infiniment l'action[1]; mais, malgré ces défauts et ces inconvéniens, elle a été admirée[2], et elle le sera toujours.

1.* Cette barbarie insupportable, dont madame de Caylus se plaint avec tant de raison, ne subsiste plus, grâce à la générosité singulière de M. le comte de Lauraguais, qui a donné une somme considérable pour réformer le théâtre : c'est à lui seul qu'on doit la décence et la beauté du costume qui règnent aujourd'hui sur la scène française. Rien ne doit affaiblir les témoignages de la reconnaissance qu'on lui doit. Il faut espérer qu'il se trouvera des âmes assez nobles pour imiter son exemple ; on peut faire un fonds moyennant lequel les spectateurs seront assis au parterre comme on l'est dans le reste de l'Europe. — Dans la correspondance de Voltaire on trouve la lettre suivante qu'il adressait au comte de Lauraguais à propos de la réforme du théâtre : « Vous avez rendu un service éternel aux beaux-arts et au bon goût en contribuant par votre générosité à donner à Paris un théâtre moins indigne d'elle. Si l'on ne voit plus sur la scène César et Ptolémée, Athalie et Joad, Mérope et son fils, entourés et pressés d'une foule de jeunes gens ; si les spectacles ont plus de décence, c'est à vous seul qu'on en est redevable. Ce bienfait est d'autant plus considérable que l'art de la tragédie et de la comédie est celui dans lequel les Français se sont distingués davantage... Comment hasarder ces spectacles pompeux, ces tableaux frappants, ces actions grandes et terribles qui, bien ménagées, sont un des plus grands ressorts de la tragédie ; comment apporter le corps sanglant de César sur la scène, comment faire descendre une reine dans le tombeau de son époux et l'en faire sortir mourante de la main de son fils, au milieu d'une foule qui cache et le tombeau et le fils et la mère, et qui énerve la terreur du spectateur par le contraste du ridicule ? C'est de ce défaut monstrueux que vos seuls bienfaits ont purgé la scène, et quand il se trouvera des génies qui sauront allier la pompe d'un appareil nécessaire et la vivacité d'une action également terrible et vraisemblable à la force des pensées et surtout à la belle et naturelle poésie, sans laquelle l'art dramatique n'est rien, ce sera vous, Monsieur, que la postérité devra remercier. »

2. Boileau disait : « Je m'y connais bien, on y reviendra; *Athalie* est un chef-d'œuvre. » On y revint en effet. L'insuccès

On fit après, à l'envi de M. Racine, plusieurs pièces pour Saint-Cyr; mais elles y sont ensevelies : il n'y a que la seule *Judith*, pièce que M. l'abbé Testu fit faire par Boyer, et à laquelle il travailla lui-même, qui fut jouée sur le théâtre de Paris avec le succès marqué dans l'épigramme de M. Racine[1].

d'*Athalie* venait en partie de ce que l'on n'y trouvait point ces allusions qui avaient fait la fortune d'*Esther*. Aussi, lorsque la pièce fut reprise sous la Régence, dans un temps où les circonstances politiques lui donnaient une actualité saisissante, le public de Paris applaudit avec enthousiasme l'œuvre admirable du poète, et notamment ces vers que l'on appliquait au jeune Louis XV :

> Voilà donc notre roi, notre unique espérance?
> J'ai pris soin jusqu'ici de vous le conserver.
> ....
> Du fidèle David c'est le précieux reste,
> ....
> Songez qu'en cet enfant tout Israël réside.

Louis XV n'était-il pas comme Joas, le dernier rejeton, miraculeusement conservé par la Providence, d'une illustre famille que la mort venait de frapper à coups redoublés?

1. Madame de Caylus ne citait dans son manuscrit que le premier vers de l'épigramme; la voici en entier :

> A sa Judith, Boyer par aventure,
> Etoit assis près d'un riche caissier,
> Bien aise étoit; car le bon financier
> S'attendrissoit et pleuroit sans mesure,
> Bon gré vous sais, lui dit le vieux rimeur :
> Le beau vous touche, et vous seriez d'humeur
> A vous saisir pour une baliverne.
> Lors le richard, en larmoyant, lui dit :
> Je pleure, hélas! pour ce pauvre Holopherne,
> Si méchamment mis à mort par Judith.

Le critique Geoffroy ajoute à cette épigramme quelques renseignements curieux:

« Il n'y a point d'exemple d'une mauvaise pièce qui ait eu un succès aussi prodigieux que celui de *Judith*. On en cite des circonstances tout à fait extraordinaires : le concours étoit,

Mais je laisse Saint-Cyr et le théâtre pour revenir à madame de Montespan, qui demeura encore à la cour quelques années, dévorée d'ambition et de scrupules, et qui força enfin le Roi à lui faire dire, par M. l'évêque de Meaux, qu'elle feroit bien pour elle et pour lui de se retirer. Elle demeura quelque temps à Clagny, où je la voyois assez souvent avec madame la Duchesse; et, comme elle venoit aussi la voir à Versailles pendant le siège de Mons, où les princesses ne suivirent pas le Roi, on disoit que madame de Montespan étoit comme ces âmes malheureuses qui reviennent dans les lieux qu'elles ont habités expier leurs fautes. Effectivement, on ne reconnut à cette conduite ni son esprit, ni la grandeur d'âme dont j'ai parlé ailleurs; et même, pendant les dernières années qu'elle demeura à la cour, elle n'y étoit que comme la gouvernante de mademoiselle de Blois. Il

---

dit-on, si grand, que les hommes furent forcés de se retirer dans les coulisses et de céder les banquettes aux femmes. La pièce faisoit couler tant de larmes que les femmes avoient des mouchoirs étalés sur leurs genoux. Une des scènes les plus pathétiques de la tragédie fut appelée la scène des mouchoirs. Nous avons vu ces pantomimes larmoyantes se renouveler à *Misanthropie et repentir*. Boyer fit la sottise de faire imprimer sa pièce pendant la quinzaine de Pâques 1695. Elle fut sifflée, quand on la reprit le lundi de Quasimodo. La Champmeslé, qui jouait Judith, très scandalisée d'un accueil et d'un bruit auquel elle étoit si peu accoutumée, dit au parterre : « Messieurs, nous sommes surpris de ce que vous recevez si mal une pièce que vous avez applaudie pendant tout le carême. » Il y avait alors des plaisants au parterre, un de ces plaisants répondit : « Les sifflets étoient à Versailles, aux sermons de l'abbé Boileau. » On peut croire ce qu'on voudra de cette anecdote; mais le succès extravagant et la soudaine disgrâce de la *Judith* de Boyer sont des faits certains.

est vrai qu'elle se dépiquoit de ses dégoûts par des traits pleins de sel et des plaisanteries amères.

Je me souviens de l'avoir vue venir chez madame de Maintenon un jour de l'assemblée des pauvres, car madame de Maintenon avoit introduit chez elle ces assemblées au commencement de chaque mois [1], où les dames apportoient leurs aumônes, et madame de Montespan comme les autres. Elle arriva un jour avant que cette assemblée commençât; et comme elle remarqua dans l'antichambre le curé, les sœurs grises, et tout l'appareil de la dévotion que madame de Maintenon professoit, elle lui dit en l'abordant : *Savez-vous, madame, comme votre antichambre est merveilleusement parée pour votre oraison funèbre?* Madame de Maintenon, sensible à l'esprit et fort indifférente au sentiment qui faisoit parler madame de Montespan, se divertissoit de ses bons mots, et étoit la première à raconter ceux qui tomboient sur elle.

Les enfants légitimés du Roi ne perdirent rien à l'absence de madame de Montespan. Je suis même convaincue que madame de Maintenon les a mieux servis qu'elle n'auroit fait elle-même [2], et je paroîtrai d'autant plus croyable en ce point, que j'avoue-

---

1.* Il est très bien de faire l'aumône; mais la main gauche de madame de Maintenon savoit trop bien ce que faisoit sa main droite.

2. Aussi n'avaient-ils guère d'affection que pour elle. Leur mère fut oubliée par eux après sa disgrâce, et peu regrettée après sa mort. Le seul de ses enfants qui la pleura fut le duc d'Antin, son fils légitime, qu'elle avait toujours éloigné d'elle au temps de sa faveur.

rai franchement qu'il me semble que madame de Maintenon a poussé trop loin son amitié pour eux; non qu'elle n'ait pensé, comme toute la France, que le Roi, dans les derniers temps, les a voulu trop élever; mais il n'étoit plus possible alors d'arrêter ses bienfaits, d'autant plus que la vieillesse et les malheurs domestiques du roi l'avoient rendu plus foible, et madame la duchesse du Maine plus entreprenante. J'expliquerai plus au long ce que je pense sur cette matière, quand je raconterai ce qui s'est passé dans les dernières années de la vie de Louis XIV[1].

M. de Clermont-Chatte, en ce temps-là officier des gardes, ne déplut pas à madame la princesse de Conti, dont il parut amoureux; mais il la trompa pour cette même mademoiselle Chouin dont j'ai parlé[2]. Son infidélité et sa fausseté furent découvertes par un paquet de lettres que M. de Clermont avoit confié à un courrier de M. de Luxembourg pendant une campagne. Ce courrier portant à M. de Barbézieux les lettres du général, il lui demanda s'il n'avoit point d'autres lettres pour la cour? à quoi il répondit qu'il n'avoit qu'un paquet pour mademoiselle Chouin, qu'il avoit promis de lui remettre à elle-même. M. de Barbézieux prit le paquet, l'ouvrit, et le porta au Roi[3]; on vit dans ces lettres le sacrifice dont je viens

1. Les Souvenirs de madame de Caylus n'arrivent pas jusque-là.
2. Madame de Caylus a déjà raconté ces faits. (Cf. p. 115 et 116.)
3.* Puisque madame de Caylus le répète, répétons aussi que M. de Barbézieux fit une mauvaise action.

de parler; et le Roi, en les rendant à madame la princesse de Conti, augmenta sa douleur et sa honte. Mademoiselle Chouin fut chassée de la cour, et se retira à Paris, où elle entretint toujours les bontés que Monseigneur avoit pour elle. Il la voyoit secrètement, d'abord à Choisy, maison de campagne qu'il avoit achetée de Mademoiselle, et ensuite à Meudon. Ces entrevues ont été longtemps secrètes; mais à la fin, en y admettant tantôt une personne, tantôt une autre, elles devinrent publiques, quoique mademoiselle Chouin fût presque toujours enfermée dans une chambre quand elle étoit à Meudon. On se fit une grande affaire à la cour d'être admis dans le particulier de Monseigneur et mademoiselle Chouin : madame la Dauphine même, belle-fille de Monseigneur, la regarda comme une faveur; et enfin le Roi lui-même et madame de Maintenon la virent quelque temps avant la mort de Monseigneur. Ils allèrent dîner à Meudon, et après le dîner, où elle n'étoit pas, ils allèrent seuls avec la Dauphine dans l'entresol de Monseigneur, où elle étoit[1].

1.* On a prétendu que Monseigneur l'avoit épousée; mais cela n'est pas vrai. Mademoiselle Chouin étoit une fille de beaucoup d'esprit, quoi qu'en dise madame de Caylus : elle gouvernoit Monseigneur, et elle avoit su persuader au roi qu'elle le retenoit dans le devoir, dont le duc de Vendôme, le marquis de La Fare, M. de Sainte-Maure, l'abbé de Chaulieu, et d'autres, n'auroient pas été fâchés de l'écarter. En même temps elle ménageoit beaucoup le parti de M. de Vendôme. Le chevalier de Bouillon lui donnoit le nom de *Frosine*. Elle se mêla de quelques intrigues pendant la Régence. L'auteur des *Mémoires de madame de Maintenon* a imaginé, dans son mauvais roman

La liberté de mes souvenirs me fait revenir à M. le comte de Vermandois, fils du Roi et de madame de

des contes sur Monseigneur et mademoiselle Chouin, dans lesquels il n'y a pas la moindre ombre de vérité. —
Voltaire se montre peut-être trop affirmatif, si rien ne prouve absolument l'existence du mariage contesté par lui, rien, non plus ne défend d'y croire. Les témoignages précis font défaut sur ce point; mais l'opinion générale, à la cour, était que le Dauphin avait épousé mademoiselle Chouin morganatiquement, tout comme Louis XIV épousa madame de Maintenon. Toujours est-il qu'il vivait publiquement avec elle, et les chansonniers du temps se moquaient de sa passion :

> Le Dauphin, bourgeois de Versailles,
> Chasse, mange et se divertit;
> La Chouin, cette vieille médaille,
> Seule l'occupe et le ravit.

La princesse Palatine, dans une de ses lettres (20 avril 1719), maltraite fort mademoiselle Chouin. « Le premier Dauphin, dit-elle, avait suivi l'exemple de son père, et pris une vilaine et puante créature qui avait été fille d'honneur auprès de la grande princesse de Conti; elle s'appelait mademoiselle Chouin; elle vit encore à Paris. On a pensé qu'il l'avait épousée clandestinement; je jurerais que cela n'a pas eu lieu. Elle avait l'air d'un carlin, elle était petite, elle avait de petites jambes, un visage rond, un nez court et relevé, une grande bouche remplie de dents pourries qui avaient une puanteur telle qu'on pouvait la sentir à l'autre bout de la chambre. Elle avait une gorge horriblement grosse; cela charmait Monseigneur, car il frappait dessus comme sur des timbales. Mais cette créature courte et grosse avait beaucoup d'esprit. Je crois que le Dauphin s'était habitué au tabac pour ne pas sentir l'horrible odeur des dents pourries de la Chouin. » Voilà certes un portrait d'un réalisme quelque peu nauséabond; la princesse Palatine ne connaissait point l'usage des fleurs de rhétorique : elle disait tout simplement, et crûment.
Pour rectifier ce portrait de mademoiselle Chouin, nous citerons une page de Duclos qui nous la montre dans son intérieur sous un jour plus favorable. « Sans délicatesse de sentiment, ni même de galanterie, le Dauphin eût quelques maîtresses, et finit, comme son père par un mariage de conscience. Mademoiselle Chouin fut celle qui le fixa; elle avait été en

La Vallière, prince bien fait et de grande espérance. Il mourut de maladie à l'armée, à sa première cam-

qualité de fille d'honneur auprès de la princesse de Conti-Vallière, sœur naturelle du Dauphin. Elle n'était pas jolie; mais, avec beaucoup d'esprit et le plus excellent caractère, elle se fit aimer et estimer de tous ceux qu'elle voyait. J'en ai connu quelques-uns. Elle n'eut jamais ni maison montée, ni même d'équipage à elle, et s'était bornée à un simple logement chez La Croix, receveur général des finances, près le petit Saint-Antoine. Son commerce avec le Dauphin fut longtemps caché, sans en être moins connu. Ce prince partageait ses séjours entre la cour du roi son père et le château de Meudon. Lorsqu'il y devait venir, mademoiselle Chouin s'y rendait de Paris dans un carrosse de louage, et en revenait de même lorsque son amant retournait à Versailles.

« Malgré cette conduite simple d'une maîtresse obscure, tout semblait prouver un mariage secret. Le roi, dévot comme il était, et qui d'abord avait témoigné du mécontentement, finit par offrir à son fils de voir ouvertement mademoiselle Chouin, et même de lui donner un appartement à Versailles; mais elle le refusa constamment, et persista dans le genre de vie qu'elle s'était prescrit. Au surplus, elle paraissait à Meudon tout ce que madame de Maintenon était à Versailles, gardant son fauteuil devant le duc et la duchesse de Bourgogne et le duc de Berry, qui venaient souvent la voir, les nommant familièrement *le duc, la duchesse*, sans addition de *monsieur* ni de *madame*, en parlant d'eux et devant eux. Le duc de Bourgogne était le seul pour qui elle employait le mot de *monsieur*, parce que son maintien sérieux n'inspirait pas la familiarité; au lieu que la duchesse de Bourgogne faisait à mademoiselle Chouin les mêmes petites caresses qu'à madame de Maintenon. La favorite de Meudon avait donc tout l'air et le ton d'une belle mère; et comme elle n'avait le caractère insolent avec personne, il était naturel d'en conclure la réalité d'un mariage. Si je me suis permis ces petits détails domestiques, c'est qu'ils donnent les notions les plus justes des personnages.

« Pour achever de faire connaître mademoiselle Chouin, j'ajouterai un trait sur son désintéressement. Le Dauphin à la veille d'un départ pour l'armée lui ayant donné à lire un testament par lequel il lui assurait la plus grande fortune, elle le déchira en disant : *Tant que je vous conserverai, je ne puis manquer de rien; et si j'avais le malheur de vous perdre, mille*

pagne[1], et le Roi donna son bien, dont il héritoit, à madame la princesse de Conti sa sœur, et sa charge d'amiral à M. le comte de Toulouse, le dernier des enfants du Roi et de madame de Montespan.

Mademoiselle de Nantes, sa sœur, épousa M. le duc de Bourbon; et, comme elle n'avoit que douze ans accomplis, on ne les mit ensemble que quelques années après. Ce mariage se fit à Versailles, dans le grand appartement du Roi, où il y eut une illumination et toute la magnificence dont on sait que le Roi étoit capable; le grand Condé et son fils n'oublièrent rien pour témoigner leur joie, comme ils n'avoient rien oublié pour faire réussir ce mariage.

Madame la Duchesse[2] eut la petite vérole à Fontainebleau, dans le temps de sa plus grande beauté. Jamais on n'a rien vu de si aimable ni de si brillant qu'elle parut la veille que cette maladie lui prit : il est vrai que ceux qui l'ont vue depuis ont eu peine à croire qu'elle lui eût rien fait perdre de ses agrémens. Quoi qu'il en soit, elle courut risque de perdre

---

écus de rente me suffiraient. Elle le prouva à la mort du Dauphin, car elle se retira aussitôt dans son ancien et premier logement de Paris, où elle a passé près de vingt ans dans la pratique de toutes sortes de bonnes œuvres; vivant avec un petit nombre de vrais amis qui lui restèrent, et délivrée d'une foule de plats courtisans qui s'éloignèrent d'elle sans préparatifs ni pudeur. Elle mourut en 1719. » (Duclos, *Mémoires secrets*, Collect. Barrière, page 37 et suiv.)

1. Le 18 novembre 1863, au siège de Courtray.
2.* Mademoiselle de Nantes, fille du roi et de madame de Montespan, femme de M. le duc de Bourbon, petit-fils du grand Condé.

encore plus que la beauté, et sa vie fut dans un grand péril ; le grand Condé, alarmé, partit de Chantilly, avec la goutte, pour se renfermer avec elle, et venir lui rendre tous les soins, non seulement d'un père tendre, mais d'une garde zélée. Le Roi, au bruit de l'extrémité de madame la Duchesse, voulut l'aller voir ; mais M. le Prince se mit au travers de la porte pour l'empêcher d'entrer, et il se fit là un combat entre l'amour paternel et le zèle d'un courtisan, bien glorieux pour madame la Duchesse. Le Roi fut le plus fort, et passa outre malgré la résistance de M. le Prince.

Madame la Duchesse revint à la vie ; le Roi alla à Versailles, et M. le Prince demeura constamment auprès de sa belle-petite-fille. Le changement de vie, les veilles et la fatigue dans un corps aussi exténué que le sien, lui causèrent la mort peu de temps après.

Monsieur le prince de Conti profita des dernières années de la vie de ce héros, heureux dans sa disgrâce d'employer d'une manière aussi avantageuse un temps qu'il auroit perdu à la cour. Mais je ne crois pas déplaire à ceux qui par hasard liront un jour mes *Souvenirs*, de leur raconter ce que je sais de MM. les princes de Conti, et surtout de ce dernier, dont l'esprit, la valeur, les agrémens et les mœurs ont fait dire de lui ce que l'on avoit dit de Jules César [1].

1. Madame de Caylus a déjà parlé dans les mêmes termes du prince de Conti (Cf. p. 118).

La paix dont jouissoit la France ennuya ces princes ; ils demandèrent au Roi la permission d'aller en Hongrie : le Roi, bien loin d'être choqué de cette proposition, leur en sut gré, et consentit d'abord à leur départ; mais, à leur exemple, toute la jeunesse vint demander la même grâce, et insensiblement tout ce qu'il y avoit de meilleur en France, et par la naissance et par le courage, auroit abandonné le royaume pour aller servir un prince, son ennemi naturel, si M. de Louvois n'en avoit fait voir les conséquences, et si le Roi n'avoit pas révoqué la permission qu'il avoit donnée trop légèrement. Cependant MM. les princes de Conti ne cédèrent qu'en apparence à ces derniers ordres : ils partirent secrètement avec M. le prince de Turenne et M. le prince Eugène de Savoie[1]. Plusieurs autres devoient les suivre à mesure qu'ils trouveroient les moyens de s'échapper ; mais leur dessein fut découvert par un page de ces princes qu'ils avoient envoyé à Paris, et

---

1.* Le prince Eugène sortit de France en 1683 avec les princes qui avaient obtenu du roi la permission d'aller combattre comme volontaires sous les drapeaux de l'empereur. Le prince de Savoie ne revint pas et prit du service. C'est en 1685 que les princes partirent sans prendre congé du roi, ce qui entraîna leur disgrâce. (Cf. Mémoires de La Fare.). — Le prince Eugène de Savoie-Carignan était le fils d'Olympe Mancini, cette nièce de Mazarin, un moment aimée de Louis XIV qui avait été mariée au comte de Soissons et était sortie de France lors du procès de l'empoisonneuse La Voisin. Il fut d'abord destiné à l'état ecclésiastique ; puis il voulut suivre la carrière militaire et demanda un régiment à Louis XIV qui le lui refusa sèchement. Il passa alors au service de l'empereur Léopold Ier et devint l'un des plus implacables et des plus terribles adversaires du grand roi.

qui s'en retournoit chargé de lettres de leurs amis. M. de Louvois en fut averti, et on arrêta le page comme il étoit sur le point de sortir du royaume. On prit, et M. de Louvois apporta au Roi ces lettres, parmi lesquelles il eut la douleur d'en trouver de madame la princesse de Conti sa fille, remplies des traits les plus satiriques contre lui et contre madame de Maintenon[1]. Celles de MM. de la Roche-

---

[1].* Si c'est par légèreté, pardonnons ; si par folie, compatissons ; si par injure, oublions (*Cod.* livre IX, titre VII). — Mais Louis XIV pardonna difficilement : la satire politique était devenue à cette époque d'une violence inouïe, et la tolérer pour les familiers de la royauté c'était l'encourager chez ses adversaires. On trouvera d'intéressants détails sur les libelles et pamphlets en prose de la fin du dix-huitième siècle dans les *Causeries d'un curieux*, par M. Feuillet de Conches (t. III), et dans la *Correspondance de la princesse Palatine* (t. II, p. 59 et appendice): M. Brunet en a donné un catalogue détaillé dans son *Manuel du Libraire* (t. VI). Quant aux chansons satiriques, elles ont trouvé place dans le *Recueil Maurepas;* nous citerons quelques couplets de celles dirigées contre madame de Maintenon, auxquelles la princesse de Conti ne fut sans doute pas étrangère.

> David à l'amour succomba,
> Salomon devint idolâtre,
> Pour Omphale Hercule fila,
> Antoine aima trop Cléopâtre ;
> Mais les maîtresses de ces grands
> N'avaient pas soixante et quinze ans.

> Quarante ans, femme, veuve ou fille,
> A la cour ainsi qu'à la ville,
> La Maintenon nous a servi ;
> Nul à présent ne la réclame,
> Et l'on ne voit que son mari
> Qui veuille l'avoir pour femme.

> Le roi se retire à Marly,
> Et d'amant il devient mari,
> Il fait ce qu'on doit à son âge ;
> C'est du vieux soldat le destin,
> En se retirant au village,
> D'épouser la vieille p.....

foucauld et de quelques autres étoient dans le même
goût ; mais il y en avoit qui se contentoient de quel-

> Peut-on sans être satirique,
> Rire d'un règne aussi comique ?
> Voyez cette sainte p.....
> Comme elle gouverne l'empire !
> Si nous ne mourions pas de faim,
> Il en faudrait crever de rire.
>
> Il faut être ignorant parfait
> Pour régler maintenant la France ;
> Soyez cruche, soyez baudet,
> Vous réglerez guerre et finance ;
> La Maintenon vous chérira,
> Le reste ira comme il pourra.
>
> Pour expliquer tout en deux mots,
> Ce qui se passe en France,
> Désordres, abus, édits, impôts,
> Les circonstances et dépendances,
> Louis ne prête que son nom,
> Tout se fait à la Maintenon.

Voici maintenant une volée d'épigrammes :

> Du papier pour ducat,
> Un bigot pour Turenne,
> Une p..... pour reine.
> Mon Dieu l'étrange cas !
> Ne m'entendez-vous pas ?
>
> Louis le Grand aime la gloire ;
> Il a commandé son histoire,
> Pour immortaliser son nom.
> De quoi sera-t-elle remplie ?
> De la noce de Maintenon,
> De la fin de la monarchie.
>
> On dit que c'est la Maintenon
> Qui renverse le trône,
> Et que cette vieille guenon
> Nous réduit à l'aumône ;
> Louis le Grand soutient que non,
> Et que tout se règle par lui,
>   Biribi,
> A la façon de Barbari,
>   Mon ami.

14.

ques traits d'impiété et de libertinage : telle étoit la lettre du marquis d'Alincourt[1], depuis duc de Villeroi ; sur quoi le vieux maréchal de Villeroi, son grand-père, qui vivoit encore, dit : *Au moins mon petit-fils n'a parlé que de Dieu, il pardonne; mais les hommes ne pardonnent point.* Le Roi exila toute cette jeunesse.

Madame la princesse de Conti en fut quitte pour la peur et la honte de paroître tous les jours devant son père et son Roi justement irrité, et d'avoir recours à une femme qu'elle avoit outragée pour obtenir son pardon. Madame de Maintenon lui parla avec beaucoup

> Pour bien défendre le royaume,
> Il nous faudrait un roi Guillaume.
> Louis ne fait que radoter,
> Et quoi que l'on en puisse dire,
> Le plus court est de l'enfermer,
> Avec sa mégère, à Saint-Cyr.

> Au Dauphin irrité de voir comment tout va,
> Mon fils, disait Louis, que rien ne vous étonne,
> Nous maintiendrons notre couronne ;
> Le Dauphin répondit : Sire, Maintenon l'a.

Transcrivons enfin, à titre de curiosité, une paraphrase du *Pater* à l'usage des sujets du grand roi :

« Notre Père qui êtes à Marly, votre nom n'est plus glorieux ; votre volonté n'est faite ni sur la terre, ni sur la mer, rendez-nous aujourd'hui notre pain parce que nous mourons de faim, pardonnez à vos ennemis qui vous ont battu, mais ne pardonnez pas à vos généraux, et ne nous induisez pas en tentation de changer de maître, mais délivrez-nous de la Maintenon. »

---

1. Le libertinage peut paraître héréditaire chez les jeunes Villeroi, puisqu'un autre marquis d'Alincourt, le propre fils de celui dont il est ici question fut le triste héros d'une honteuse scène de débauche qui eut lieu sous les fenêtres du jeune Louis XV, à Versailles, et qui fit rougir la Régence elle-même. (Cf. *Journal de Mathieu Marais*, éd. Lescure.)

de force, non pas sur ce qui la regardoit, car elle ne croyoit pas, avec raison, que ce fût elle à qui l'on eût manqué; mais, en disant des vérités dures à madame la princesse de Conti, elle n'oublioit rien pour adoucir le Roi; et, comme il étoit naturellement bon, et qu'il aimoit tendrement sa fille, il lui pardonna. Cependant son cœur étant véritablement blessé; il faut avouer que sa tendresse pour elle n'a jamais été la même depuis, d'autant plus qu'il trouvoit journellement bien des choses à redire dans sa conduite.

MM. les princes de Conti revinrent après la défaite des Turcs; l'aîné mourut peu de temps après [1], comme je l'ai dit, de la petite vérole, et l'autre fut exilé à Chantilly. Pour madame la princesse de Conti, elle ne perdit à sa petite vérole qu'un mari qu'elle ne regretta pas : d'ailleurs, veuve à dix-huit ans, princesse du sang, et aussi riche que belle, elle eut de quoi se consoler. On a dit qu'elle avoit beaucoup plu à monsieur son beau-frère; et, comme il étoit lui-même fort aimable, il est vraisemblable qu'il lui plut aussi [2].

1.* Le 9 novembre 1685.
2.* Il lui plut très fort. M. le Duc envoya un jour un sonnet, dans lequel il comparoit madame la princesse de Conti, sa belle-sœur, à Vénus. Le prince de Conti répliqua par ces vers aussi malins que charmants :

> Adressez mieux votre sonnet :
> De la déesse de Cythère
> Votre épouse est ici le plus digne portrait,
> Et si semblable en tout que le dieu de la guerre,

Le grand Condé demanda, en mourant, au Roi le retour à la cour de M. le prince de Conti, qu'il obtint; et ce prince épousa peu de temps après mademoiselle de Bourbon, mariage que ce prince avoit infiniment désiré. M. le prince de Conti, qui, comme je l'ai déjà dit, avoit été élevé avec Monseigneur, fut toujours parfaitement bien avec lui; et il y a beaucoup d'apparence que, s'il avoit été le maître, ce prince auroit eu part au gouvernement.

Je me mariai en 1686. On fit M. de Caylus menin de Monseigneur; et, comme j'étois extrêmement jeune, puisque je n'avois pas encore tout à fait treize ans, madame de Maintenon ne voulut pas que je fusse encore établie à la cour. Je vins donc demeurer à Paris chez ma belle-mère; mais on me donna, en 1687, un appartement à Versailles, et madame de Maintenon pria madame de Montchevreuil, son amie, de veiller sur ma conduite.

Je m'attachai, malgré les remontrances de madame de Maintenon, à madame la Duchesse. Elle eut beau me dire qu'il ne falloit rendre à ces gens-là que des respects, et ne s'y jamais attacher, que les

---

La voyant dans vos bras, entreroit en courroux.
Mais ce n'est pas la première aventure
Où d'un Condé Mars eût été jaloux.
Adieu, grand prince, heureux époux !
Vos vers semblent faits par Voiture
Pour la Vénus que vous avez chez vous.

Le Voiture de M. le Duc étoit le duc de Nevers.
La malignité de la réponse consiste dans ces mots : *Si semblable en tout.* C'étoit comparer le mari à Vulcain.

fautes que madame la Duchesse feroit retomberoient sur moi, et que les choses raisonnables qu'on trouveroit dans sa conduite ne seroient attribuées qu'à elle, je ne crus pas madame de Maintenon; mon goût l'emporta; je me livrai tout entière à madame la Duchesse, et je m'en trouvai mal.

La guerre recommença, en 1688 [1], par le siège de Philipsbourg; et le roi d'Angleterre fut chassé de son trône l'hiver d'après. La reine d'Angleterre se sauva la première, avec le prince de Galles son fils, et la fortune singulière de Lauzun fit qu'il se trouva précisément en Angleterre dans ce temps-là. On lui sut gré ici d'avoir contribué à une fuite à laquelle le prince d'Orange n'auroit eu garde de s'opposer. Le Roi, cependant, l'en récompensa comme d'un grand service rendu aux deux couronnes. A la prière du roi et de la reine d'Angleterre, il le fit duc, et lui permit de revenir à la cour, où il n'avoit paru qu'une fois après sa prison. M. le Prince, en le voyant revenir, dit que c'étoit une bombe qui tomboit sur tous les courtisans.

Si le prince d'Orange n'avoit pas été fâché de voir partir d'Angleterre la reine et le prince de Galles, il fut encore plus soulagé d'être défait de son beau-père.

Le Roi les vint recevoir avec toute la politesse d'un seigneur particulier qui sait bien vivre, et il a eu la

---

1. C'est la guerre dite de la *ligue d'Augsbourg*, durant laquelle Louis XIV dut tenir tête à toute l'Europe coalisée contre lui.

même conduite avec eux jusqu'au dernier moment de sa vie.

M. de Montchevreuil étoit gouverneur de Saint-Germain ; et, comme je quittois peu madame de Montchevreuil, je voyois avec elle cette cour de près : il ne faut donc pas s'étonner si, ayant vu croître le prince de Galles, naître la princesse sa sœur, et reçu beaucoup d'honnêtetés du roi et de la reine d'Angleterre, je suis demeurée jacobite, malgré les grands changements qui sont arrivés en ce pays-ci par rapport à cette cause.

La reine d'Angleterre s'étoit fait haïr, disoit-on, par sa hauteur autant que par la religion qu'elle professoit en italienne [1] ; c'est-à-dire qu'elle y ajoutoit une infinité de petites pratiques, inutiles partout, et beaucoup plus mal placées en Angleterre. Cette princesse avoit pourtant de l'esprit et de bonnes qualités, qui lui attirèrent, de la part de madame de Maintenon, une estime et un attachement qui n'ont fini qu'avec leurs vies [2].

Il est vrai que madame de Maintenon souffroit

1. La femme de Jacques II était Marie de Modène. La princesse Palatine écrivait quelques jours après sa mort : « On peut dire qu'elle avait toutes les vertus royales. Son unique défaut (personne n'est parfait) est d'avoir poussé la dévotion à l'extrême ; mais elle l'a payée cher, car c'est la cause de tous ses malheurs. » (*Lettre du 15 juin* 1718.) Malgré sa piété cette reine fut en butte à des attaques odieuses, on publia contre elle un pamphlet cynique et ordurier, intitulé : *Les Amours de Messaline, ci-devant reine d'Albion* (1689).

2.* Ce fut madame de Maintenon qui engagea Louis XIV, malgré tout le Conseil, à reconnaître le prétendant pour roi d'Angleterre.

impatiemment le peu de secret qu'ils gardoient dans leurs affaires ; car on n'a jamais fait de projet pour leur rétablissement qu'il n'ait été aussitôt su en Angleterre qu'imaginé à Versailles, mais ce n'étoit pas la faute de ces malheureuses Majestés : elles étoient environnées à Saint-Germain de gens qui les trahissoient, jusqu'à une femme de la reine, et pour laquelle elle avoit une bonté particulière, qui prenoit dans ses poches les lettres que le Roi ou madame de Maintenon lui écrivoient, les copioit pendant que la Reine dormoit, et les envoyoit en Angleterre. Cette femme s'appeloit madame Strickland, mère d'un petit abbé Strickland qui, dans ces derniers temps, digne héritier de madame sa mère, a prétendu au cardinalat par son manège.

Je ne parlerai point de la guerre ni des différents succès qu'elle eut, plus ou moins heureux pour la France, et toujours glorieux pour les armes du Roi ; ces choses se trouvent écrites partout ; une femme, et surtout de l'âge dont j'étois, tourne ses plus grandes attentions sur des bagatelles.

Le Roi alla lui-même faire le siège de Mons, en 1691. Les princesses demeurèrent à Versailles, et madame de Maintenon à Saint-Cyr, dans une si grande solitude qu'elle ne vouloit pas même que j'y allasse. Je demeurai à Versailles avec les princesses ; et, comme il n'y avoit point d'hommes, nous y étions dans une grande liberté. Madame la princesse de Conti et madame la Duchesse avoient chacune leurs amies différentes, et, comme elles ne s'aimoient pas, leurs cours étoient fort séparées. C'est là que madame la Duchesse fit voir cette humeur heureuse et aimable, par laquelle elle contribuait elle-même à son amusement et à celui des autres. Elle imagina de faire un roman [1], et de transporter les caractères

---

1. Elle faisait aussi beaucoup de chansons, comme l'ont constaté les poètes satiriques du temps :

>C'est la duchesse de Bourbon
>Qui met tout le monde en chansons,
>Excepté ceux . . . . .

(Inutile de préciser ceux qu'elle exceptait.)

Sa verve satirique s'attaquait indistinctement à tout le monde; le duc de Bourgogne, madame de Maintenon, Louis XIV lui-même, son propre père, n'étaient pas épargnés. Elle disait du roi devenu l'époux de madame de Maintenon :

>Tant que vous fûtes libertin,
>Vous étiez maître du destin,
>Landerirette
>Ah! pourquoi changer de parti
>Landeriri.

Au duc de Bourgogne revenant de l'armée, après une triste campagne, elle décochait les deux épigrammes suivantes :

>Qui l'auroit cru qu'en diligence
>La France
>Vît fuir le Bourguignon
>Tremblant au seul bruit du canon,
>Et de frayeur vidant sa panse?

>L'on nous dit que le Bourguignon
>Revient avec peu de renom :
>Prenons garde qu'il ne nous morde;
>Ne prononçons jamais son nom,
>Il seroit sans miséricorde,
>Car il est dévot et poltron.

Elle se moquait aussi de son mari, témoin ce couplet malin :

>Cocu par un grand capitaine,
>Gendre d'une samaritaine,
>Prince grâce à la Faculté,
>Petit-fils d'une gourgandine,
>D'où tiens-tu tant de fierté?
>Serait-ce de ta bonne mine?

et les mœurs du temps présent sous les noms de la cour d'Auguste. Celui de Julie avoit par lui-même assez de rapport avec madame la princesse de Conti[1], à ne le prendre que suivant les idées qu'Ovide en donne, et non pas dans la débauche rapportée par les historiens ; mais il est aisé de comprendre que ce canevas n'étoit pas mal choisi, et avec assez de malignité. Nous ne laissions pas d'y avoir toutes nos épisodes, mais en beau, au moins pour celles qui étoient de la cour de madame la Duchesse. Cet ouvrage ne fut qu'ébauché, et nous amusa, et c'étoit tout ce que nous en voulions.

Pendant une autre campagne, les dames suivirent le Roi en partie ; c'est-à-dire madame la duchesse d'Orléans, madame la princesse de Conti, et madame de Maintenon. Madame la Duchesse ne suivit pas parce qu'elle étoit grosse : elle demeura à Versailles ;

Le prince de Conti était le grand capitaine ; la Samaritaine représentait madame de Montespan ; quant au duc, il était contrefait et fort laid.

1. Dans une satire de l'année 1715, où les dames de la cour sont passées en revue, on raille la princesse sous le nom de *Sainte Étourdie* :

> Sainte Étourdie,
> A tous venants disait
> De ses amis
> Le mal qu'elle savait.
> Peu de sens elle avait,
> Car bien on lui rendait
> En racontant sa vie,
> Mais rien ne corrigeait
> Sainte Étourdie.

(La pièce entière a été publiée dans notre *Chansonnier historique du dix-huitième siècle*, t. Ier, p. 132 et suiv.).

et, quoique je le fusse aussi, ce qui m'empêcha de suivre madame de Maintenon, on ne me permit pas de demeurer avec elle. Madame de Maintenon m'envoya avec madame de Montchevreuil à Saint-Germain, où je m'ennuyai, comme on peut croire. Il arriva qu'un jour, étant allée rendre une visite à madame la Duchesse, je lui parlai de mon ennui, et lui fis sans doute des portraits vifs de madame de Montchevreuil et de sa dévotion, qui lui firent assez d'impression pour en écrire à madame de Bouzoles[1], d'une manière qui me rendit auprès du Roi beaucoup de mauvais offices. Le Roi fut curieux de voir sur quoi leur commerce pouvoit rouler, et malheureusement cet article, qui me regardoit, tomba ainsi entre ses mains. On regarda ces plaisanteries qui m'avoient paru innocentes, comme très criminelles; on y trouva de l'impiété, et elles disposèrent les esprits à recevoir les impressions désavantageuses qui me firent enfin quitter la cour pour quelque temps. Ainsi madame de Maintenon avoit eu raison de m'avertir qu'il n'y avoit rien de bon à gagner avec ces gens-là.

Ces choses se passèrent pendant le siège de Namur[2], et les dames qui suivirent le Roi s'arrêtèrent à Dinant. Ce fut aussi dans cette même année[3] que se donna le combat de Steinkerque, où je perdis un

---

1.* Sœur de M. de Torcy, amie intime de madame la Duchesse et femme de beaucoup d'esprit. Elle se nommait Marie-Françoise Colbert de Croissy et épousa, le 15 mai 1696, Joachim de Montaigu, marquis de Bouzoles et chevalier des ordres du Roi.
2. En 1692.
3. Le 3 août.

de mes frères à la tête du régiment de la Reine-dragons. Le Roi revint à Versailles après la prise de Namur.

Les hivers ne se ressentoient point de la guerre. La cour étoit aussi nombreuse que jamais, magnifique, et occupée de ses plaisirs, tandis que madame de Maintenon bornoit les siens à Saint-Cyr, et à perfectionner cet ouvrage.

Le Roi fit le mariage de M. le duc d'Orléans avec mademoiselle de Blois. Feu Monsieur y donna les mains, non seulement sans peine, mais avec joie. Madame tint quelques discours mal à propos, puisqu'elle savoit bien qu'ils étoient inutiles. Il est vrai qu'il seroit à désirer pour la gloire du Roi, comme je l'ai déjà dit, qu'il n'eût pas fait prendre une telle alliance à son propre neveu, et à un prince aussi près de la couronne; mais les autres mariages avoient servi de degrés à celui-ci [1].

Je me souviens qu'on disoit déjà que M. le duc d'Orléans étoit amoureux de madame la Duchesse;

---

1. Ce ne fut pas sans peine que Louis XIV arriva à ses fins, il trouva dans la famille même du prince, qui fut plus tard le Régent, une redoutable opposition. La princesse Palatine surtout ne voulait pas entendre parler d'une alliance avec une bâtarde et avait exigé de son fils la promesse qu'il n'y consentirait point. Cependant Philippe d'Orléans, endoctriné par l'abbé Dubois, qui d'une part « lui faisait peur du roi et de Monsieur, et d'un autre côté lui faisait voir les cieux ouverts, » se laissa persuader et donna son adhésion. Le mariage fut donc déclaré et Madame irritée, au moment où son fils s'approchait d'elle, comme à son ordinaire pour lui baiser la main, « lui appliqua un soufflet si sonore qu'il fut entendu de quel-

j'en dis un mot en badinant à mademoiselle de Blois, et elle me répondit d'une façon qui me surprit, avec son ton de lendore : « *Je ne me soucie pas qu'il m'aime; je me soucie qu'il m'épouse.* » Elle eut ce contentement.

Feu Monsieur avoit envie de préférer madame la princesse de Conti, fille du Roi, veuve depuis plusieurs années, à mademoiselle de Blois; et je crois que le Roi y auroit consenti, si elle l'avoit voulu; mais elle dit à Monsieur qu'elle préféroit la liberté à tout. Cependant elle fut très fâchée de voir sa cadette de tant d'années passer si loin devant elle. Mais je dois dire à la louange de madame la Duchesse qu'elle ne fut pas sensible à ce petit désagrément, qui la touchoit pourtant de plus près; et je lui ai entendu dire que, puisqu'il falloit que quelqu'un eût un rang au-dessus d'elle, elle aimoit mieux que ce fût sa sœur qu'une autre. Elle étoit d'autant plus louable d'avoir ces sentimens, qu'elle n'avoit qu'une médiocre tendresse pour sa sœur. Il est vrai qu'elles se réchauffèrent quelques années après, et que leur union parut intime; mais les communes favorites, par la suite des temps, les brouillèrent d'une manière irréconciliable; et j'aurai occasion plus d'une fois de

ques pas, et qui, en présence de toute la cour couvrit de confusion ce pauvre prince, et combla les infinis spectateurs d'un prodigieux étonnement. » — Voltaire, dans ses *Notes du siècle de Louis XIV*, conteste l'authenticité de ces faits; mais ils sont racontés par Saint-Simon, témoin bien informé s'il en fut, et dont les assertions sur ce point nous paraissent indiscutables.

parler de cette brouillerie, à laquelle il faut attribuer beaucoup de nos malheurs.

Il faudroit, pour faire le portrait de M. le duc d'Orléans, un singulier et terrible pinceau [1]. De tout

---

[1]. Ce *singulier et terrible pinceau*, Saint-Simon seul le possédait ; aussi nous a-t-il laissé un admirable portrait du Régent, à côté duquel pâlit l'ébauche de madame de Caylus. Comme il est beaucoup trop long pour être cité en entier, nous nous bornerons aux traits les plus saillants :

« Monseigneur le duc d'Orléans, était de taille médiocre au plus, fort plein, sans être gros, l'air et le port aisé et fort noble, le visage large, agréable, fort haut en couleur, le poil noir et la perruque de même. Quoiqu'il eût fort mal dansé et médiocrement réussi à l'académie, il avait dans le visage, dans le geste, dans toutes ses manières une grâce infinie et si naturelle qu'elle ornait jusqu'à ses moindres actions, et les plus communes. Avec beaucoup d'aisance, quand rien ne le contraignait, il était doux, accueillant, ouvert, d'un accès facile et charmant, le son de la voix agréable, et un don de la parole qui lui était tout particulier en quelque genre que ce pût être, avec une facilité et une netteté que rien ne surprenait et qui surprenait toujours. Son éloquence était naturelle jusque dans les discours les plus communs et les plus journaliers, dont la justesse était égale sur les sciences les plus abstraites, qu'il rendait claires, sur les affaires du gouvernement, de politique, de finance, de justice, de guerre, de cour, de conversation ordinaire, et de toutes sortes d'arts et de mécanique. Il ne se servait pas moins utilement des histoires et des mémoires et connaissait fort les maisons. Les personnages de tous les temps et leurs vies lui étaient présents, et les intrigues des anciennes cours comme celles de son temps. A l'entendre, on lui aurait cru une vaste lecture. Rien moins: Il parcourait légèrement, mais sa mémoire était si singulière, qu'il n'oubliait ni choses, ni noms, ni dates, qu'il rendait avec précision, et son appréhension était si forte qu'en parcourant ainsi, c'était en lui comme s'il eût tout lu fort exactement. Il excellait à parler sur-le-champ. et en justesse et en vivacité, soit de bons mots soit de réparties. Il m'a souvent reproché, et d'autres plus que lui, que je ne le gâtais pas, mais je lui ai souvent aussi donné une louange, qui est méritée par bien peu de gens, et qui n'apce que nous avons vu en lui, et de tout ce qu'il a voulu paroître, il n'y avoit de réel que l'esprit, dont,

partient à personne si justement qu'à lui, c'est qu'outre qu'il avait infiniment d'esprit et de plusieurs sortes, la perspicacité singulière du sien se trouvait jointe à une si grande justesse, qu'il ne se serait jamais trompé en aucune affaire, s'il avait suivi la première appréhension de son esprit sur chacune. Il prenait quelquefois cette louange de moi pour un reproche, et il n'avait pas toujours tort, mais elle n'en était pas moins vraie. Avec cela nulle présomption, nulle trace de supériorité d'esprit ni de connaissances, raisonnant comme d'égal à égal avec vous et donnant toujours de la surprise aux plus habiles. Rien de contraignant ni d'imposant dans la société, et quoiqu'il sentît bien ce qu'il était, et de façon même de ne le pouvoir oublier en sa présence, il mettait tout le monde à l'aise, et lui-même comme au niveau des autres...

« Aussi d'ambition de régner ni de gouverner n'en avait-il aucune. S'il fit une pointe tout à fait insensée pour l'Espagne, c'est qu'on la lui avait mise dans la tête. Il ne songea même, tout de bon, à gouverner que lorsque force fut d'être perdu et déshonoré, ou d'exercer les droits de sa naissance; et quant à régner, le cas forcé arrivé, il s'en serait trouvé également importuné et embarrassé. Que voulait-il donc? me demandera-t-on; commander les armées tant que la guerre aurait duré, et se divertir le reste du temps, sans contrainte à lui ni à autrui.

« C'était, en effet, à quoi il était extrêmement propre. Une valeur naturelle, tranquille, qui lui laissait tout voir, tout prévoir, et porter les remèdes, une grande étendue d'esprit pour les échecs d'une campagne, pour les projets, pour se munir de tout ce qui convenait à l'exécution, pour s'en aider à point nommé, pour s'établir d'avance des ressources et savoir en profiter bout à bout, et user aussi avec une sage diligence et vigueur de tous les avantages que lui pouvait présenter le sort des armes. On peut dire qu'il était capitaine, ingénieur, intendant d'armée; qu'il connaissait la force des troupes, le nom et la capacité des officiers et les plus distingués de chaque corps; il savait s'en faire adorer, les tenir néanmoins en discipline; exécuter, en manquant de tout, les choses les plus difficiles. Ce qui a été admiré en Espagne, et pleuré en Italie, quand il y prévit tout et que Marsin lui arrêta les bras sur tout. Ses combinaisons étaient justes et solides, tant sur les matières

en effet, il avoit beaucoup, c'est-à-dire une conception aisée, une grande pénétration, beaucoup de discernement, de la mémoire et de l'éloquence. Malheureusement son caractère, tourné au mal, lui avoit fait croire que la vertu n'est qu'un vain nom,

de guerre que sur celles d'État; il est étonnant jusqu'à quel détail il en embrassait toutes les parties, sans confusion, les avantages et les désavantages des partis qui se présentaient à prendre, la netteté avec laquelle il les comprenait et savait les exposer, enfin la variété infinie et la justesse de toutes ses connaissances, sans en montrer jamais, ni avoir en effet meilleure opinion de soi.

« Quel homme aussi au-dessus des autres et en tout genre connu ! et quel homme plus expressément formé pour faire le bonheur de la France lorsqu'il eut à la gouverner. Ajoutons-y, une qualité essentielle, c'est qu'il avait plus de trente-six ans à la mort des Dauphins, et près de trente-huit à celle de M. le duc de Berry qu'il avait passé particulier, éloigné entièrement de toute idée de pouvoir arriver au timon, courtisan battu des orages et des tempêtes; et qui avait vécu de façon à connaître tous les personnages, et la plupart de ce qui ne l'était pas; en un mot, l'avantage d'avoir mené une vie privée avec les hommes et acquis toutes les connaissances, qui, sans cela, ne se suppléent point d'ailleurs. Voilà le beau, le très beau sans doute et le très rare. »

Oui, tout cela est très rare et très beau assurément; mais écoutez la conclusion : « Enfin jamais homme né avec tant de talents de toutes les sortes, tant d'ouverture et tant de facilité pour s'en servir, et jamais de vie de particulier si désœuvrée, ni si livrée au néant et à l'ennui. »

La princesse Palatine, mère du Régent, qui connaissait bien les mérites et les défauts de son fils, résumait son appréciation dans une spirituelle plaisanterie : « Les fées, disait-elle, furent conviées à mes couches, et chacune douant mon fils d'un talent, il les eut tous; malheureusement on avait oublié une fée qui, arrivant après les autres, dit : il aura tous les talents, excepté celui d'en faire usage. » L'apologue était aussi vrai qu'ingénieux. Philippe d'Orléans avait reçu de la nature les grandes qualités d'un homme supérieur, mais il les annula ou les ternit par son amour des plaisirs et par les vices dont il était redevable à son éducation. »

et que, le monde étant partagé entre des sots et des gens d'esprit, la vertu et la morale étoient le partage des sots, et que les gens d'esprit affectoient seulement, par rapport à leurs vues, d'en paroître avoir selon qu'il leur convenoit. Ce prince avoit été parfaitement bien élevé [1]; et comme, dans sa jeunesse, les qualités de son esprit couvroient les défauts de son cœur, on avoit conçu de grandes espérances de lui. Je me souviens que madame de Maintenon, instruite par ceux qui prenoient soin de son éducation, se réjouissoit de ce qu'on verroit paroître dans la personne du duc de Chartres (car c'est ainsi qu'il s'est appelé jusqu'à la mort de Monsieur) un prince plein de mérite, et capable par son exemple de faire goûter à la cour la vertu et l'esprit. Mais, à peine M. le duc de Chartres fut-il marié et maître de soi, qu'on le vit adopter des goûts qu'il n'avoit pas : il courtisa toutes les femmes, et la liberté qu'il se donna dans ses actions et dans ses propos, souleva bientôt les dévots, qui fondoient sur lui de grandes espérances [2]. M. le duc du Maine se maria dans le même

1. Rien n'est plus faux. Philippe d'Orléans, élevé par l'abbé Dubois, ce fils d'apothicaire qui s'était, à force d'habileté et de souplesse, transformé en précepteur, n'avait guère reçu de lui que des leçons de débauche, d'impiété et de cynisme, et il avait docilement profité de ces tristes enseignements. Le maître s'était, de bonne heure, attaché à développer et à satisfaire les mauvais instincts de son élève pour le dominer entièrement : il y réussit, même au delà de ses espérances. (Cf. Lettres de la princesse Palatine et de Saint-Simon.)
2.* Les dévots n'ont jamais eu rien à espérer de lui que des ridicules. — On le vit surtout lorsqu'il fut devenu Régent.

temps, et épousa, comme je l'ai dit, une fille de M. le Prince. L'aînée avoit épousé M. le prince de Conti, cadet de celui qui mourut de la petite vérole, et madame la duchesse du Maine n'étoit pas l'aînée de celle qui restoit à marier; cependant on la préféra à sa sœur, sur ce qu'elle avoit peut-être une ligne de plus: peut-on marquer plus sensiblement, et même plus bassement, qu'on se sent honoré d'une alliance? Mademoiselle de Condé, aînée de madame du Maine, ressentit vivement cet affront, et elle en a conservé le souvenir jusqu'à la fin de ses jours. J'avoue qu'on lui avoit fait tort, et que, si elle étoit un tant soit peu plus petite, elle étoit beaucoup mieux faite, d'un esprit plus doux et plus raisonnable [1]. Quoi qu'il en soit de l'une et de l'autre, madame la Duchesse, portée à se moquer, appeloit ses belles-sœurs les *poupées du sang;* et quand le mariage fut déclaré, elle redoubla ses plaisanteries avec monsieur son frère, M. le Duc, d'une façon qui les a, par la suite, brouillées très sérieusement. C'est encore une des causes d'une dissension dans la famille royale, dont les effets ont été funestes.

A peine madame du Maine fut-elle mariée qu'elle se moqua de tout ce que M. le Prince lui put dire, dédaigna de suivre les exemples de madame la Princesse, et les conseils de madame de Maintenon : ainsi, s'étant rendue bientôt incorrigible, on la laissa en

---

1.* Elle épousa depuis M. le duc de Vendôme, qui ne fut pas d'humeur à lui faire des enfants.

liberté faire tout ce qu'elle voulut. La contrainte qu'il falloit avoir à la cour l'ennuya : elle alla à Sceaux jouer la comédie ¹, et faire tout ce qu'on a entendu dire des *nuits blanches* ² et tout le reste ³. M. le Duc

1.* Elle l'aimoit beaucoup et la jouoit fort mal. On la vit sur le même théâtre avec Baron : c'étoit un singulier contraste; mais sa cour étoit charmante; on s'y divertissoit autant qu'on s'ennuyoit alors à Versailles; elle animoit tous les plaisirs par son esprit, par son imagination, par ses fantaisies : on ne pouvoit pas ruiner son mari plus gaiement. —
Voici un tableau satirique de la cour de Sceaux emprunté au *Recueil Maurepas* (année 1710).

> De sa femme et de sa fortune,
> Esclave soumis et rampant,
> Du Maine ne se livre à l'une
> Que quand de l'autre il est content.
>
> Sa femme joue en comédienne,
> Reçoit toutes sortes de gens,
> Et sa maison est toujours pleine
> De coquettes et de galants.
>
> A Malézieux cette princesse
> Prodigue ses plus doux appas;
> Il lui montre de la tendresse,
> Mais on dit qu'il ne l'aime pas.
>
> On dit aussi que la coquette,
> Par d'Albert s'est laissé charmer,
> Mais qu'elle en est mal satisfaite,
> Et qu'il ne peut se ranimer.
>
> A la foire, à la comédie,
> Conti tous les jours est niché;
> Le goût du théâtre étudie
> Pour se voir à Sceaux recherché.

2.* Ces nuits blanches étoient des fêtes que lui donnoient tous ceux qui avoient l'honneur de vivre avec elle. On faisoit une loterie des vingt-quatre lettres de l'alphabet; celui qui tiroit le C donnoit une comédie, l'O exigeoit un petit opéra, le B un ballet. Cela n'est pas aussi ridicule que le prétend madame de Caylus, qui étoit un peu brouillée avec elle.

3. Madame de Caylus néglige de rappeler l'une des plus

son frère, pendant un temps, prit un très grand goût pour elle; les vers et les pièces d'éloquence volèrent entre eux, les chansons contre eux volèrent aussi. L'abbé de Chaulieu et M. de La Fare, Malézieux et l'abbé Genest[1] secondoient le goût que M. le Duc avoit pour la poésie : enfin le frère et la sœur se brouillèrent, au grand contentement, je crois, de madame la Duchesse.

M. le Duc avoit de grandes qualités, de l'esprit et de la valeur au suprême degré; il aimoit le Roi et l'État. Bien loin d'avoir cet intérêt sordide qu'on a toujours reproché aux Condé, il étoit juste et désintéressé, et il en donna des marques après la mort de M. le Prince son père, quand il fut en possession du gouvernement de Bourgogne. M. le Prince exigeoit de cette province une somme d'argent considérable, indépendante des droits de son gouvernement; et M. le Duc son fils, en prenant sa place, la remit généreusement à la province. Ce prince ne laissoit pas d'avoir des défauts; il étoit brutal; et, quant à son esprit, les meilleures choses qu'il avoit pensées de-

---

bizarres inventions de la duchesse du Maine, *l'ordre de la mouche à miel.* Cet ordre, qui se composait des familiers de la cour de Sceaux, avait ses règlements et ses statuts; les membres devaient porter une médaille avec un *ruban citron* et ne jurer que par le *mont Hymette.*

1. On trouvera d'intéressants détails sur tous ces personnages dans l'étude que Sainte-Beuve a consacrée à la *Duchesse du Maine.* (*Causeries du Lundi*, tome III.) On peut aussi consulter sur la cour de Sceaux et ses hôtes habituels les piquants *Mémoires de mademoiselle Staal Delaunay* (Paris, Didot, Collect. Barrière), les *Cours galantes* de M. G. Desnoiresterres (Paris, Dentu), et les *Grandes nuits de Sceaux*, par A. Julien.

venoient ennuyeuses à force de les lui entendre redire. Il aimoit la bonne compagnie; mais il n'y arrivoit pas toujours à propos. On ne peut pas, en apparence, être moins fait pour l'amour qu'il l'étoit; cependant il se donnoit à tout moment comme un homme à bonnes fortunes. Il aimoit madame sa femme plus qu'aucune de celles dont il vouloit qu'on le crût bien traité, et cependant il affectoit beaucoup d'indifférence pour elle : il en étoit excessivement jaloux, et ne vouloit pas le paroître. Quoi qu'il en soit, l'État et madame la Duchesse ont fait une perte irréparable à sa mort[1]. Ses défauts n'étoient aperçus que de ceux qui avoient l'honneur de le voir familièrement; et ses bonnes qualités auroient été d'une grande ressource à la France, à la mort de Louis XIV, dont il étoit plus estimé qu'aimé, parce qu'en effet il étoit plus estimable qu'aimable.

M. le prince de Conti étoit le contraire. Quoiqu'il eût de grandes qualités, bien de la valeur, et beaucoup d'esprit, cependant on peut dire qu'il étoit plus aimable qu'estimable. Il n'avoit jamais que l'esprit qui convenoit avec ceux avec qui il étoit; tout le monde se croyoit à sa portée; jamais, je ne dis pas un prince, mais aucun homme, n'a eu au même degré que lui le talent de plaire : d'ailleurs il étoit foible pour la cour autant qu'avec madame sa femme. On dit qu'il étoit intéressé : je n'en sais rien; je sais seulement que l'état de sa fortune ne lui permettoit

---

1.* Il mourut le 4 mars 1710, âgé de quarante-deux ans.

pas de paroître fort généreux. Sa figure n'avoit rien de régulier; il étoit grand sans être bien fait, maladroit avec de la grâce, un visage agréable, ce qui formoit un tout plein d'agrémens et de charmes, à quoi l'esprit et le caractère contribuoient. M. le Duc ne l'aimoit pas naturellement, ni surnaturellement, par l'amour qu'il eut pour madame la Duchesse; cependant il le copioit et vouloit souvent qu'on crût qu'il avoit imaginé les mêmes choses que lui.

M. le prince de Conti, jusqu'à la passion qu'il eut pour madame la Duchesse, n'avoit pas paru capable d'en avoir de bien sérieuses. Il avoit eu plusieurs affaires galantes, et avoit fait voir plus de coquetterie que d'amour; mais il en eut un violent pour madame la Duchesse. Peut-être que le rapport d'agrémens qu'on trouvoit en eux, et la crainte des personnes intéressées, ont contribué à faire naître cette passion : il est certain du moins que les soupçons de M. le Prince, les précautions de madame la Princesse, et l'inquiétude de M. le Duc l'ont prévenue. Il y avoit longtemps que madame la Duchesse étoit mariée, et que sa beauté faisoit du bruit dans le monde, sans que M. le prince de Conti parût y faire atte... Quelques personnes même s'y étoient attachées particulièrement; mais aucune ne lui a plu, si on excepte le comte de Mailly, dont je ne répondrois pas, quoique je n'aie rien vu en passant ma vie avec elle qui pût autoriser les bruits qui ont couru. Je l'ai bien vu amoureux; j'en ai parlé quelquefois en badinant, et madame la Duchesse me répondoit sur le même ton. Madame de Maintenon en a souvent parlé, et en ma présence, à M. de Mailly ; mais il se tiroit des réprimandes qu'elle lui faisoit par des plaisanteries, qui réussissoient presque toujours avec madame de Maintenon quand elles étoient faites avec esprit. Lassé pourtant des discours qu'on tenoit, et craignant enfin qu'ils ne revinssent au Roi, il fit semblant d'être amoureux d'une autre femme. Ce prétexte réussit assez pour alarmer la famille de cette femme ; et comme c'étoient des gens bien à la cour, ils vinrent prier madame de Maintenon d'empêcher le comte de Mailly de continuer les airs qu'il se donnoit à l'égard de leur fille : c'étoit tout ce que vouloit le comte de Mailly, et il ne manqua pas de dire à madame de Maintenon que, si elle le grondoit sur cette femme, il falloit au moins qu'elle fût en repos sur l'autre. Quoi qu'il en soit, et le prétexte et la réalité prirent fin.

M. le prince de Conti ouvrit les yeux sur les charmes de madame la Duchesse, à force de s'entendre dire de ne la pas regarder : il l'aima passionnément, et si, de son côté, elle a aimé quelque chose, c'est assurément lui, quoi qu'il soit arrivé depuis.

On prétend, et ce n'est pas, je crois, sans raison, que ce prince, qui n'avoit été jusque-là sensible qu'à la gloire ou à son plaisir, le fut assez aux charmes de madame la Duchesse pour lui sacrifier une couronne.

On sait qu'il fut appelé par un parti en Pologne, et on prétend qu'il auroit été unanimement déclaré roi, s'il l'avoit bien voulu, et si son amour pour madame la Duchesse n'avoit pas ralenti son ambition. Je crois pourtant que beaucoup d'autres choses ont contribué au mauvais succès de son voyage en Pologne [1]; mais, comme on croyoit ici, dans le temps qu'il partit, l'affaire certaine, et qu'il étoit persuadé de ne jamais revenir en France, les adieux furent aussi tendres et aussi tristes entre madame la Duchesse et lui qu'on peut se l'imaginer.

Ils avoient un confident contre lequel la jalousie et la véhémence de M. le Duc ne pouvoient rien : ce confident étoit M. le Dauphin, et je crois qu'ils n'en ont jamais eu d'autre. Cette affaire a été menée avec une sagesse et une conduite si admirables, qu'ils n'ont jamais pu donner aucune prise sur eux; si bien que madame la Princesse fut réduite à convenir avec madame sa belle-fille, qu'elle n'avoit d'autres raisons de soupçonner cette galanterie que parce que M. le prince de Conti et elle paroissoient faits l'un pour l'autre.

M. le prince de Conti ne goûta pas longtemps le dédommagement qu'il trouvoit dans sa passion au défaut d'une couronne. Son tempérament foible le fit, presque aussitôt après son retour, tomber dans une maladie de langueur qui termina enfin sa vie trois ou quatre ans après, infiniment regretté de toute la France, de Monseigneur et de sa maîtresse.

1.* Le prince de Conti fut élu roi de Pologne le 27 juin 1697; mais l'électeur de Saxe le devança et se fit sacrer le 15 septembre, le prince alla jusqu'à Dantzick, et revint en France.

Elle eut besoin de la force qu'elle a naturellement sur elle-même pour cacher à M. le Duc sa douleur. Elle y réussit d'autant plus, je crois, qu'il étoit si soulagé de n'avoir plus un tel rival ni un tel concurrent, qu'il ne se soucia d'examiner ni le passé, ni le fond du cœur.

Madame la Duchesse vécut comme un ange avec lui; elle fit même que l'éloignement de Monseigneur pour la personne de M. le Duc diminua. Il paroissoit s'accoutumer à lui; et il y auroit été fort bien par la suite, si une mort prompte ne l'avoit enlevé dans le temps qu'il étoit, comme je l'ai déjà dit, le plus nécessaire à la France, et à sa maison, et à madame sa femme. Elle en parut infiniment affligée, et je crois que c'étoit de bonne foi : elle n'avoit que de l'ambition dans la tête et dans le cœur depuis la mort de M. le prince de Conti; et M. le Duc avoit toutes les qualités propres à lui faire concevoir de grandes espérances de ce côté-là. Il étoit impossible, de quelque façon que la famille royale se pût tourner, que M. le Duc n'eût pas joué un grand rôle; madame la Duchesse, gouvernant alors Monseigneur, et M. le Duc ayant, de son côté, tout le courage et toute la capacité nécessaires pour commander les armées, et même pour gouverner l'État.

La faveur de madame la Duchesse auprès de Monseigneur redoubla après cette mort. Il étoit continuellement chez elle, et l'envie que M. le duc de Berri avoit de lui plaire faisoit aussi qu'il s'y trouvoit souvent avec lui, et, comme madame la Duchesse mit dans le monde, dans le même temps, les princesses ses filles, et que, par conséquent, elles étoient souvent avec Monseigneur et M. le duc de Berri, on jugea que madame la Duchesse avoit dessein de faire le mariage de mademoiselle de Bourbon avec M. le duc de Berri, ou du moins on se servit de cette raison pour presser celui de mademoiselle d'Orléans avec ce prince.

Il faut avouer ici que madame de Maintenon entra dans cette crainte, et que son amitié pour madame la duchesse de Bourgogne lui fit appréhender le grand crédit de madame la Duchesse. Elle ne put imaginer sans une extrême peine que madame la duchesse de Bourgogne se verroit un jour abandonnée, et que toute la cour seroit aux pieds de madame la Duchesse pour plaire à Monseigneur. Elle voyoit dans madame la Duchesse une conformité de caractère, de vues, et d'humeur entre elle et madame de Montespan, qui la détermina entièrement pour le côté d'Orléans : mais je me souviens que je n'ai pas encore dit un mot de madame la duchesse de Bourgogne.

On sait que cette princesse n'avoit que dix à onze ans quand elle vint en France. Sa grande jeunesse et les prières de madame la duchesse de Savoie, sa mère, firent que madame de Maintenon en prit un soin particulier, ou, pour mieux dire, l'intérêt du Roi et celui de toute la France, l'engagèrent encore plus à donner tous ses soins pour achever l'éducation que madame la duchesse de Savoie avoit si bien commencée; car, il faut dire la vérité, et je l'ai souvent entendu dire à madame de Maintenon, qu'on ne peut avoir été mieux élevée que l'avoit été cette princesse. *Nous n'aurions fait,* disoit-elle, *que la gâter ici, si les bonnes qualités qui sont en elle y avoient été moins fortement imprimées.* Madame de Maintenon se mit donc en possession de la princesse de Savoie dès qu'elle arriva ici; et, soit par esprit ou par sentiment, elle déféra entièrement à ses avis. Elle fut, jusqu'à son mariage, et quelque temps encore après, fort séparée des princesses et du reste de la cour. Madame de Maintenon la formoit sous les yeux du Roi : elle l'environna autant qu'il lui fut possible de personnes de mérite; elle lui donna pour dame d'honneur madame la duchesse du Lude; pour dame d'atour, madame la comtesse de Mailly; et les dames du palais étoient choisies entre ce qu'il y avoit de meilleur, ou du moins regardé comme tel par madame de Maintenon.

La duchesse du Lude avoit de la dignité dans l'extérieur, et une déférence à l'égard de madame de Maintenon qui lui tenoit lieu d'esprit. On n'avoit voulu dans cette place qu'une représentation; c'est aussi tout ce qu'elle avoit; elle ne faisoit rien sans en rendre compte. Les princesses qui virent qu'on éloignoit madame la duchesse de Bourgogne de leur commerce, n'en surent pas bon gré à madame de Maintenon, et surtout madame la Duchesse, qui, dans le fond, ne l'aimoit pas, moins par rapport à madame de Montespan, que parce qu'elle avoit voulu, autrefois, lui donner des avis, et qu'elle l'avoit souvent blâmée dans sa conduite; mais, dans le fond, c'étoit plus pour la rendre telle qu'il convenoit au Roi que pour tout autre motif; mais comme on ne se rend pas justice, elle l'accusoit d'une chose dont pourtant madame de Maintenon l'avoit bien avertie, et qu'il n'avoit tenu qu'à elle de prévenir. Il est vrai qu'ayant pensé, peut-être assez à propos, que son exemple et ses discours pouvoient être dangereux, et gâter en un instant tout ce qu'elle auroit fait avec beaucoup de peines et de temps auprès de madame la duchesse de Bourgogne, madame de Maintenon fit en sorte qu'elle ne vît guère madame la Duchesse, et qu'elle ne lui parlât jamais en particulier. Elle ne craignoit pas de même madame la duchesse d'Orléans, dont l'esprit étoit moins porté à la raillerie, et qui s'étoit plus ménagée avec madame de Maintenon. D'ailleurs madame la Dauphine et madame de Maintenon étoient entourées de femmes attachées à madame la duchesse d'Orléans, qui la faisoient valoir, et qui relevoient avec malignité tout ce que faisoit et disoit madame la Duchesse, et lui attribuoient même souvent des choses à quoi elle n'avoit pensé.

J'ai ouï dire à madame la Duchesse, dans le temps de la déclaration du mariage de M. le duc de Berri, qu'elle n'avoit jamais parlé à Monseigneur de lui faire épouser mademoiselle de Bourbon, et véritablement Monseigneur étoit peu propre à recevoir de pareilles propositions et à entrer dans un projet qu'il n'auroit pas confié au Roi. Madame la Duchesse, qui le connoissoit, se seroit bien gardée de lui laisser seulement croire qu'elle en eût la pensée. Peut-être imaginoit-elle que le Roi étant vieux, il pourroit arriver que M. le duc de Berri n'étant pas marié, il lui seroit alors facile de déterminer le choix de Monseigneur en faveur d'une de ses filles ; mais, à coup sûr, elle ne lui auroit jamais, en attendant, confié cette pensée. A dire la vérité, quoique la fille de M. le duc d'Orléans dût passer devant une fille d'une branche cadette, il n'étoit pas naturel et convenable, après ce qui s'étoit passé en Espagne, d'allier la maison d'Orléans à un prince aussi près de la couronne, et frère du roi d'Espagne.

Il eût été à désirer, ou que le Roi n'eût point marié M. le duc de Berri, ce qui ne pressoit pas, ou qu'il eût fait un autre choix. Il ne lui falloit ni une fille de madame la Duchesse, ni une fille de madame la duchesse d'Orléans, par la bâtardise des mères ; mais il falloit encore moins prendre la fille d'un homme qui au moins avoit eu des intelligences avec les ennemis de la couronne d'Espagne, dans le temps qu'il y commandoit les armées, pour conserver cette couronne à Philippe V. Je laisse même à part tout ce qui s'est dit et du poison[1] et de la conduite qu'il tenoit dans ce pays-là. Ses traités avec l'Angleterre

---

1. On avait prétendu que le duc d'Orléans, avait tenté de faire empoisonner le roi d'Espagne par un Cordelier, le P. Marchand, qui fut trouvé muni de paquets d'arsenic et enfermé à la Bastille. Cette absurde accusation s'explique facilement si l'on réfléchit combien les esprits du temps avaient été frappés par les récents *exploits* de la Brinvilliers et de la Voisin.

étoient suffisants pour qu'on fît avec justice le procès à ce prince; et c'étoit une assez grande clémence au Roi de lui avoir pardonné, sans avoir voulu l'approcher de plus près de sa personne par cette alliance : mais enfin la destinée de la France fit qu'il pensa autrement. Ce roi si sage consentit à un mariage dont il eut lieu de se repentir; Monseigneur y donna les mains par cette déférence qu'il eut toujours aux volontés du Roi, et de si bonne grâce qu'il ne parut pas même en être fâché. Madame la Dauphine en fut ravie : elle regardoit ce mariage comme son ouvrage, et elle croyoit qu'il assureroit le repos et l'agrément de sa vie après la mort du Roi; mais à peine fut-il conclu qu'elle eut lieu de s'en repentir.

Madame la duchesse de Berri ne se contraignit plus, et il est bien plus étonnant qu'avec son caractère et son tempérament elle eût pu prendre autant sur elle qu'elle y prit pendant les deux années qui précédèrent son mariage, qu'il l'est, qu'étant parvenue à ce qu'elle désiroit, elle dédaignât de se contraindre après. Elle se montra donc, dès le lendemain de ses noces, telle qu'elle étoit, c'est-à-dire une autre reine de Navarre pour les mœurs; à quoi elle ajoutoit le goût du vin, et une ambition que les personnes fort dissolues n'ont ordinairement pas. Mais il faut avouer qu'elle avoit été élevée d'une manière bien propre à porter ces mauvaises qualités aussi loin qu'elles pouvoient aller. Monsieur son père avoit eu pour elle, dès sa naissance, une amitié singulière; et, à mesure qu'elle avançoit en âge, il lui confioit ses goûts et la rendoit témoin de ses actions. Elle le voyoit avec ses maîtresses ; il la faisoit souvent venir en tiers entre madame d'Argenton [1] et lui ; et comme il avoit le goût de la peinture, il peignit lui-même sa fille toute nue. Malgré cette éducation, elle sut si bien se contraindre deux ans avant son mariage, qu'on ne parloit à madame la Dauphine et à madame de Maintenon que de sa retenue, et madame la duchesse d'Orléans, qui désiroit ardemment ce mariage, et qui vit bien qu'il ne réussiroit pas tant que cette princesse demeureroit à Paris ou à Saint-Cloud entre les mains de son père, la fit venir à Versailles sous ses yeux. Là, cette jeune princesse, qui comprit que sa fortune dépendoit de sa conduite, en eut une si bonne qu'on ne s'apercevoit pas de ses mauvaises inclinations, et même, quelque temps avant que de venir à Versailles, dès l'âge de douze ans, elle pensa qu'elle avoit trop de disposition à engraisser, et que, si elle continuoit sa manière de vivre, ce pourroit être un obstacle aux vues qu'on avoit pour elle ; cette idée lui fit prendre la résolution de ne guère manger, de peu dormir et de faire beaucoup d'exercice, quoi-

---

1. « Une seule des maîtresses du Régent a paru le captiver et le charmer un peu ; elle étoit de Rouen, d'une fort honnête famille, et a été connue sous le nom de comtesse d'Argenton. Sa beauté n'étoit pas parfaite, mais elle avoit beaucoup d'agrémens, un air vif et modeste, un esprit doux, une vraie tendresse pour son amant ; elle n'aima que lui et l'aima ardemment. » (*Vie de Philippe d'Orléans*, par La Mothe, dit de La Hodde.) On trouvera l'histoire de ses relations avec le Régent dans un livre fort intéressant de M. de Lescure, qui a pour titre : *Les maîtresses du Régent*.

qu'elle fût naturellement gourmande et paresseuse. On ne peut disconvenir qu'une fille, capable à cet âge d'une pareille résolution, par le seul motif d'ambition, et sans qu'elle y fût portée par l'autorité des gens qui en avoient sur elle, devait être un jour bien dangereuse. Mais quand elle fut une fois mariée, elle crut que rien ne valoit la peine qu'elle se contraignît; aussi s'enivra-t-elle avec monsieur son père, deux jours après son mariage, dans un souper qu'il donna à madame la Dauphine à Saint-Cloud, aux yeux de cette princesse, de madame sa mère, et de M. le duc de Berri. Non contents d'avoir beaucoup bu à table, ils allèrent s'achever avec des liqueurs dans un petit cabinet, et madame la Dauphine fut bien honteuse d'avoir à la ramener dans cet état à Versailles. Je ne dirai point comment elle manifesta ses autres inclinations; il suffit de dire qu'elle ne tarda pas à les faire connoître[1]. Je passerai de là à

1. « Madame la duchesse du Berry, écrit Saint-Simon, a fait tant de bruit dans l'espace d'une très courte vie que, encore que la matière en soit triste, elle est curieuse et mérite qu'on s'y arrête un peu. Née avec un esprit supérieur et, quand elle le voulait, également agréable et aimable, et une figure qui imposait et qui arrêtait les yeux avec plaisir, mais que sur la fin le trop d'embonpoint gâta un peu, elle parlait avec une grâce singulière, une éloquence naturelle qui lui était particulière, et qui coulait avec aisance et de source, enfin avec une justesse d'expressions qui surprenait et charmait. Que n'eût-elle point fait de ces talents, si les vices du cœur, de l'esprit et de l'âme, et le plus violent tempérament n'avaient tourné tant de belles choses en poison le plus dangereux. L'orgueil le plus démesuré et la fausseté la plus continuelle, elle les prit pour des vertus dont elle se piqua toujours, et l'irréligion, dont elle croyait parer son esprit, mit le comble à tout le reste. » Après

l'histoire des pendans d'oreilles, qui firent tant de bruit, et qui, si on en croit la commune opinion, eurent des suites si funestes.

Madame la duchesse d'Orléans avoit des pendans d'oreilles très beaux, que feu Monsieur avoit eus de

la mort de son mari elle mena une vie scandaleuse, dont Saint-Simon nous a laissé un récit très circonstancié. Ses désordres étaient tels qu'on ne craignit pas de l'accuser d'entretenir avec son père des relations incestueuses ; mais Saint-Simon a fait justice de ces imputations odieuses. « Le monde, dit-il, s'était noirci de fort bonne heure d'une amitié de père, qui sans les malheureuses circonstances de cabales enragées, n'aurait jamais été ramassée de personne. L'assiduité d'un père malheureusement né désœuvré, et dont l'amitié naturelle et de tout temps trouvait de l'amusement dans l'esprit et la conversation de sa fille, donna beau jeu aux langues de Satan. »

Ces *langues de Satan* ne ménagèrent pas la duchesse, il suffit pour s'en convaincre de parcourir le *Recueil* Maurepas ; le cynisme des chansons que l'on y trouve est tel qu'il est presque impossible de les citer. Au début d'une composition que nous ne transcrirons pas un poète satirique disait :

> Celle de qui j'écris l'histoire,
> Est la Messaline du temps ;
> J'en veux éterniser la gloire,
> Par des hommages éclatants.

Voici un échantillon des épigrammes dirigées contre elle :

> Ne parlons plus de pénitence,
> Ni de vertu, ni de prudence ;
> Livrons-nous à tous les plaisirs :
> Les jeux, les ris, l'amour, le vin, la danse,
> Sous la régence sont permis ;
> Imitons l'aimable Cypris,
> Son père aura toute indulgence.

> Ce n'est pas le fils, c'est le père,
> C'est la fille et non pas la mère,
> A cela près tout est au mieux,
> Ils ont déjà fait Étéocle,
> Et s'il vient à perdre les yeux,
> C'est le vrai sujet de Sophocle.

la reine mère; M. le duc d'Orléans les lui prit pour les donner à madame la duchesse de Berri. La manière et la chose devoient lui être désagréables; mais elle eut tort, les connoissant tous deux, d'en faire tant de bruit. Elle se plaignit, elle pleura, elle en parla au Roi, qui gronda madame la duchesse de Berri. Madame la Dauphine entra, pour son malheur dans cette querelle, et prit parti pour madame la duchesse d'Orléans.

Depuis ce moment, madame la duchesse de Bourgogne et madame la duchesse de Berri ne furent plus ensemble de la même manière; car il faut avouer que, dans les commencemens du mariage, la première ne regardoit pas l'autre comme sa belle-sœur,

> Déjà votre esprit est guéri
> Des craintes du vulgaire,
> Grande duchesse de Berry,
> Consommez le mystère;
> Un nouveau Loth vous sert d'époux,
> Reine des Moabites:
> Faites bientôt sortir de vous
> Un peuple d'Ammonites.

Voltaire accusé d'être l'auteur de cette épigramme s'en défendit par la suivante qui ne valait guère mieux et qui lui valut d'être enfermé peu après à la Bastille:

> Non, Monseigneur, en vérité,
> Ma muse n'a jamais chanté
> Ammonites ni Moabites:
> Brancas vous répondra de moi;
> Un rimeur sorti des jésuites,
> Des peuples de l'ancienne loi,
> Ne connaît que les Sodomites.

On trouvera plusieurs chansons sur le même sujet dans le *Chansonnier historique du dix-septième siècle* (1re partie, Régence).

mais comme sa propre fille. Elle lui donnoit des conseils, et elle l'avoit voulu former, comme elle-même l'avoit été, d'une manière propre à plaire au Roi; sentimens et dispositions bien rares, non seulement dans une princesse, mais dans une femme ordinaire.

Madame la Dauphine ne l'étoit pas ; et, si cette princesse avoit des défauts et des foiblesses, elle avoit aussi de grandes qualités, et il faut avouer que son commerce étoit charmant. Le public a de la peine à concevoir que les princes agissent simplement et naturellement, parce qu'il ne les voit pas d'assez près pour en bien juger, et parce que le merveilleux qu'il cherche toujours ne se trouve pas dans une conduite simple et dans des sentimens réglés. On a donc mieux aimé croire que madame la Dauphine ressembloit à monsieur son père, et qu'elle étoit, dès l'âge de onze ans qu'elle vint en France, aussi fine et aussi politique que lui; affectant pour le Roi et madame de Maintenon une tendresse qu'elle n'avoit pas. Pour moi, qui ai eu l'honneur de la voir de près, j'en juge autrement ; et je l'ai vue pleurer de si bonne foi sur le grand âge de ces deux personnes qu'elle croyoit avec raison devoir mourir avant elle, que je ne puis douter de sa tendresse pour le Roi[1]. Mais madame la Dauphine étoit jeune, elle étoit femme, et naturellement coquette ; ce qui suffit pour faire comprendre qu'il y avoit journellement dans sa conduite beaucoup de petites choses qu'elle auroit voulu

---

1.* Ici s'arrête l'édition de 1770.

cacher; ce n'est pas là être fausse. Je ne dois pas même celer, pour sa justification, qu'il y a bien de ces petites fautes où elle s'est laissé entraîner par les autres, et que le plus grand défaut que je lui aie connu étoit d'être trop facile, et de laisser prendre trop d'empire aux jeunes personnes qui l'approchoient; ce qui l'a jetée dans quelques inconvéniens qui ont pu faire quelque tort à sa réputation [1].

On a parlé de deux hommes pour lesquels on a prétendu qu'elle avoit eu du goût : le premier étoit un fou [2], et il étoit un enfant quand il alla en Espagne, où il fut aussi l'amoureux de la reine d'Espagne [3], sœur de madame la duchesse de Bourgogne.

---

[1]. Écoutez les commérages de la princesse Palatine sur la conduite de la duchesse de Bourgogne : « A Marly, la Dauphine courait la nuit avec tous les jeunes gens dans le jardin, jusqu'à trois ou quatre heures du matin. Le roi n'a pas su un mot de ces courses nocturnes. La Maintenon avait défendu à la duchesse du Lude de dire un seul mot à la duchesse de Bourgogne, pour ne pas la fâcher, attendu que si la duchesse devenait triste, elle ne pourrait plus divertir le roi. Elle avait menacé de ne jamais pardonner à quiconque serait assez téméraire pour dénoncer la Dauphine auprès du roi. Voilà pourquoi personne n'a eu le cœur de dire au roi un seul mot à cet égard ; il n'en a rien su, en effet, quoique la cour et tous les étrangers en fussent instruits. La Dauphine se faisait traîner par terre par des laquais qui la prenaient par les pieds ; ils disaient entre eux : Allons-nous bientôt nous divertir chez la duchesse de Bourgogne ? car elle l'était encore à cette époque. » (*Lettre du 18 oct. 1721.*)

[2]. On voit bien que c'est de M. de Maulevrier que je veux parler ; et la manière dont il s'est tué justifie assez ce que j'en ai dit : Il se jeta par une fenêtre. (*Note de madame de Caylus.*) Saint-Simon donne quelques détails sur la folie de Maulevrier.

[3].* « La reine d'Espagne lui avoit écrit quelquefois. Chaque

Je ne l'ai pas connu, parce que je n'étois pas à la cour dans ce temps-là ; mais j'en sais assez pour dire que les passions étoient en lui des folies, et par les excès où elles le portoient, et par les moyens qu'il employoit. Cependant, comme il avoit de l'esprit, il a ébloui pendant un temps les gens les plus sages. Madame de Maintenon n'a pas même été exempte d'avoir quelque bonne opinion de lui, ce qui a paru par des audiences particulières qu'elle a bien voulu lui donner quelquefois. Madame de Maulevrier, fille du maréchal de Tessé, qui fut bien avec madame la Dauphine jusqu'à la mort de son mari, s'est brouillée avec cette princesse pour n'avoir pas voulu, à ce qu'on dit, lui rendre ses lettres ; mais, dans la vérité, pour avoir, je crois, répandu ce bruit-là sans fondement. Quoi qu'il en soit, il est certain qu'elle a toujours été mal avec elle depuis, quoiqu'elle fût fille du premier écuyer de cette princesse, et d'un homme dont le Roi s'étoit servi pour travailler à son mariage.

Nangis est le second[1] pour lequel madame la Dau-

---

mot de la lettre étoit enfermé dans une boule de hoca ; le paquet étoit adressé à l'abbé de Caumartin, depuis évêque de Blois. (Cette note paraît être aussi de madame de Caylus.)

1. « Nangis, que nous voyons aujourd'hui un fort plat maréchal de France, étoit alors la fleur des pois ; un visage gracieux sans rien de rare, bien fait sans rien de merveilleux, élevé dans l'intrigue et la galanterie par la maréchale de Rochefort, sa grand'mère, et madame de Blansac, sa mère, qui y étoient des maîtresses passées. Produit tout jeune par elles dans le grand monde, dont elles étoient une espèce de centre, il n'avoit d'esprit que celui de plaire aux dames, de

phine a eu du goût. Je ne parlerai pas de celui-là comme j'ai parlé de l'autre, et j'avouerai que je le crois comme le public : la seule chose dont je doute, c'est que cette affaire soit allée aussi loin qu'on le croit[1], et je suis convaincue que cette intrigue s'est passée en regards et en quelques lettres tout au plus. Je me le persuade par deux raisons : l'une, que madame la Dauphine étoit trop gardée, et l'autre, que Nangis étoit trop amoureux d'une autre femme qui l'observoit de près[2], et qui m'a dit à moi-même que,

parler leur langage et de s'assurer les plus désirables par une discrétion qui n'étoit pas de son âge et qui n'étoit plus de son siècle. Personne que lui n'étoit plus à la mode; il avoit eu un régiment tout enfant ; il avoit montré de la volonté, de l'application et une valeur brillante à la guerre, que les dames avoient fort relevée et qui suffisoit à son âge. » Saint-Simon, qui trace ce portrait de Nangis, raconte longuement les détails de son intrigue avec la duchesse de Bourgogne. D'après lui, ce fut Nangis qui obtint le premier son attention; Maulevrier « écuma de ce qui se passoit à l'égard de Nangis, et excité par l'exemple, il osa soupirer. »

1. Les chansonniers du temps étaient de l'avis de madame de Caylus :

> Bourgogne dévot et stupide,
> Passe son temps en oraison,
> Plus raffolé d'Adélaïde
> Qu'un aveugle de son bâton.
>
> Pour bien dissimuler sa haine,
> Elle contraint tous ses désirs,
> Et déjà voudroit être reine
> Pour goûter de libres plaisirs.
>
> Le marquis de Nangis l'adore,
> Elle répond à tous ses vœux ;
> Mais je ne sais s'ils ont encore
> Trouvé le moment d'être heureux.

2. C'était madame de La Vrillière, fille de madame de Mailly,

dans le temps qu'on soupçonnoit qu'il pouvoit être avec madame la Dauphine, elle étoit bien assurée du contraire, puisqu'il étoit avec elle [1].

dame d'atour de la duchesse de Bourgogne. « Elle étoit jolie comme les amours et en avoit toutes les grâces ; elle avoit fait la conquête de Nangis. Bien loin de céder à la princesse elle se piqua d'honneur de conserver sa conquête, de la lui disputer, de l'emporter. Cette lutte mit Nangis dans d'étranges embarras : il craignoit les furies de sa maîtresse, qui se montroit à lui plus capable d'éclater qu'elle ne l'étoit en effet. Outre son amour pour elle, il craignoit tout d'un emportement et voyoit déjà sa fortune perdue. » (Saint-Simon.)

[1]. Les témoignages de Saint-Simon et de la princesse Palatine sont beaucoup moins favorables à la duchesse de Bourgogne. Tous deux s'accordent pour nous présenter le duc de Bourgogne comme une sorte de George Dandin, c... et content. La Palatine va même jusqu'à prétendre, — ce qui est d'ailleurs absolument faux, — que l'amour de Nangis pour madame de La Vrillière était une feinte uniquement destinée à tromper le duc sur les affections de Nangis. « Madame la Dauphine, écrit-elle, était un peu coquette ; elle bavardait avec tous les jeunes gens ; mais si elle a vraiment aimé quelqu'un, ce n'a été que Nangis. Elle lui avait recommandé de se poser comme s'il était amoureux de madame de La Vrillière, qui n'avait pas une aussi belle taille ni de si bonnes manières que madame la Dauphine, mais qui avait une figure beaucoup plus jolie et qui était d'une coquetterie inouïe. On croit que de ce jeu il est résulté quelque chose de sérieux. Le bon Dauphin était comme les maris de toutes les femmes galantes, qui sont toujours les derniers à remarquer pareilles choses. Le duc de Bourgogne n'a jamais pensé que sa femme songeât à Nangis, ce qui était pourtant très visible et ce que tout le monde voyait. Il aimait sincèrement Nangis et il croyait que c'était pour lui plaire que sa femme parlait à Nangis ; il était bien persuadé que son favori avait une intrigue avec madame de La Vrillière. » (*Lettre du 2 mai* 1719.)

CORRESPONDANCE

CORRESPONDANCE
DE
MADAME DE CAYLUS

LETTRES A MADAME DE MAINTENON.

LETTRE I

D'un simple œillet on estimoit l'hommage,
Au bon vieux temps : or tel étoit l'usage :
Et pour certain en tous lieux on tenoit,
Si qu'un bouquet donné d'amour profonde,
C'étoit donner toute la terre ronde :
Car seulement au cœur on se prenoit [1].

Si vous vouliez, Madame, faire revivre en ma faveur ce bon temps, j'aurois lieu d'être contente et sûre que

---

1.* Ces vers de madame de Caylus sont une très jolie imitation d'un rondeau de Marot, intitulé : *De l'amour du siècle antique* (tome Ier de ses OEuvres), et qui commence ainsi :

Au bon vieux temps un train d'amour régnoit,
Qui sans grand art et dons se démenoit,
Si qu'un bouquet donné d'amour profonde
C'étoit donner toute la terre ronde,
Car seulement au cœur on se prenoit.

mon présent auroit tout le mérite qui vous le fait offrir :
mais incertaine de mon sort, je n'ose me nommer :

  Or, devinez qui je puis être :
Mon cœur étoit à vous dès sa tendre saison ;
Par mes seuls sentimens vous devez me connoître ;
Le goût qui les reçut devança la raison :
Elle s'en applaudit, et faisant disparoître
   Les vains, les frivoles désirs,
A vous plaire, à vous voir, je bornai mes plaisirs :
  Or, devinez qui je puis être.

  A ce présent je voudrois bien
  Joindre quelque chose du mien ;
  Mais je connois ce que vous êtes,
  Et le peu de cas que vous faites
  De l'encens le mieux apprêté,
De ces brillants honneurs qui tournent tant de têtes,
   Alimens de la vanité,
Dont le vrai caractère est la fragilité.

  En ce jour que puis-je mieux faire
  Pour vous prouver ma vive ardeur
  A chercher ce qui peut vous plaire,
  Que de vous présenter mon cœur ?

  Un cœur, au moins, est chose plus solide
  Au tribunal où la raison décide :
Vous connoissez le mien, vous sçavez ce qu'il vaut ;
J'ose le dire, il est tout comme il vous le faut,
  Respectueux, tendre et fidèle ;
  Pour vous se sentant chaque jour
  Une inclination nouvelle,
  Par vous quiétiste en amour,
  Des plus constants, des plus sincères,
Un vrai cœur, en un mot, du bon temps de nos pères.

LETTRE II

Puisque le roi a travaillé de si bonne heure avec M. Pelletier[1], il auroit bien dû avoir un peu de musique. Voici le plus triste des jours. Je voudrois tourner en repos le vide où vous me laissez, mais je me sens une disposition léthargique qui passe la raillerie. Je ne m'en vanterai pas à nos dames; elles seroient assez vaines pour s'imaginer que leur absence y auroit part. Je ne sçais aucune nouvelle, et je vous écris, ma chère tante, bien moins pour vous que pour moi. M. de Meaux et le père Daniel[2] me tiennent bonne compagnie. Plus je lis le premier, plus j'en suis édifiée et charmée : il n'y a rien de si droit, de si simple que tout ce qu'il prescrit pour la conduite : il ne falloit pas se jouer avec des manières trop affectueuses pour son directeur. Il est surprenant combien cet homme, répandu au dehors au point où il falloit nécessairement qu'il le fût, étoit pourtant intérieur. Je dirois bien, je vous assure, comme mon père qui avoit été son prosélyte, et qui disoit qu'il aimeroit mieux une page de M. de Meaux, que tous les volumes de ces messieurs. Ce n'est point la complaisance qui me

1. Claude Le Pelletier, successeur de Colbert, comme contrôleur général des finances, s'était démis de cette charge en 1689, et avait été nommé ministre d'État.
2. Le P. Daniel, jésuite, historien, né à Rouen en 1649, mort à Paris en 1728. Il est surtout connu par son *Histoire de France* (1713, 3 vol. in-fol.) qui lui valut le titre d'historiographe du Roi et une pension de 2,000 fr., et par son *Histoire de la Milice française*. Madame de Caylus fait allusion ici au premier de ses écrits : *Les Entretiens de Cléandre et d'Eudoxie sur les Lettres Provinciales* que le P. Daniel avait publiées en 1692, et dans lequel il se montrait l'adversaire de Pascal.

fait parler ainsi; mais il faut que je vous suppose un aussi grand loisir que celui où je suis, pour m'aviser de vous entretenir de mes lectures. S'il étoit à mon choix de faire autrement, vous m'auriez trouvée, au retour de la récréation, dans votre chambre. Je vous avertis que je me porte assez bien pour soutenir le carrosse : soit dit sans vous déplaire, et en attendant vos ordres avec une soumission digne de récompense.

LETTRE III

Que je suis mère, ma chère tante! c'est-à-dire, que je suis folle! que je suis déraisonnable! et que je serai malheureuse! Le bruit d'une promotion me transporte, m'agite, me trouble. Vous ne voulez point parler au roi, vous voulez que nous allions par les voies ordinaires : je le sais, je l'approuve tous les jours, encore plus intérieurement que je ne vous le dis. Cependant le cas arrive-t-il? la démangeaison de vous écrire me prend, et je ne puis m'empêcher d'y succomber. Je n'y succombe pourtant qu'à condition que vous lirez ma lettre, que vous la jetterez au feu sans me faire de réponse, et qu'il n'en sera pas question entre nous.

Mon fils est bien jeune, à la vérité : il n'a point encore fait de campagne dans la gendarmerie; mais s'il avoit eu de quoi acheter un régiment, ou que le roi eût eu la bonté de m'en donner un à la place du guidon, il seroit colonel, et le seroit d'une façon qui me paroîtroit plus importante par rapport au service, en commandant un corps, que n'ayant à payer que de sa personne. J'ai acheté l'enseigne, dans l'espérance de lui voir faire ce pas un peu plus tôt. Enfin, ma très chère tante, si la paix se fait, voici la dernière promotion, mon fils ne sera rien : car qui n'a point un brevet de colonel, est un zéro, à ce qu'on dit, parce que les services ne sont comptés que de ce beau jour-là. C'est un petit garçon plein de courage et d'ambition : je dois répondre à son zèle par mes soins : et vous, ma chère tante, vous devez, ce me semble, me pardonner, d'autant plus que vous sçavez bien que ce n'est qu'une consolation, que je cherche en vous écrivant, qui n'aura aucune suite après l'exposition du fait.

LETTRE IV

Je vous ai vu passer de la fenêtre de madame d'Espinoy où j'étois allée faire ma cour à Monseigneur. Je ne vois rien dans votre billet, qui ne puisse être montré à madame Voisin : il contient une leçon qui sera mieux reçue de vous que de moi. Je serai ravie que nous ayons un peu madame la duchesse de Bourgogne : il me semble qu'il y a longtemps que nous ne l'avons vue dans notre *cabale*. Je voudrois que la conversation se tournât aussi bien que la dernière fois, qu'elle fut retenue, sans s'en apercevoir. Au nom de Dieu ! ma chère tante, évitez par bonté de donner des idées aussi tristes que la fin de votre billet. La politesse, la charité chrétienne ne permettent point qu'on fasse imaginer rien de semblable à ceux qui vous sont aussi attachés. Faites écrire ou parler quelqu'autre pour vous, si vous voulez qu'on croie ce que vous dites de votre esprit : vous ne seriez pas plus aimable, quand vous emprunteriez toutes les grâces de votre brillante jeunesse. Je ne saurois m'empêcher d'être en colère, quand vous parlez de vous-même, si je l'ose dire, avec aussi peu de respect : la raison que vous m'avez faite, s'y oppose entièrement : et celle que je me fais aujourd'hui a bien de la peine à approuver une médecine qui m'empêchera de dîner demain avec vous : n'est-ce pas en prendre deux pour une? Si je faisois une liste de tout ce qui me fâche, votre extrême, votre farouche, votre injuste, votre barbare modestie seroit bien à la tête. C'est elle qui place un chérubin à votre porte. Cependant madame de Maillebois seroit bien placée à la fin de votre prière : elle n'y seroit qu'un moment : si elle vouloit y demeurer davantage, je vous jure que je la prendrois par le bras. Votre retraite étouffe entièrement mon peu d'imagination. M. le maréchal d'Harcourt n'est pas mieux : mais madame la maréchale pense surtout comme une héroïne, et réussit à faire penser son mari en chrétien. Je ne dormirai point, que vous ne soyez contente ; mais je dirai toujours avec dépit : si au moins ma tante ayant rempli ma tête avoit vidé la sienne.

LETTRE V

Croiroit-on que le paquet que je vous envoie est un effet du transport de la reconnoissance que j'ai du soin et des bontés que vous avez pour moi dans ma maladie, et qu'après m'être bien demandée que pourrois-je faire qui fît plaisir à ma tante? je n'ai trouvé que deux vieilles écharpes, une coëffe qui fait mal au cœur, une jupe assez raisonnable? Au moins recevrez-vous ce présent, sans craindre que nos femmes le regrettent : j'y ajoute un louis pour vos estomacs. Si, de toutes les visites que vous faites, de toutes les audiences que vous donnez, vous en tiriez autant, vous seriez fort heureuse. Il fait bien beau aujourd'hui : il est triste de demeurer dans son lit et dans sa chambre, quand je songe surtout que je pourrois me promener avec vous : mais c'est une consolation de penser que mes amies y sont et qu'elles vous amusent. Je me porte assez mal : j'ai une incommodité que vous voudriez bien avoir.

LETTRE VI

Je vous vois tous les matins que je n'ai rien à vous dire : et aujourd'hui que j'aurois voulu vous parler d'une affaire qui me regarde, Monseigneur est avec vous, monsieur d'Orléans gratte à votre porte, et le roi va vous envoyer chercher. Le fait est, que jusqu'à cette heure toute ma faveur auprès des ministres ne m'a rien valu, mais qu'il s'est présenté enfin une occasion qui peut devenir assez bonne. Je l'ai conté naturellement à monsieur Voisin[1] : et l'affaire étant conclue, je l'ai prié de dire au roi ce qui m'en revenoit. Nous vous en dirons davantage tantôt. Ce mot n'est que pour le soulagement de ma délicatesse, qui veut que je sois toujours la première à vous instruire de ce qui me regarde.

Vous vous reposez de nous : et nous, bien loin de nous reposer, au moins moi, je me prépare une journée qui me serre le cœur : je compte l'employer à écrire une infinité de lettres que je remets depuis longtemps et à

---

1. Daniel-François Voisin (né vers 1655, mort en 1717), était ancien intendant de Hainaut, et fut choisi en 1701 pour intendant et directeur de la maison de Saint-Cyr. Il devint en 1709 secrétaire d'État au département de la guerre, et en 1714 chancelier et garde des sceaux.

guetter M. Desmarets[1] que je n'ai pas encore vu. Je ne suis plus étonnée de rien : présentement ce sont les filles qui interceptent les billets doux de leurs mères.

Je ne sçavois point que le portrait du roi fût pour le comte de Lisle : et je ne croyois pas avoir reçu un ordre décisif. Je n'ai rien vu de si leste que *Brunelet* et *Brindi*[2] ni de plus agréable que leur conversation. Je voulois me mêler de leur faire quelques questions sur le catéchisme. Mais comme ils m'ont dit d'un ton doctoral, qu'ils le montreroient aux autres, mon dessein d'instruire s'est tourné en crainte d'être interrogée.

LETTRE VII

Dans une négociation, le succès est, ce me semble, ce qui fait valoir le négociateur. Ainsi, je ne vous dirai point combien d'insinuations, de tours, et même de légèretés d'esprit, j'ai mis en œuvre pour ce dîné si difficile. Je vous dirai seulement qu'ayant appris que les Desmarets alloient à Paris aujourd'hui, je n'ai point voulu leur parler de demain. Ils m'ont paru si difficultueux, que je crois qu'ils auroient rompu leur voyage.

J'ai fait vos complimens à monsieur le maréchal d'Harcourt[3], et à Madame, qui, pendant que vous étiez

---

1. Nicolas Desmarets, neveu de Colbert, nommé directeur des finances en 1702, succéda en 1708 comme contrôleur général à Chamillart, qui l'avait désigné lui-même au roi pour le remplacer.
2. C'étaient deux petits paysans d'Avon que madame de Maintenon catéchisait.
3. Henri, duc d'Harcourt (né en 1654, mort en 1728), avait été créé maréchal en 1703.

chez moi hier avec monsieur le duc d'Orléans, vous attendoit chez vous, pour vous voir avant de partir. Je suis bien sûre que vous priez Dieu de bon cœur pour son mari, et que vous lui souhaitez une bonne santé. Je le lui ai dit bien souvent. Mais si vous aviez été témoin comme moi de son attendrissement pour le roi, je suis persuadée que vous seriez aussi contente de son cœur que de son bon esprit.

Si vous ordonniez ma mort à la fin de votre lettre, j'y consentirois, et trouverois même que vous auriez raison. Jugez si ne demandant que ma conservation, je vous l'accorderais. Oui, ma tante, j'aurai soin de moi. Je ne sortirai que pour aller chez vous. Et je ne suis fâchée que de ce que ce n'est pas un sacrifice. Il n'y en a aucun que je ne sois prête à vous faire.

J'irai avec le plus grand plaisir du monde et sans nul inconvénient m'établir sur ce lit de repos, et même dans le moment, si vous avez besoin de fuir. Sans doute que nous aurons madame de Dangeau! Je vais pourtant y envoyer. Il faut avoir la duchesse de Noailles. Ma chambre est grande et peut plus aisément la contenir : et la mademoiselle de Noailles est ici, qui observe de loin, si vous l'avez souvent ou non.

Ce n'étoit pas sans dessein, que je m'étois mise à jouer au piquet avec madame d'Elbeuf, ma fenêtre ouverte. Je croyois que toute la cour ne respiroit que la promenade. Mais comme elle est le séjour des contretemps, il a fallu qu'un instant avant que vous passassiez, monsieur le maréchal de Villars qui nous a vues de loin se soit approché avec la confiance d'un grand général pour ma défaite. Vous avez passé comme un éclair, et le jour s'est fermé sans retour. J'attendois au moins le brelan. Madame de Dangeau de désespoir est allée se jeter dans l'eau. Pour moi, je suis demeurée pour toute ma ressource avec une très froide chancelière, qui pour comble d'agrément m'empêchoit de vous écrire. Mademoiselle d'Aumale vous aura dit, par quelle raison madame d'Espinoi n'a pas été à la promenade. Et j'ai pris part à la peine que vous auriez de ce que ce grand mérite s'est trouvé capable d'une omission. Si on ne m'avoit assurée que vous vous portiez bien, je crois que je me serois désespérée ce soir.

LETTRE VIII

La foule impénétrable de votre chambre m'a empêchée de vous rendre moi-même la réponse que je vous devois. Comme je ne suis pas incorrigible, j'aurai toujours à l'avenir un billet à la main, quand j'aurai quelque chose à vous dire. Nous souffrons assez impatiemment que vous remettiez à lundi pour dîner en compagnie : et il nous paroît que demain n'aurait point dû faire de préjudice à ce lundi : mais il faut se conformer à vos volontés, toutes cruelles qu'elles sont. Madame Voisin m'a juré solennellement que le dîner seroit édifiant ; elle est trop honnête personne pour se parjurer ; ce qui, joint à l'envie qu'elle a de vous plaire, doit vous assurer d'une modération, qui, comme vous dites, convient à tout. Pour moi, ma chère tante, je renonce au caffé, et je jouerois à la paulme, s'il étoit bienséant à une femme d'y jouer, pour vous montrer que j'ai au moins le mérite de déférer à vos sentimens. Sçavez-vous, que cette déférence est si grande pour ce que vous pensez et ce que vous dites, que j'ai eu un mouvement de complaisance en moi-même sur ce que vous ne trouvez rien à reprendre en moi que mon régime? Mais je n'ai pas été longtemps dans cette flatteuse erreur : s'il y a quelque chose de vrai, je ne le dois qu'à ce que je ne vous vois guère : et j'avoue que s'il étoit à mon choix, j'aimerois mieux perdre un peu de votre estime et satisfaire mon goût. Je crains que cette délicatesse ne vous fasse dire en vous-même, que vos pauvres nièces sont devenues folles : je vous promets de ma part qu'en voilà pour longtemps.

J'ai trouvé madame de Dangeau fort abattue, fort affligée, mais au milieu de son affliction un fonds d'espérance fondée sur ce que son fils mangeant bien, dormant bien, ayant bon visage, n'ayant presque point eu de fièvre pendant une longue suite d'accidens, il n'y a pas d'apparence que la masse du sang soit corrompue, comme on le craint. Apparemment, tout ce désordre n'est venu que sur ce que le chirurgien qui lui a coupé la cuisse la première fois n'a pas coupé la moelle, qui s'étant allongée s'est durcie par la suite[1]. Elle est fort touchée de votre souvenir et de votre tristesse : elle connoît trop votre cœur, pour douter de l'envie que vous auriez de lui donner des marques de votre amitié.

LETTRE IX

Madame de Dangeau étoit assez tranquille aujourd'hui, et madame Voisin, un peu mieux de son rhume : je vais souper chez elle. Vous ne manquerez point d'occasion de placer un présent pour M. de Pelpore : ainsi vous

---

[1]. Le fils de Dangeau avait eu une jambe emportée à Malplaquet. On lui avait mal fait la première opération, après la bataille, et à Versailles il fallut qu'on lui coupât la cuisse une seconde fois.

ferez bien de prendre un temps, où il pourra vous fournir les seuls amusemens dont vous me paroissez susceptible. Je suis bien aise par une infinité de raisons que madame la duchesse de Bourgogne soit mieux : et je souhaite que votre nuit s'en ressente; l'étoffe verte trouvera sa place.

J'ai oublié de vous dire que madame d'O vous mandoit par moi que madame la duchesse d'Orléans a pris médecine aujourd'hui. Je suis si honteuse de ma faute, que je ne puis accompagner l'aveu d'aucun tour, encore moins d'une gentillesse.

Malheur à la beauté que vous ne voulez point reconnoître pour telle ! mais plus grand malheur encore à la ressemblance.

Le duc de Berwick[1] m'a donné cette lettre : et après ce qui m'est arrivé, vous croyez bien que je ne l'oublierai pas. Il n'y a rien que je ne doive espérer pour ma santé de vos visites et de vos souhaits : j'en ressens les effets aujourd'hui, je me porte fort bien.

LETTRE X

Depuis que je suis revenue de la messe, je n'ai pas trouvé un instant à pouvoir vous écrire un mot, d'abord parce qu'il falloit me reposer, et ensuite par un enchaînement de monde à me désespérer : un homme d'affaires, une visite agréable, une désagréable, gens oisifs, piquet dont je ne me souciois point, conversation à soutenir,

1. Jacques Fitz-James, duc de Berwick, fils naturel de Jacques II, naturalisé français en 1703, se mit au service de la France, et fut créé maréchal en 1706. Ce fut lui qui releva, par sa victoire d'Almanza, en Espagne, la fortune de Philippe V.

malheureux à réconforter, du nombre desquels a été notre pauvre Lassai. La tête me fend; l'heure de vous faire réponse se passoit; cependant, ma chère tante, il faudroit dîner demain, j'en ai besoin : je ne sache point que notre amie ait de nouveaux chagrins; mais elle a été frappée d'une façon dont elle se ressent toujours, malgré son courage.

Mademoiselle de Croisille, précédée par votre billet, devoit me promettre une journée plus tranquille : sa physionomie annonce ce que vous m'en mandez; je n'en ai jamais vu une plus modeste, ni rien de si poli que ses discours; en un mot, elle est digne d'être convoitée à Saint-Cyr.

C'est de la place même et du bureau de M. Desmarets que je vous écris, et, quoique cette date ne soit qu'une copie de mademoiselle la princesse d'Harcourt, qui data de votre toilette une lettre à ses juges, je n'ai pu résister à l'envie de vous en imposer.

Je ne vous parle point de ma santé, j'ai une traînasserie qui me désespère.

A tout ce que je vois ici, le roi d'Espagne sert bien M. d'Orléans. Au milieu de tout cela, divertissons le roi, dînons, jouons, allons à la musique, demain à la comédie, et surtout, ma chère tante, portez-vous bien, prenez garde au froid, soyez sans égard pour les autres, et faites votre volonté comme vous nous le promettiez l'autre jour. Je finis en disant de tout mon cœur : Ainsi soit-il.

LETTRE XI

Il est bien juste qu'étant aussi souvent malade, je le sois quelquefois à propos. Un mal de gorge, une fluxion et un peu de fièvre que j'ai eu cette nuit, m'ont tiré d'affaire, tant du dîné de M. le Grand[1], que d'un ordre qui m'étoit survenu de madame la duchesse de Berri d'aller dîner chez elle. Mais comme il n'y a point de plaisir sans peine, je ne saurois non plus avoir l'honneur de souper avec le roi, comme monsieur Lemoine me l'avoit annoncé. Ce n'est pas tout : je me vois par là privée du piquet, supposé que votre dégoût soit passé. Vous pouvez fort bien soutenir madame d'O toute seule : et je le crois si bien, que je parierai contre elle tout ce qu'elle voudra. Je ne suis fâchée que de n'en être pas témoin; mais je crois que le respect, la prudence, l'envie de me ménager pour le dîné de demain, exigent que je demeure dans ma chambre et dans mon lit tout aujourd'hui. Vous voulez donc toujours, ma chère tante, que je gagne doublement quand je perds à la ressource? M. Blouin[2] me dit hier au soir, que le roi me donnait un petit logement au grand-commun pour mon fils. Vous sçavez que je n'en demandois pas tant : et c'est lui qui n'a point voulu entendre à cette chambre de Clément, qui faisoit toute mon ambition; mais puisque cela est fait, j'en suis bien obligée au roi, et j'en suis fort aise. Nous y perdrons ce merveilleux jardin, qui fournit de si excellens fruits.

Soit pour vous remercier, soit pour me réjouir avec vous, je ne puis m'empêcher, ma chère tante, de vous dire combien je suis ravie que le roi ait donné au maréchal d'Harcourt une marque de bonté, à laquelle il est

---

1. C'était le nom sous lequel on désignait d'ordinaire le *Grand écuyer*, qui était alors le duc d'Armagnac.
2. Premier valet de chambre du roi. Il avait succédé à Bontemps dans l'intendance de Versailles et de Marly.

infiniment sensible : ne voulez-vous pas bien me flatter que je vous donnerai un jour à vous et à madame la duchesse de Bourgogne, une fête à Pontalie, dont je me fais concierge, et où je compte aller faire mes remèdes.

LETTRE XII

Généreusement et noblement, je vous donne le pas à la Finance ; vous aurez aujourd'hui madame Desmarets ; et madame de Ventadour même se rendoit justice. Je crains que madame de Lévis ne soit pas arrivée ; vous pourriez, sans indiscrétion, avoir les autres. Pour moi, ma chère tante, le dîné d'hier m'a fait tant de bien, et ce que vous écrivez me touche si fort ; que ce ne seroit pas assez de marcher ; je volerois. Je suis si bien reposée, que je commence à être lasse du repos : je voudrois bien me lever par votre ordre, mais je n'ose l'espérer, tant vous avez une cruelle discrétion ! Cependant songez à moi après dîné ; c'est bien descendre, mais je vous envoie une pièce de ruban couleur de feu pour vous gagner. Les Dames de la bouche du roi ont si bien fait leur devoir, que pour moi je crois que je ne mangerai d'ici à mercredi ; je me porte fort bien d'ailleurs, et je n'ai de mal que de passer le temps du travail de madame de Pontchartrain dans mon lit. Si c'est là avoir l'esprit galant, je ne m'en corrigerai pas : ce siècle, tout grossier qu'il est, me l'a donné tel en me faisant vivre avec vous. Nous voici à ce mois de janvier, qui doit éclaircir tant de choses ! L'article des pensions est capital pour moi ; cependant je me sens le courage de soutenir cette différence de mes affaires : ce n'est point là ce qui me va au cœur. Vous devez sçavoir, ma chère tante, ce qui touche vivement le mien. Qu'il est flatteur pour ceux que vous vîtes hier, de vous voir le lendemain affamée de solitude! La solitude ne vous le rendra pas, et vous ne reviendrez pas ce soir affamée de nous : je meurs de peur, je n'abuserai point de madame de Dangeau; mais quand elle est abattue avec vous, comptez qu'elle le seroit infiniment davantage avec d'autres.

La discrétion est belle, mais elle est triste, et réduit ma discrète personne dans une grande extrémité : je passe de l'espérance d'un bon dîné, d'une bonne compagnie à une solitude d'une frugalité outrée, et dont je ne vous parlerois pourtant pas si votre dîné n'étoit fait. Je suis chez moi seule; si le piquet familier vous amuse, ordonnez, je vole.

LETTRE XIII

En rentrant chez moi, j'ai vu sur ma table, le plus beau service de porcelaine. Mon premier sentiment a été de désirer qu'il fût pour moi : un sentiment plus noble m'a fait souhaiter qu'il vînt de vous. Je ne sais comment vous vous trouvez de la visite qu'on vous a rendue pour moi. L'air de haut en bas dont on m'y a traitée, quoique à vos genoux, n'est pas ce qui m'en blesse le plus : mais de venir troubler un moment de plaisir que vous aviez, et d'avoir fait venir cette madame de Villacerf, qu'il m'a fallu entretenir dans l'antichambre, ne sçachant lequel valait mieux, ou de vous laisser tête à tête, ou de vous amener ce tiers, c'est ce qui me tue. Un sentiment d'amour-propre m'a déterminée à la garder, de peur que vous crussiez que c'étoit moi qui l'amenois. Enfin nous en parlerons, mais je vous répons qu'à l'avenir ma porte sera bien fermée. Dormez bien cette nuit, et demain, je me porterai merveilleusement.

Madame de Roussi m'a écrit pour me prier de vous dire qu'enfin son mariage se fait, si le roi y veut bien donner son consentement ; ce qu'elle ne veut que vous sachiez, que pour que vous soyez avertie, si le roi vous en parle ; car c'est monsieur de Pontchartrain [1] qui doit instruire le roi. Elle a trouvé à la fin que la principauté de Monaco ne pouvait regarder que la fille aînée : ainsi elle s'y met jusque par-dessus la tête pour établir son fils. Vos anciennes bontés pour elle et pour madame sa mère font qu'elle compte toujours sur vous : je ne l'en désabuse pas, surtout quand il n'est question que de quelques discours qui passent par moi ; je vous les écris aujourd'hui, parce que nous ne serons pas seules, et que monsieur de Pontchartain doit parler incessamment. Votre ministre est aussi importun que lui.

LETTRE XIV

Je n'entends point dire sans envie, que vous êtes sortie à six chevaux, que vous avez été voir nos amis [2] et vous promener ; peut-être même vous serez-vous mise hors d'état d'accepter aucune proposition ; mon appartement est pourtant le plus frais : nous avons des joueuses à choisir. Ordonnez, et par grâce, donnez un peu plus d'exercice à la surintendante de vos plaisirs : ma charge

---

1. Jérôme Phélypeaux, comte de Pontchartrain, nommé en 1693 secrétaire d'État en survivance de son père, était entré en fonctions lorsque celui-ci fut créé chancelier (1699).
2. Il s'agit ici des pauvres d'Avon auxquels madame de Maintenon allait distribuer des aumônes.

dépérit tous les jours entre mes mains, ce qui est aussi triste qu'humiliant.

Je suis trop occupée du malheureux état des affaires de monsieur Pelart, pour ne pas vous en dire un mot. Boudin [1], qui est bien le meilleur homme du monde et le plus attaché à monsieur Fagon, veut suivre cette affaire auprès de monsieur Desmarets, pour prévenir la douleur sensible du premier medecin, s'il voyait l'abîme où ces gens-là vont tomber, supposé qu'ils ne soient pas promptement secourus. Il est au fait, il mène bien la parole, il est merveilleux quand il s'agit des intérêts des autres : il ne vous demanderoit que la permission de dire ce que vous avez déjà dit et écrit plusieurs fois, et de le dire de votre part; ce que vous pensez à coup sûr, ce que vous ne refuserez pas, qui est, que vous voudriez bien qu'on vous évitât tout ce qui pourroit chagriner monsieur Fagon. Boudin est si bien instruit, qu'il saura lever les difficultés, à mesure qu'on les lui fera : nous en fait-on à nous ? Nous ne savons plus que dire, au moins moi, qui trouve toujours que le dernier qui me parle a raison. La duchesse de Noailles a mal au cœur : je vous en félicite, et je la plains. Je souhaite que madame d'O humanise la divinité qu'elle attache à ses parfums; j'en ai prié son importance en faveur de ma faiblesse. Votre santé est un miracle; vous m'êtes un exemple de courage. Je rougis souvent de mes frayeurs.

---

2. Boudin était le premier médecin de Monseigneur, et Fagon le premier médecin de Louis XIV.

LETTRE XV

Hà! que si j'étois livrée à moi-même, que je ne fusse pas soutenue par le compte que je vous rends de tout ce que je fais et de tout ce que je pense, et par la bonté avec laquelle vous avez parlé de moi à monsieur Desmarets, qui, indépendamment de toute l'affaire, m'a été au cœur d'une façon à ne s'effacer jamais, et si même je n'étois pas relancée chez moi par l'homme du monde le plus vif, le plus pressant pour ses amis, je vous assure que j'aurois laissé là une affaire qui pourtant doit faire le repos de ma vie. Monsieur Desmarets veut que je parle au roi; il me croit hardie, il me croit habile apparemment, ou du moins il me croit comme une autre : son intention est bonne, et peut-être même ses raisons. Enfin il faut se bien conduire par les conseils d'un homme, chez lequel tout dépend de parler. Mais parler m'est impossible; je suis sûre que je n'articulerois pas; j'ai donc écrit, et je vous envoie ma lettre pour voir si elle est bien. La donner moi-même au roi, je le ferois bien si je n'avois qu'à sortir après, et ne le plus voir : mais revenir à ce piquet, je ne le puis. Je la ferai rendre, comme tout le monde, samedi matin par monsieur Blouin avant le Conseil des finances. Mon affaire sera faite, ou manquée avant que je revoie le roi; et de quelle façon que ce soit, je serai infiniment soulagée : je le suis en ce moment, par le récit que je vous fais : et en vérité, toute autre considération à part, il m'est si naturel de me confier à vous, d'aller à vous, je n'oserois vous dire, comme à ma mère, après les gens que vous trouvez dans les grands chemins qui croient vous ravir en vous donnant cette qualité ! Mais ce sentiment tendre est si fort en moi, que je n'ai pu m'empêcher de lâcher le mot. Mademoiselle d'Aumale vous lira toutes mes lettres, et vous les remettra ce soir : Paris est dans une grande alarme sur la Finance ; et les esprits ne sont point disposés à souffrir patiemment tout ce qui s'y fait. L'argent se cache plus que jamais, malgré sa diminution.

LETTRE XVI

Je n'ai pu vous parler de mon affaire, ni vous rendre compte de ce que j'ai fait, par la peur d'être entendue, et parce que je ne croyais pas qu'elle dût aller si vite. Mais comme il se pourra bien faire que monsieur Desmarets en parlera demain au roi, puisqu'on vient de me dire qu'il a accepté la compagnie qu'on lui a proposée, et qu'il dira qu'il s'y trouve un pot-de-vin pour moi, c'est sa façon de parler, je tremble, je vous l'avoue, non pas tant de voir l'affaire échouée, que du refus. Je me fortifie et me console en vous l'écrivant. Madame de Mailly entre dans ma chambre, et m'apprend une nouvelle qui me fait grand plaisir : en vérité, ma chère tante, vous êtes bien bonne et bien aimable ; voilà une jolie fin d'année : il faudra commencer l'autre de même.

LETTRE XVII

Monsieur Desmarets a parlé au roi ; me voilà soulagée d'un pesant fardeau, et bien touchée que ma demande ait été reçue avec bonté ! Le Roi a trouvé la somme qui m'avoit été offerte, un peu forte : mais comme elle ne se prend point sur lui, j'avois cru pouvoir la proposer, telle qu'on me l'avoit proposée à moi. Je ne suis ni insatiable ni déraisonnable : je vous prie, ma chère tante, de l'en assurer, s'il vous en parle : un don du roi, quel qu'il soit, me pénétrera d'une tendre reconnaissance, si j'ose parler ainsi ; je ne voudrois pas, sans son aveu, être la plus riche personne de son royaume. Monsieur Desmarêts change toute l'affaire, et sur cette affaire, quelle qu'elle soit, il me fera trouver une somme qui sera réglée par le roi : remerciez-le donc bien, ma chère tante, remerciez-le pour vous, remerciez-le pour moi, et l'assurez que je ne parlerai point de cette grâce, quoi qu'il m'en coûte de ne pas montrer ma reconnaissance.

N'auriez-vous point au moins la complaisance de convenir qu'à mesure que les jours s'allongent ils deviennent plus tristes? En voici deux plus ténébreux que la nuit même ; il faut espérer que le soleil luira demain pour nous, sous les auspices de monsieur Voisin, et qu'il nous tiendra lieu d'aurore : la pensée est poétique et convient au lit d'ange dans lequel notre aurore repose.

Je me sentois quelque reste de beauté, mais elle vient de tomber par la lecture de votre billet ; je comptois au moins sur une petite musique ce soir, je tournerai donc mes pas du côté de monsieur et madame Voisin, ce qui sera suivi d'une visite à madame la princesse de Conti, ne pouvant tarder davantage à y aller : j'espère que vous aurez bientôt votre tableau, et je me fais un grand plaisir de celui qu'il fera. Je ne puis me résoudre à voir madame la Princesse, par la colère où je suis du mal qu'elle nous a fait aujourd'hui ; nous en dirons de bonnes demain à tous ces gens là : c'est ma consolation. Dans la vigueur où je suis, Chaillot m'auroit fait tous les biens du monde ; et j'aurois remis volontiers mes coquetteries à un autre jour.

LETTRE XVIII

Je ne vous ai point voulu agacer ce matin, parce que j'ai cru que le repos et la retraite vous étoient absolument nécessaires, je me suis même souvenue que vous pouviez avoir beaucoup de lettres à écrire; mais après dîné, si vous n'avez point de rendez-vous, ne seroit-il pas bien raisonnable de prendre un peu de récréation, de recevoir une visite si longue et si courte que vous la voudrez, de jouer un peu au piquet, ou d'y regarder jouer? Tout au moins je m'en flatte, pendant le travail de monsieur de Ponchartrain, seule ou en compagnie. Enfin je suis à vous d'effet, de volonté, et par mon oisiveté; je m'offre de tout mon cœur, sans considérer que je suis née offerte. Que je vous plains des visites de demain! Si les partager avec vous pouvoit en diminuer le poids, j'irois avec empressement. En attendant, je suis bien aise d'avoir madame d'Haussy; c'est toujours avoir quelque chose de vous. Deux louis que je vous dois et que je vous porterai, ne vous tenteroient-ils point?

LETTRE XIX

Votre maison de la ville ne sauroit être un rempart contre mes propositions. Il n'est pas possible, quelque affaire que vous ayez, quelque remède, quelque repos que vous y cherchiez, qu'il n'y ait un intervalle pour un peu de récréation. L'éloignement ne doit point entrer dans les égards que vous voulez avoir continuellement, puisque je me fais porter. Tout ce qui pourroit me retenir, c'est qu'en m'offrant, je sens que je n'offre rien, et qu'en demandant de vous voir, je demande beaucoup.

Mon magasin n'est pourtant point mal rempli par une petite amie que je vis hier au soir. Permettez-moi de vous représenter sur le roi, qu'il ne faut pas toujours examiner bien rigoureusement le degré d'ennui : il faudroit en changer comme s'il voulait *changer de sotte*[1], et songer de préférence à tout, à passer un temps assez pénible pour vous : hier il avoit de l'humeur; cela se pouvoit-il autrement? Il étoit accablé de chaud et de lassitude. Comme il n'y a que la vérité qui puisse tirer d'embarras, permettez qu'ayant oublié de vous dire que madame d'Espinoy a prié Blouin de prendre son temps pour demander pour elle une audience au roi, je vous l'écrive : on me demandera si je vous l'ai dit; et j'aurois été toute déconcertée, si je n'en avois rien fait : le reste est superflu. Vous savez, ma chère tante, mon amitié et ma reconnoissance pour elle; et moi je sais quelque chose de bien meilleur, c'est que vous l'estimez, et que vous vous intéressez véritablement à ce qui la regarde. Je ferai des amitiés de votre part à madame de Mailly; et je crois que vous ne m'en désavouerez pas. A l'égard de madame de Miossens, j'en suis si honteuse, que tout ce que je pourrai faire, sera de lui rendre votre réponse : après quoi, je couperai bien court. Adieu, ma chère tante, toute réflexion faite je désavoue le sentiment que je vous montrai l'autre fois : toutes nos chères dames vous demeurent; usez-en, et pour vous et pour elles : et moi, surintendante de vos plaisirs, je laisse ici tous les miens.

C'est toujours pour son fils que madame d'Espinoy parlera. L'affaire du mariage est tombée; il n'en a pas été question.

---

1. Allusion au mot bien connu de Louis XIV que madame de Caylus a rapporté dans ses souvenirs. Cf. p. 90.

LETTRE XX.

Ce n'est pas troubler le repos que vous m'avez ordonné, que d'avoir l'honneur de vous écrire : il faut bien prendre quelque plaisir, et je n'en sache point un plus grand d'ici à samedi. Il court un bruit qui m'inquiète, que le maréchal d'Harcourt fait prendre à l'armée des vivres comme pour quelque expédition ; je le voudrois et je le crains. J'ai reçu une lettre de ce général, qui ne m'en parle pas, comme vous pouvez croire, mais bien de votre santé, dont il s'informe toujours avec soin : il me prie de vous faire sa cour, de vous assurer de ses respects, et de vous répéter souvent que s'il ne vous écrit point, c'est par égard pour vous. Il couroit ces jours-ci à Versailles un bruit, qui n'est, je crois, qu'une sottise, mais les sottises embarrassent quelquefois les têtes faibles ; on dit qu'il y a des partis répandus et des gens cachés aux environs de Paris : monsieur Blouin devroit, sans rien dire, faire tenir des gardes de chasse sur le chemin de Saint-Cyr, le matin et le soir, pour plus grande sûreté.

Je ne me porte point trop mal, quoique mon mal ne soit pas cessé. J'espère que j'en serai quitte avec du repos et de l'ennui ; remède que j'observe exactement. Je me transportai hier en esprit chez monsieur Desmarets : il doit être bien content de la défense de son gendre ; si nous pouvions encore la rendre plus glorieuse ! J'avoue que je le souhaite assez pour passer par-dessus mes craintes particulières. Il ne manquoit, à votre grande lettre, que quelques mots de madame la duchesse de Bourgogne : pour la mienne, je crois que vous trouverez que tout y est superflu. De quoi s'avise monsieur de

Pontchartrain d'être long, sans que nous en profitions? La belle soirée perdue! Je suis sortie de chez moi avec une confiance merveilleuse, madame de Dangeau m'a fait rentrer dans ma misère. Mais est-il possible que le roi ne fût pas charmé de nous voir? Quoi qu'il en arrive, les quatre heures, qui restent jusqu'à dix, nous paroîtront plus longues qu'à l'ordinaire. Si j'en suis malade, c'est par amitié pour vous : monsieur Fagon en convient ; tant les tristesses de ma chère tante frappent l'imagination de la petite et très tendre nièce!

LETTRE XXI

Je ne suis point contente d'avoir passé mon après-dînée à amuser notre duchesse[1]; j'allais y renoncer, quand vous êtes partie. Nos dames m'ont quittée presqu'en même temps que vous. Je réfléchis sur votre semaine, et je ne la saurois trouver bien ordonnée qu'il n'y ait un peu plus de la petite nièce : pourquoi n'en pas vouloir quelquefois avec la petite famille? Elle seroit aussi hébétée au jeu que vous la voudriez; elle travailleroit si sagement, elle écouteroit ou feroit la lecture avec tant de plaisir; enfin (et c'est peut-être bien là la meilleure raison pour la faire recevoir), elle partiroit au moindre signe. Si vous voulez la laisser au monde, elle vous assure, sans hypocrisie, qu'elle retrouvera pour lui encore plus de temps qu'il ne lui en faut. Elle ne voit après tout que les *cabales*, qu'elle voit assez avec vous, ou ces maréchaux de France qui ne la charment pas au point de ne s'en pouvoir passer; elle craint les ministres;

---

1. La duchesse de Berry.

elle n'aime point les princesses. Si c'est le repos que vous lui voulez, elle n'en trouve qu'avec vous; si c'est sa santé, elle y trouve son régime et sa commodité, en un mot, elle trouve tout avec vous, et rien sans vous. Après ce sincère exposé, ordonnez, mais non pas en Néron.

Savez-vous qu'il est arrivé un courrier d'Angleterre? Des connaisseurs en physionomie prétendent que les nouvelles sont excellentes; et, malgré tant de biens qui nous arrivent, vous nous mettez en pénitence. Je me porte à merveille aujourd'hui. Je me suis si bien mise à l'ombre que je ne vois goutte en vous écrivant. Vous voudriez bien ne pas voir plus distinctement ce monsieur de Pontchartrain, si savant dans l'art d'ennuyer [1].

---

1. Le caractère désagréable de Pontchartrain était devenu proverbial à la cour du grand roi. Saint-Simon trace en ces termes le portrait du personnage : « Son naturel pervers, que rien n'avait pu adoucir ni redresser le moins du monde, perçoit partout; il aimoit le mal pour le mal, et prenoit un singulier plaisir à en faire. Si quelquefois il faisoit du bien, c'étoit une vanterie qui en faisoit perdre tout le mérite, et devenoit synonyme au reproche; encore l'avoit-il fait acheter chèrement par les refus, les difficultés dont il étoit hérissé pour tout, jusque pour les choses les plus communes, et par les manières de le faire qui piquoient, qui insultoient même, et qui lui faisaient des ennemis de presque tous ceux qu'il prétendoit obliger, avec cela, noir, traître, et s'en applaudissoit; fin à scruter, à suivre, à apprendre, et surtout à nuire. Pédant en régent de collége avec tous les défauts et tout le dégoût d'un homme né dans le ministère et gâté à l'excès.

« Son commerce étoit insupportable par l'autorité brutale qu'il y usurpoit, et par ses infatigables questions; il se croyoit tout dû, et il exigeoit tout avec l'insolence d'un maître dur. Il s'établissoit le gouverneur de la conduite de chacun, et il en exigeoit compte; malheur à qui l'y avoit accoutumé par besoin, par lâcheté; c'étoit une chaîne qui ne se pouvoit rompre qu'en rompant avec lui. Outre qu'il étoit méchant, il étoit malin encore, et persécuteur jusqu'aux enfers quand il en vouloit aux

LETTRE XXII

Il est vrai que j'aime fort madame de Listenoi, et qu'outre les raisons de proximité, j'ai été très touchée de l'amitié qu'elle m'a témoignée depuis que je suis ici; elle a de l'esprit, elle est très capable de réflexion. Je lui ai déjà parlé conformément à ce que vous m'écrivez; je crois que vous en serez contente par la suite. Celui qu'elle a choisi pour faire sa confession générale, ne m'est connu que par la confiance de presque toute ma famille : je l'ai vu assister à la mort madame de Saint-Hermine et son fils; il m'a paru d'un caractère doux et raisonnable : nulle âpreté dans sa dévotion; les livres qu'il a conseillés jusqu'à présent ne sont point suspects : j'espère enfin, ma chère tante, que vous en serez contente, et par rapport à elle et par rapport à votre Princesse, qui mérite bien toute l'amitié que vous avez pour elle, et même toute la prévoyance et la sollicitude que cette amitié vous donne.

gens; ses propos ne démentoient point les désagrémens dont il étoit chamarré. Ils étoient éternellement divisés en trois points, et sans cesse demandoit, en s'applaudissant, s'il se faisoit bien entendre, avec qui que ce fût maître de la conversation, interrompant, questionnant, prenant la parole et le ton, avec des ris forcés à tous moments qui donnoient envie de pleurer. Une expression pénible, maussade, pleine de répétitions, avec un air de supériorité d'état et d'esprit qui faisoit vomir et qui révoltait en même temps...... Il disoit aux gens les choses les plus désagréables avec volupté, et réprimandoit durement en maître d'école sous prétexte d'amitié et en forme d'avis. Son délice étoit de tendre des panneaux, et la joie de son cœur de rendre des mauvais offices. » On voit par cette esquisse originale combien madame de Caylus avait raison de trouver Pontchartrain *si savant dans l'art d'ennuyer.*

LETTRE XXIII

Le maréchal de Joyeuse se meurt[1], ou est mort. Son gouvernement, le retour du maréchal d'Harcourt, le besoin qu'il a des grâces du roi, à cause du délabrement de ses affaires, et du nombre excessif d'enfans que vous lui connoissez sans ceux que vous ne lui connoissez pas, sa santé que le chagrin a fort altérée : voilà, ma chère tante, ce qui m'occupe en ce moment, mais avec tant de vivacité, que ma main s'est portée, comme malgré moi, à ma plume. La perte du gouvernement de Tournai ne pourroit-elle point fournir une raison à opposer aux prétendans, qui ne sont pas dans un pareil cas? Vous êtes vous-même, ma chère tante, trop bonne amie pour ne pas pardonner les imprudences qui n'ont que ce motif : aussi je ne saurois être en peine de vous exposer mes inquiétudes et mes désirs. Voilà un billet bien indiscret ; heureusement je ne m'en aperçois qu'après l'avoir écrit.

LETTRE XXIV

Notre petite amie est toujours malade : elle est pleine de confiance et de courage ; elle croit que ce sera le dernier accès de son mal. Je suis passée chez vous pour voir si un peu de piquet, tiré de ma poche, seroit rejeté.

---

1. Jean Armand, marquis de Joyeuse Grandpré, avait été créé maréchal de France en 1693. Après avoir commandé, en 1694, l'armée d'Allemagne, et en 1696, celle de Normandie, il avait quitté le service actif, et Louis XIV l'avait nommé en 1703, gouverneur général du pays Messin et du Verdunois, charge qu'il conserva jusqu'à sa mort, arrivée en 1710.

Mais vous n'êtes pas revenue de votre Thébaïde ; et tout se met en mouvement pour le retour du roi. Il a travaillé ; il ne sera pas question de joie de tout le jour. J'ai dîné chez monsieur Desmarets : je n'y allai point hier ; il est triste, et piqué contre les généraux : je m'imagine qu'il a besoin de vous voir. Je crois sans peine que c'est un remède à tous nos maux. Je joue d'un grand malheur. Les visites me viennent toujours dans le temps de vos messages. Je n'avois pu que parcourir votre lettre : mais enfin je l'ai lue à mon aise, et j'en suis enchantée. Le motif que vous me donnez pour adoucir mes maux, est bien flatteur pour moi ; mais ce n'est ni celui-là, ni la peur de devenir insupportable à ceux qui ont la bonté de s'y intéresser, qui me fait assurer que ma santé est bonne : c'est qu'en effet, ma chère tante, je suis en état d'aller chez vous, et d'être couchée, si vous voulez me ménager pour le brelan. Je crois qu'après que vous m'aurez un peu dorlotée, je serai en état d'entreprendre une plus grande fatigue. Enfin je ferai tout ce que vous voudrez ; et je n'irai chez vous qu'avec une volonté bien souple entre vos mains. Il est vrai, qu'une rentrée dans le monde pour *George Dandin* sera tout à fait bienséante. Aussi il y a longtemps que je la méditois. Mais ce seroit trop écrire, et je vais me conserver. Je veux me flatter que le roi ne me reconnût point hier : j'aime mieux qu'il en coûte à mon visage, et pouvoir supposer qu'il auroit eu la bonté de me dire un mot.

LETTRE XXV

Que n'ai-je toutes les grâces d'un esprit léger, pour introduire dans votre solitude la plus légère de toutes les quenouilles! Elle est jolie, si vous voulez; mais après cela, elle vous est donnée par une personne qui, quand elle sera à votre côté, voudroit bien ne la pas perdre de vue, et dont la situation présente n'est pas fort agréable, et qui peut vous assurer qu'elle compte se divertir aujourd'hui comme on ne se divertit point. Que peut-elle voir en effet? que des femmes dont le système est si différent du sien, qu'elles ne peuvent jamais être à l'unisson, fut-ce même sur les fichus et sur les coiffures. Je m'entendrai dire que j'ai un visage à faire contre, vous savez bien quoi, et que, si aujourd'hui ou demain on étoit dans l'état où je suis, on sauroit prendre des spécifiques que les médecins de la cour ne donneront jamais. Mais c'est trop discourir : partez, ma quenouille; il n'y a point d'ironie à dire que je vous envie, rien n'est plus vrai. Parlons sérieusement : voici une chose qui m'embarrasse; c'est la dame de Saint-Pierre, qui part demain au soir avec un regret infini si elle ne vous voit pas; le mérite qu'elle a acquis dans ses voyages me met fort dans ses intérêts, et son prompt départ vous mettroit à couvert des suites. Cependant je ne veux point, comme vous dites quelquefois, payer de votre personne pour me faire valoir à Utrecht.

Passe pour le cédrat envoyé à madame de Dangeau, passe encore pour toutes les caresses; il faut avouer que toute sa personne y invite assez. Mais Saint-Cyr! et Saint-Cyr sans moi! quelles nouvelles! Je sens en ce moment la jalousie la plus vive, l'Envie, jaune fille d'enfer, etc.

> Tout ce que la rage fait dire
> Quand elle est maîtresse des sens.

J'avais une légère espérance de pouvoir moi-même

vous rendre cette lettre du maréchal d'Harcourt : mais n'ayant pu avoir l'honneur de vous voir, je crois, comme elle ne gagneroit rien à vous être présentée de ma main, qu'elle ne perdra pas non plus à vous être envoyée : il me mande qu'il se plaint à vous de ce que mon importance m'empêche de lui écrire. Je viens de chez monsieur le Dauphin[1], on m'a refusé la porte; les exceptions sont dangereuses : l'appétit est revenu, il se joue avec beaucoup de gaieté : tranquillisez-vous donc, ma chère tante, je n'ai rien appris aujourd'hui. L'indignation continue parmi les honnêtes gens; les autres traitent ce crime de bagatelle. Je sais bien mauvais gré au soleil de luire avez tant d'éclat dans mon cabinet, quand vous n'y êtes pas.

LETTRE XXVI

Il y a bien longtemps, ma chère tante, que je n'ai eu l'honneur de vous voir, et il s'est passé tant de choses qui en ont prolongé la durée, que j'ai toutes les peines du monde à comprendre qu'il n'y a pourtant que trois jours. Vous avez eu la fièvre cette nuit, vous l'aurez encore ce soir; vous avez joué au piquet sans moi. L'accident arrivé au maréchal d'Harcourt, tient aussi une place considérable dans la durée de ce temps, mais j'ai appris que nous dînerons demain avec vous; nos dames y comptent. Si vous vouliez ajouter à cette consolation celle de nous avouer, que vous avez trouvé monsieur Pelletier, tout court qu'il est, un peu long, nous aurions lieu d'être contentes de vous. J'espère que je vous montrerai bientôt un ouvrage, qui vous fera voir que mes peines, tant de corps que d'esprit, ne m'empêchent pas de penser à ce qui peut vous plaire. Je ne vous mande point des nouvelles du maréchal d'Harcourt, parce que madame de Villefort vous en a dit de ma part; il prend demain de l'émétique, et part après demain. Vous êtes seule, je voudrois bien que votre cabinet fût aussi inaccessible aux lettres et aux tristes pensées qu'aux personnes, pour m'y transporter encore, en esprit, et en argent, si vous le voulez. Est-il vrai que vous n'avez eu que le tête-à-tête de Jeanneton pour toute ressource? Quand vous me voudrez, mademoiselle d'Aumale m'appellera par la cheminée... Voilà vos ordres. J'accepte avec plaisir la partie que vous m'offrez, quoique fondée, si je ne me trompe, sur un principe qui n'a rien de bien agréable, ni dont je puisse convenir. La fin de votre billet est d'une injustice extrême : je n'y puis faire d'autre réponse que celle-ci :

Et Phèdre dans son cœur se rend plus de justice.

Je suis aussi touchée de votre dernière bonté que si je n'y étois pas accoutumée. J'ai appris des choses qu'il est bon que je vous dise, et que je ne puis écrire.

LETTRE XXVII

Je viens d'éprouver tout à l'heure l'espèce de crainte qu'on a pour les gens qu'on aime : vous aviez envie d'être seule, et je n'ai osé vous dire que j'aurois été bien aise de vous parler un moment. J'ai donc recours à ma ressource ordinaire, pour vous rappeler une conversation que j'ai eue avec vous dans la forêt de Fontainebleau. Je vous y dis, ma chère tante, que je n'avois d'autre vue en ce pays-ci pour moi, que celle d'y jouir de votre commerce, mais que j'y avais une extrême passion d'y attacher mon fils auprès de monsieur le Dauphin, ce qui seroit très important pour lui, soit que je le marie, ou ne le marie pas si tôt. Si monsieur de Caylus vivoit, il seroit encore menin; grâce, qui, comme vous savez, ne lui avoit été accordée que par vous et pour moi : mon fils a les mêmes raisons, et n'a pas les mêmes sujets d'exclusion. Si le roi ne rend pas à monsieur d'Antin une place dont il s'étoit défait, et qu'il n'y ait personne dans la famille pour qui il la demande, croyez-vous, ma chère tante, que j'y puisse penser et que j'aie quelques démarches à faire? ou croyez-vous qu'il faille attendre que mon fils soit un peu plus connu? Je vous expose mes pensées assez mal digérées, parce que je sais que je ne hasarde rien avec vous : mais sûrement après vos bonnes grâces, il n'y a rien que je souhaite plus passionnément, que de voir mon fils attaché à monsieur le Dauphin.

Le roi va tirer. Madame la Dauphine se porte assez bien : j'ai été savoir de ses nouvelles : elle m'a fait l'honneur de me faire entrer; et je puis vous assurer, ce que vous croirez sans peine, qu'il n'y a rien de plus fleuri que son teint; je crois qu'elle alloit se remettre au lit, elle compte pourtant vous allez voir. Madame de Villacerf s'est évanouie véritablement en entrant dans sa chambre; j'y étois encore : l'émotion de cet accident, jointe à la foiblesse de ses jambes, m'a presque invitée à en faire autant. Vous aurez ce qui fait le plaisir de votre jeu : je n'ai osé convier madame d'O, nous aurons madame d'Elbœuf.

LETTRE XXVIII

Il est vrai qu'on ne sauroit trop prendre garde devant qui on parle, ni trop peu parler. Mais je suis affligée de tout ce qui vous confirme dans la crainte que vous avez du monde; un jeu de société vous est nécessaire. On est bien à plaindre de voir au travers d'un nuage, surtout quand il est aussi aisé de l'ôter! Il me sera aussi aisé de vous obéir à l'égard de madame d'Haussy. Sa douceur, et l'envie qu'elle a d'acquérir du mérite, donnent une grande facilité et un grand courage pour les avis : elle me paroît lire avec plaisir les livres de piété; je ne m'incommode en aucune façon du monde pour elle : elle est souvent dans ma chambre, comme n'y étant pas pour moi. Soyez assuré de ma protection à la Chancellerie, et que je seconderai de mon mieux les grandes vues que vous avez à la Cour; il est bien vrai qu'elle sont grandes, et que je serois bien heureuse, en les secondant, de les imiter dans leur perfection.

L'adieu est bien long jusqu'à demain : n'y a-t-il point de Chancelier en robe courte, qui me soit favorable! Croyez-vous, ma chère tante, que l'impatience que j'ai toujours de vous voir ne soit pas redoublée par ce que vous avez eu la bonté de m'écrire? Si les moindres choses qui me viennent de vous me vont au cœur, jugez de l'effet de votre derniere lettre. Je n'avois garde de parler de ce qui regarde monsieur et madame Desmarets; j'espère que vous serez de plus en plus, persuadée que je sais me taire. Madame de Remiremont m'a priée de savoir de vous, si vous n'auriez point à Saint-Cyr quelques demoiselles, qui, ne voulant point être religieuses, et ne pouvant se marier, voudroient quelques prébendes de Remiremont : elle seroit ravie d'en avoir, vous savez qu'il faut des preuves de mères.

LETTRE XXIX

Soyez en repos, ma chère tante, sur le personnage que je vous ferai faire. Je suis aussi délicate que vous-même, et beaucoup plus que je ne le serois pour moi. J'aime bien madame de Dangeau : mais si je ne voyois qu'elle trouve son plaisir avec vous, si je soupçonnois qu'il y entrât de la complaisance, des égards, de la considération, autre chose enfin que la véritable amitié et le goût personnel, je ne vous la proposerois pas. Elle sera avec sa famille jusqu'à la promenade, c'en est autant qu'il lui en faut : sa véritable récréation est d'être avec vous. Savez-vous, ma chère tante, qu'en vous abîmant, c'est nous jeter, nous autres, dans un puits? Avec madame Voisin! miséricorde! Vous me faites transir : nous y dînerons demain : elle l'accepte avec plaisir, nous mande-t-elle, et c'est bien fait de lui donner le pas : j'irai un peu fourrer là mon nez pour la compagnie. Je reviens aux personnages : vous faites celui que vous avez toute votre vie fait, le seul qui vous convienne, celui de ravir et de charmer, au moins nous autres, et tous ceux qui ne se soucient que de ce qui s'écrit dans la gazette. Vous êtes-vous souvenue de Sainte Marthe ma patronne? J'ai reçu un bouquet de mademoiselle d'Aumale; mais je voudrois vos prières et les siennes. Est-ce la grande solitude aujourd'hui, ou une solitude mitigée? Le temps s'écoule, et je n'entends parler de rien. Je crains...

Les gens qui n'ont qu'une affaire, sont dangereux : et

quand l'oisiveté s'y joint, c'est encore pis ; ces réflexions ne m'empêchent pas de revenir à la mienne. Que les autres vous soient insupportable, je vous le passe : mais que vous le soyez aux autres, voilà ce que je ne puis supporter. Est-il possible, après les nouvelles d'hier, celles d'hier au soir, et ce que vous a dit votre petit doigt[1] ce matin, que vous ayez des pensées si noires et si injustes.

LETTRE XXX

On me dit, en ce moment, que le roi va chez vous à cinq heures, qu'il a travaillé avec son ministre. Ainsi nous sommes sans espérances. Cependant comme on ne s'en défait pas aisément, je vous donne avis que je suis chez moi, que je n'en partirai point, parce qu'une agréable sympathie m'a donné un mal auquel vous êtes encore moins sujette que moi. Il est temps de renouveler les fonds. Mais sans reproche nous avons bien joué, et bien perdu pour cent francs : ainsi ne craignez pas que je vous en redemande de sitôt. Je ne sais du tout quels beaux yeux vous ont si fort éblouie. Il n'en est guère qui fassent tant d'effet. En gardant le lit, je me suis préservée du froid, et préparée à la grande journée de demain : celle d'aujourd'hui m'a paru triste. Et, en vérité, je n'en trouve de bonnes que celles où je *cabale*[2]. Des pilules,

---

1. Madame de Maintenon avait écrit à madame de Caylus : « *Mon petit doigt* m'a dit que les nouvelles d'Angleterre sont bonnes. » C'est à cette phrase que madame de Caylus fait allusion.

2. Madame de Maintenon appelait sa *cabale*, la réunion intime des quelques dames admises dans sa société, mesdames de Dangeau, de Caylus, etc. De là le verbe *cabaler*, employé par madame de Caylus dans une acception tout à fait spéciale.

que je pris hier au soir, et qui n'ont pas eu la complaisance de faire leur effet de bonne heure, feront que vous n'aurez que les *chères Dames*. Je ne leur porte point d'envie, car je ne suis point envieuse de mon naturel. Mais je voudrois bien partager les plaisirs de votre soirée, et être témoin de votre déconfiture. Vous voyez, madame, que le présent ne me fait pas oublier l'avenir, et que le plaisir de vous voir aujourd'hui est déjà passé, quoique je n'en aie pas encore joui.

Je vous ai envoyé un livre si fort à la hâte, que je n'ai pu vous avertir de passer la généalogie de l'auteur, et de lire surtout les notes. J'espère qu'elles vous amuseront : elles tiennent plus de place que tout le reste du livre. Il est vrai que la duchesse de Noailles a donné un peu de vie; mais je sentois qu'elle prenoit sur la mienne : je me porte pourtant bien ce soir. Je vous envoie ce livre, que l'abbé Genest [1] vouloit vous présenter : je m'en suis chargée, pour vous épargner une révérence et un compliment dans quelque passage.

M. d'Harcourt n'est pas sans espérances, que les affaires du Nord ne forcent l'Empereur à faire aussi promptement la paix que vous le désirez, mais qu'il faut toujours s'attendre qu'il résistera le plus qu'il pourra. La duchesse de Noailles vous prie de croire que l'ambassadrice, à qui elle donne à souper, n'aura les entrées chez elle que longtemps après que vous en serez sortie. Dans le temps que mademoiselle Léger est entrée, j'allois mettre la main à la plume. Un rayon de soleil, qui

---

1. L'abbé Charles-Claude Genest, littérateur français, membre de l'Académie française (1698), né à Paris en 1639, mort en 1719. Lié avec le duc et la duchesse du Maine, il composa pour eux diverses tragédies qui furent représentées avec succès à la cour de Sceaux, mais échouèrent devant le public de Paris.

paroît assez mal à propos, me donnoit de belles pensées. Je ne verrai donc point mes chères dames, disois-je, et elles n'y gagneront rien : point de ressource! Il n'y a rien où se reprendre. Mademoiselle Léger vous aura fait le détail de mon soulagement. Mais j'en aurois besoin d'un autre. Qui ne vous voit pas, ne goûte rien. J'ai donc un regret infini de ne pouvoir partager avec vous le dos de monsieur Pelletier. Vous devriez bien envoyer chercher cette grosse d'O. Pour moi, je suis très contente que vous vous accommodiez des niaises, et je renonce au premier rôle. On ne sauroit donc être tranquille un seul jour. Le moyen que je me repose! vous avez donc la fièvre. N'est-ce donc point assez que mon estomac me reproches ces vilaines asperges? Il faut que mon esprit me les reproche aussi : je suis dans les remords, dans la crainte, et bien peu d'espérance pour demain. Nous n'avions garde de ne pas vous ordonner de dîner demain avec nous. Et je ne vous conseille pas de vous commettre à notre empire, quand vous ne voudrez pas nous voir. Nous en sommes des plus affamées. Pour moi, je sens que ma santé en a grand besoin.

LETTRE XXXI

J'ai vu dans ma chambre tout à la fois le plus grand des princes, une Dauphine plus aimable que celle dont madame de La Fayette sut faire un portrait si charmant, un Dauphin l'effroi des courtisans et les délices du peuple, ma tante, et ma tante jouant au piquet pour m'amuser, madame de Dangeau : enfin que me manquoit-il? et que me reste-t-il? Que le souvenir de ma gloire et de mes plaisirs passés.

Notre affaire n'est pas faite, mais nous espérons qu'elle se fera. Il y a quelque apparence que madame la duchesse de Berri n'aura pas le sou; qu'elle parlera à monsieur le duc de Berri; que madame de Pompadour arrivera avec cette éloquence qui charme monsieur Fagon, et que madame de La Vieuville sera dans nos intérêts. Voilà où nous en sommes. Je n'ai ni vos inquiétudes, ni votre courage.

LETTRE XXXII

L'affaire de madame de Gouvernet est bien traversée : le compte que je vous en veux rendre n'est que pour continuer à vous en instruire, comme je ferois dans une conversation.

Madame de Torcy a rendu la lettre de madame de Gouvernet la grand'mère, et a fait au roi la recommandation de la reine d'Angleterre. Le roi a répondu qu'il avoit entendu parler différemment de cette affaire par monsieur Voisin et par monsieur Desmarets, mais qu'il falloit qu'il la rapportât au conseil d'État. Cet incident est fort mauvais pour nous, parce que nous aurons contre nous monsieur le chancelier et monsieur Desmarets, ce dernier par un banquier de Lyon à qui madame de Virville a marié sa fille : ce banquier est riche et dans les affaires homme d'esprit et de ressource, et est très bien avec le contrôleur général qui pourtant n'auroit naturellement rien à voir dans cette affaire. Il n'est question que d'obtenir ou d'empêcher que le roi ne fasse pour cette succession ce qu'il a fait à la mort de madame d'Hervart dont vous vous souvenez bien, puisque vous l'obtîntes du roi. Nous en avons le brevet, que j'ai fait voir à monsieur Voisin : les mêmes raisons subsistent : et la conjoncture est plus favorable par la considération de la reine d'Angleterre et par les malheurs de madame de Gouvernet, qui n'a plus que cette ressource, et qui, comme vous savez, n'est pas moins digne d'estime que de pitié.

La grâce que madame de Gouvernet demande au roi, ne la favorise en rien personnellement : puisqu'aucun des effets de la succession de son frère ne doivent sortir du royaume. Elle la met seulement en état de rendre justice à sa famille, et de faire un partage conforme aux lois, à l'ordre naturel, et aux usages reçus parmi des gens de cette condition : ce qui par un cas particulier, et qui demande une attention digne de la bonté et de la justice de Sa Majesté, ne se pourroit plus espérer, si madame de Gouvernet étoit jugée morte civilement, sa représentation n'ayant point de lieu dans la coutume où les biens du sieur d'Hervart sont situés. Madame de Gouvernet sa sœur n'héritant point, cette grande succession passe tout entière à l'abbé de Gouvernet et à madame de Virville sa sœur. Monsieur le marquis de Gouvernet étant mort, il y a plusieurs années, la marquise de Gouvernet, qui est à Londres, disposera de son bien, selon ou contre les lois. Si c'est selon les lois, le roi, qui ne veut que la justice, la verra satisfaite : si c'est contre, tout ce que madame de Gouvernet aura fait deviendra nul.

LETTRE XXXIII

Zéphyr est arrivé tantôt avec une si grande quantité d'oranges, qu'il en gémissoit sous le poids; mais je n'ai pu y donner, en ce moment-là, toute l'attention que j'aurois voulu. Monsieur de Contade¹ étoit dans ma chambre, et vous croyez bien que j'avois quelques questions à lui faire. Je lui en fis sur monsieur le Duc dont il m'a dit beaucoup de bien : il ne savoit rien des lettres ni interceptées, ni reçues, ni écrites, et ce n'est qu'ici qu'il l'a appris. Il m'a dit aussi beaucoup de bien du comte de Mailly sans que je lui en parlasse; de mon fils, il n'avoit garde de m'en dire du mal. A monsieur de Contade a succédé monsieur le maréchal d'Harcourt, qui m'a proposé de faire apporter son dîner; j'y ai consenti : un instant après, madame la duchesse de Guiche lui a envoyé demander la soupe : je me suis trouvée tout à coup dînant en très grande compagnie; mais la fin du dîner du roi m'a tirée d'intrigué. Je suis seule, et je reviens aussitôt à l'envie que je porte à Fanchon; mais M. Thibault, homme très considérable dans mes affaires, entre dans ma chambre avec une liasse de papiers à faire trembler. Vous quitter pour lui est une action si héroïque qu'elle demande récompense. Un peu de piquet ce soir, pendant le travail de M. Voisin, me paroît nécessaire à toute la *cabale*. Je ne sais pourtant si madame de Dangeau ne voudra pas se reposer; mais, je fais si bien sans elle, que, si vous donniez tant soit peu moins à vos passions, vous en seriez bien aise. Puisque j'ai la plume à la main, il faut que je vous écrive une chose que je ne trouverais peut-être de longtemps à vous dire. Est-il vrai que notre ami Legendre a une mauvaise affaire sur le corps? qu'il court risque d'être révoqué? J'en serais vraiment bien fâchée : c'est le petit Bontemps qui me l'a dit. Adieu, ma chère tante; je vous quitte pour M. Thibault, et en vérité, il ne vous vaut pas.

1. Major du Régiment des gardes.

LETTRE XXXIV

La duchesse de Noailles ne sauroit encore sortir aujourd'hui, moins pour son mal, que pour quelque chose qu'on a mis à son pied, et ce quelque chose n'est point un parfum. J'en suis bien aise, je vous l'avoue. J'aurai une raison indispensable d'aller chez vous, surtout après l'alarme de ce matin. Je me porte si bien, que si je ne craignois de vous déplaire, j'irois à l'instant vous dire tout ce que je sais. Le roi n'ira-t-il chez vous qu'à trois heures? De-là dépend ma sortie pour éviter quelques pas de plus. Voyez combien je me ménage et vous obéis. Votre retraite est-elle simplement de repos pour éviter les importuns du Château? Je vous envoie une lettre de M. de La Feuillade[1] : il est pénétré de reconnoissance pour vous. Il n'a pas tort. Que je sache au moins de vos nouvelles.

LETTRE XXXV

Il y a plusieurs jours que je garde cette lettre du pauvre Bonrepos pour vous la lire moi-même. Je m'imaginois que vous en seriez moins importunée, et qu'il seroit plus court de retirer sur le champ celle qu'il veut faire donner au roi. Mais cette manière d'abréger est comme la négligence de madame de Coulanges. Je vous

---

1. François, vicomte d'Aubusson, duc de La Feuillade et du Roannais, maréchal de France depuis 1675. Il se rendit surtout fameux par son admiration sans bornes pour Louis XIV, auquel il fit élever une statue en bronze doré sur la place des Victoires, qu'il avait, en partie, établie à ses frais.

envoie donc mon paquet, qui ne vous est présenté que pour que vous soyez informée, en cas que le roi vous en parlât et vous aurez la bonté de me renvoyer la lettre qui est pour lui. Puisque la vertu nous manque, montrons-lui que nous savons nous en passer : adonnons-nous sans scrupule au libertinage. Je sais ce que l'Académie dira du mot *acoquinée*, mais j'en sens, moi, toute l'énergie avec vous. La duchesse de Noailles veut bien vous donner à dîner demain. Il ne fumera point dans mon cabinet. J'imagine que votre journée pourra être assez douce, la matinée tranquille, le dîner raisonnable, et le piquet charmant. Et comme un de vos grands plaisirs est d'en faire à ceux qui en manquent, et à ceux que vous aimez, je vous annonce les niaises et les amies fort contentes de la distribution de cette journée.

LETTRE XXXVI

Je n'ai point été chez vous, ma chère tante, parce que le nez prié est encore à naître. Je ne me suis point proposée, parce que le nez proposé est né en ma personne pour vous. Je goûte le repos et la solitude, fort aise de trouver qu'elle me plaît. Je m'en vais faire au P. Le Tellier une visite, que je médite depuis longtemps. Je jouerai la comédie ce soir avec plaisir. Quoi? la comédie? Monsieur Voisin, monsieur Desmarets ne vous donneront pas la moindre envie de jouer au piquet? N'aurez-vous nul égard à tout l'argent que vous me gagnâtes hier? Je suis piquée au vif. Vous m'avez insultée dans ma perte, et vous m'y laissez sans aucun égard. La demie est sonnée : monsieur Voisin est passé, il y a longtemps, et je n'ai plus d'espérance.

LETTRE XXXVII

Il y auroit bien des charges vacantes et bien des charges données, avant que je pusse vous joindre. J'ai pourtant un ami qui veut que je vous parle : c'est monsieur d'Huxelles. Sachez donc que s'il ne demande pas d'être capitaine des gardes, son allure, qui n'est pas leste, et les cinq cent mille francs qu'il faut donner, mettent un frein à la passion qu'il a toujours eue d'avoir une charge, qui l'attachât auprès de la personne du roi. Si pourtant Sa Majesté lui faisoit l'honneur de penser à lui, je crois qu'il trouveroit de l'argent, et des jambes, au moins pour trois mois dans l'année. Je vous écris, madame, dans l'espérance de recevoir la récompense du sacrifice que je vous fis de ce dîner-du roi. J'attends dans mon lit le mystérieux Léger : j'ai de l'effilé à ma tête pour enseigne de mes désirs.

Le repos, le silence et le chaud vous sont nécessaires : mais c'est pourtant triste de n'avoir que la seule Fanchon : que ne puis-je me glisser sous sa forme ! pendant l'absence de monsieur de Pontchartrain, je bavarderois, je lirois : mais je ne vous dirois rien de chagrin de monsieur le Duc, parce que je n'en sais rien. Selon que les visites rendront, je vous écrirai, puisqu'au moins cette manière de pénétrer jusqu'à vous est sans inconvénient.

Vous devriez bien me permettre de vous envoyer madame d'O, pendant que monsieur Voisin travaillera avec le roi : je serois de moitié avec vous, et serois ravie de sentir que je joue. Je suis inquiétée de votre état, ma chère tante : vous n'étiez pas bien hier au soir.

LETTRE XXXVIII

Voilà un jour qui ressemble bien à ceux où je ne dois pas avoir l'honneur de vous voir : on ne voit goutte dans ma chambre, et j'y suis au coin de mon feu, après avoir dîné avec madame de Dangeau, que vous pouvez voir présentement sans danger ; elle convient qu'il n'y a que le premier aspect qui étonne, et que l'événement d'hier ne nuit à personne : il n'y en a de plus aucune dont elle se soucie : et elle aime assez personnellement monsieur Du Maine. Il est bien simple, s'il croit que madame la Duchesse est bien aise : je sais qu'il s'en faut de beaucoup, et qu'elle croit que c'est diminuer le rang de ses enfants, que d'y en associer d'autres : voilà tout ce que je sais.

Cent francs que vous gagnâtes hier au soir, ne pourront-ils point mettre quelque sel dans votre piquet ? Je puis vous assurer du moins, que madame Voisin en trouve la dose suffisante. Quoi qu'il en soit, vous ne ferez pas mal d'augmenter un peu la compagnie. La pauvre grosse d'O fit hier la roue autour de votre niche, jusqu'au moment de la conclusion : madame Voisin ne voulut point tourner la tête derrière elle, pour n'être obligée à aucune civilité : il faudra la voir aujourd'hui : madame Desmarets fit hier une action héroïque, mais vous feindrez de l'ignorer. Madame Voisin profita si peu de la leçon que contenoit votre billet, et que ma grosse tête avoit jugé devoir faire un effet si merveilleux, qu'ayant prié madame Desmarets, madame de Roquelaure, tout ce que la France a de plus brillant, elle contremanda tout, sans autre cérémonie, pour venir dîner avec vous. Cependant, madame Desmarets l'envoya prier le soir de venir souper avec nous : on y vint : on y fut reçu à merveille, et on perdit vingt écus que nous partageâmes, madame de Dangeau et moi, en vérité, comme des pauvres. Adieu, ma chère tante, je vous suivrois, la mort entre les dents.

LETTRE XXXIX

Que dites-vous, ma chère tante, de la nouvelle qui vient d'arriver d'Espagne? Un coup aussi hardi de la part de la reine ne fait-il pas trembler? et la destinée de madame des Ursins[1] ne fournit-elle pas de grands sujets de méditation? Monsieur de Cambrai est très mal; je suis assurée qu'on prie bien Dieu pour lui à Saint-Cyr, et que vous ne vous y oubliez pas. Je ne voudrois pas une autre charge à la cour, si les plaisirs se soumettoient, comme ils le devroient, au titre de ma charge. Comme nous avons appris d'un bon auteur que tout est supposition, je suppose que vous vous divertirez demain. Madame Voisin m'a fait dire fièrement que vous le lui aviez déjà mandé, et que vous n'étiez pas en peine de sa réponse sur une semblable question. Madame de Dangeau sera revenue ce soir, et pour votre jeu, si vous le voulez. Pour moi, je suis toujours à votre service ou à votre refus, également contente, pourvu que vous le soyez et que vous ne me traitiez pas en Néron.

1. La princesse des Ursins qui avait préparé le mariage de Philippe V avec Élisabeth Farnèse, fut chassée d'Espagne aussitôt après l'arrivée de la nouvelle reine (23 décembre 1714).

LETTRE XL

L'état, où vous êtes sur le roi, est précisément celui où je me trouve chez moi : mais après tout, ma chère tante, tenons-nous-en à ce que vous voyez, et jouissons même de ce que tout le monde convient qu'il est beaucoup mieux aujourd'hui. Je ne manquerai pas de vous mander tout ce que j'apprendrai, puisque vous me l'ordonnez. Je regardois comme un crime d'aller vous entretenir de choses tristes : c'est ce qui me retenoit la main : les gaies ne viennent point à mon esprit. Je suis dans un état assez naturel, et j'espère véritablement que je n'aurai que ce qu'il faut.

Monsieur Boudin a vu dîner le roi, et lui trouve l'air moins abattu, et en tout, assez bien. Le cardinal de Rohan eut hier une conversation avec le procureur général, qui mériteroit de vous être rendue : ils ne se persuadèrent ni l'un ni l'autre : mais cependant le procureur général parut résolu de faire des efforts auprès du cardinal de Noailles : s'il est sincère, on pourroit espérer plus de lui, que de qui que ce soit : il est bien cruel de voir que ces gens-là mettent le roi dans l'état où nous le voyons, et ayant en même temps l'insolence de dire que ce sont les autres[1].

1. Madame de Caylus veut parler ici des troubles suscités par la bulle Unigenitus dont Louis XIV avait ordonné l'enregistrement au Parlement de Paris. D'Aguesseau, en sa qualité de procureur général, s'opposa vivement à cette mesure, et faillit perdre sa charge.

LETTRE XLI

Je ne sais de quel côté me tourner pour louer, pour admirer, pour me réjouir ; je n'ai jamais vu tant de choses ensemble, rien de si aimable. Que vos présens sont rares ! mais que vous vous entendez bien à en faire ! La lettre me transporte ; la solidité de Dubois a beau me rappeler à la chaleur de la palatine, à l'utilité des mitaines, aux boutons d'or, aux plus belles toilettes : le billet m'enchante, et il faut l'avoir lu plus d'un jour pour donner attention à tout le reste. Les *belles annales*[1] que vous vous êtes fait apporter ce matin. La solidité ne se trouve pas moins dans vos présens que l'agréable, et tout est, pour moi, renfermé dans votre souvenir.

Le dîner que je vais faire me pèse trop, et mes regrets pour celui que je perds sont trop cuisans pour ne pas vous en dire un mot. Je crois même que vous auriez une élégie si je savois faire de bons vers. Mon estomac est débile et souffreteux ; je n'ai point dormi, j'ai un visage, vous savez à quoi faire contre ; cependant il faudra être gaillarde et avoir le mot pour l'étranger. Dès que je serai

---

1. Madame de Maintenon avait écrit précédemment à madame de Caylus : « Je me suis fait apporter ce matin, non les *Annales célèbres, où les faits de mon règne sont tracés*, mais une quantité prodigieuse de vieilles guenilles, que j'ai distribuées. » Et, dans une autre lettre : « Je me suis fait apporter ce matin, car j'ai hâte de me dépouiller, de peur qu'on ne me dépouille bientôt, une quantité prodigieuse de robes que j'ai distribuées. Je vous envoie ce qu'il y avoit de plus précieux ; la palatine d'hermine est très chaude et très incommode, parce qu'elle tourne toujours ; les mitaines sont trop étroites pour un bras si court ; les couvre-pieds sont fort raisonnables, et je n'ai aucun mot à en dire. »

quitte du *Ragosgui*[1] (j'écris ce nom à la françoise), j'irai chez vous attendre, avec mon ouvrage ou avec un livre, la récompense de ma docilité ; et je vous avertis que je ne prendrai jamais pour moi ce que vous me dites hier, qu'il ne fallait vous compter pour rien : vous ne voudriez pas payer la plus belle action de ma vie par une injustice telle que celle-là.

LETTRE XLII

Je ne sais, si c'est sympathie, du moins je m'en flatte : mais en lisant ce funeste billet, qui m'apprend vos coliques et vos tranchées, j'ai été saisie de tranchées, et de coliques, qui m'ont fait sortir de l'Église. Je suis soulagée, et je le serais bien autrement, si c'étoit un signe que vous l'êtes aussi. Votre billet a de quoi mettre le trouble dans toute une âme, sensible, comme je le suis, à l'oppression où vous tient le genre humain. Vous serez au moins soulagée de la part de monsieur d'Heudicourt, dont les propositions sont très déraisonnables, Valincourt le lui dira : comme il est fort de mes amis, et que je ne puis souffrir qu'il soit janséniste, je l'ai joint avec le cardinal de Rohan, pour qu'il approfondît toute cette inique cabale : je puis bien vous répondre, qu'il revient tous les jours de la grande opinion qu'il avoit du cardinal de Noailles, et que ses procédés lui déplaisent beaucoup.

L'agonie du curé de Saint-Sulpice me trouble infini-

1. François-Léopold Ragostki, prince de Transylvanie, avait dû quitter l'Autriche après la lutte malheureuse qu'il avait engagée contre l'empereur, avec l'aide des Hongrois soulevés. Il vint en France en 1713, et vécut à l'abbaye des Camaldules de Grosbois. Éloigné, sur la demande de l'empereur; il mourut en Turquie, en 1735.

ment : je regrette la perte que vous faites en lui, celle de l'Église, et la mienne : nous ne saurions être un seul jour sans peine. Dans le dessein que vous aviez hier de vous faire lire quelque chose qui vous amusât, je crus ne pouvoir trop vous éloigner de ce siècle-ci, tant par l'antiquité que pour les mœurs ; mais je fus jalouse de mes philosophies ; je me couchai pourtant avec la même obéissance, que je me laissai, l'autre jour, arranger et mettre à mon aise par la main du monde qui m'est la plus chère et la plus respectable : comment est-il possible que cette obéissance ne vous fasse pas voir que je suis née pour Saint-Cyr ? La pauvre Sainte-Maure est enchantée de vous, et sa reconnoissance n'a pas tardé à venir jusqu'à moi. Monsieur le duc d'Orléans, madame sa femme, et madame Sforce, allèrent à l'Étoile, il y a trois jours ; on ne voulut point de madame de Castries, qui dit avec son air doux : « Ils vont noyer dans le vin leur grande douleur. » Voilà de ces traits qui la font passer pour méchante, mais que je lui pardonne.

LETTRE XLIII

Je garderai donc le lit, toute ma vie ! je suis mieux aujourd'hui, mais il faut faire un jour par docilité ce qu'on fait un autre par nécessité : ce qui gagne insensiblement, ou très sensiblement, pour parler comme madame de Montespan, toute l'année. Je viens de recevoir une lettre de monsieur d'Auxerre[1], écrite en sortant de l'assemblée,

---

1. Charles-Daniel-Gabriel de Pestels, de Lévis, de Tubières, de Caylus, évêque d'Auxerre, était le beau-frère de madame de Caylus. Il fut au nombre des prélats opposants à la Bulle *Unigenitus.*

par laquelle il me mande que le cardinal de Rohan a fait un discours, dont il est très content, et même touché. Je vous en donne avis, non pour vous faire la cour de mon beau-frère, mais par l'espérance que j'ai que l'impression, qui a été faite sur son esprit, peut être la même dans les autres : Dieu le veuille, ma chère tante! je l'espère de vos éloquentes prières. Vraiment! voilà un vilain tour que vous nous jouez! et il y a une méchanceté horrible à nous le déclarer avec un tel sang-froid.

J'ai bien compris qu'il n'y avoit rien à faire à des avis aussi incertains, quoique vraisemblables. Mais il faut tout consulter dans la place où vous êtes. Il est certain que nous rendrions un grand service à l'État de faire vivre le roi en l'amusant. Mais sans nous conduire par de si grandes vues, nous nous en rendrons un si grand à nous-mêmes, que nous nous y sacrifierons tout entières, sans rien faire d'héroïque. Puisque vous vous contentez de moi vous n'aurez que moi. Mais ne craignez pas que j'abuse toujours de cette modération. Il est assez bouffon de se quitter pour s'écrire.

LETTRE XLIV

Ne faut-il pas être bien malheureuse, pour que madame de Champinelle, que je ne vois jamais entre par une porte, tandis que vous passez par l'autre? Vous m'avez déjà refusée deux fois, mais je ne me rebute point. Songez que le roi n'est pas encore rentré, et qu'il doit travailler avec son chancelier. Je suis assez reposée : il y aurait charité à me vouloir. J'ai trouvé le maréchal de Villeroi, fort sérieux sur cette incomparable princesse. Pour moi, je vous avoue, quoique je sois bien persuadée qu'il n'y a pas une autre conduite à tenir que celle que vous conservez, que je tremble d'un si grand changement. Une personne, qui a un tel pouvoir sur elle, doit-être un ange ou un diable; mais c'est un ange.

Je ne sais, si vous savez, que madame d'Elbœuf avoit fort avancé le mariage de monsieur de Gontault avec une fille du chancelier, et qu'on le rompit hier de haut en bas. Vous n'aurez pas de peine à deviner de quel côté est le haut; la plus haute noblesse est bien basse.

Si nous sommes encore inquiétes, il vaut mieux l'être ensemble. Si je me présente devant vous, me donnerez-vous le sceptre d'or à baiser? Ne doutez point, que ce pauvre Bonrepos n'attendît une permission de vous pour partir. Je vais lui écrire pour le faire souvenir d'une vérité, que son expérience doit lui avoir apprise, que les sorties sont toujours libres dans ce pays-ci. Mais j'assaisonnerai cette liberté de quelque amitié de votre part, à laquelle il est toujours très sensible. Que vous faites bien de vous reposer! Il me semble que j'en ai moins mal aux reins. Vous avez évité les Pelletiers qui vouloient vous remercier; vous n'en auriez pas été quitte pour eux. Adieu, ma chère tante, vous êtes au repos, profitez-en le mieux que vous pourrez. Quand on fait, comme moi, son unique plaisir de vous voir, il y a entre vous voir et ne vous pas voir une différence infinie.

LETTRE XLV

Une petite grâce, que le roi m'a faite hier, m'inquiète si fort, que je crois que je voudrois ne l'avoir pas reçue. Il y a deux mois ou environ, que j'eus avis qu'on avoit saisi aux Invalides une grande quantité de mousseline, et que c'étoit une confiscation à demander. J'en écrivis un mot à monsieur Voisin; qui me répondit, qu'il n'étoit pas temps d'en parler : depuis, je n'y ai pas pensé. Le ministre, sans m'en rien dire, en a parlé au roi, qui m'a tout accordé : façon de servir ses amis bien obligeante, cependant elle me met au désespoir. Il a donc été question de moi, sans que je vous en aie avertie! Je le vis hier tout le jour, sans qu'il m'en ouvrît la bouche. Je vous dirai demain à quoi cette affaire se réduit : mais je voudrois l'abandonner entièrement, plutôt que d'avoir sur le cœur le poids que j'y ai.

LETTRE XLVI

C'est à l'heure qu'il est que je vais faire des projets et des résolutions sensées; mais hier et cette nuit je ne pouvois penser à cet argent qu'avec amertume. Quoi! disois-je, je parle des affaires de tout le monde à ma tante, et je ne lui dis pas un mot d'une qui me regarde, et qu'elle apprend par le roi! peu s'en fallut que je ne visse le procédé honnête de monsieur Voisin, que comme un assassinat. Enfin ne voyons donc plus que l'argent, que je ne mettrai point sur une carte. Je vous le promets : il payera le voyage de mon fils, et me fera payer les avances de monsieur Thibaut. Faudra-t-il que je remercie le roi? je crois qu'il faudroit prendre un temps où il n'y aura personne. Il n'est pas étonnant, mais bien fâcheux, que vous soyez encore si abattue : l'abbé de Lignerac m'a pourtant bien loué la bonté de votre visage.

LETTRE XLVII

Ce n'est point une nouvelle indifférente pour vous, ma chère tante, d'apprendre que monsieur le cardinal d'Estrées m'a envoyé ce matin, le plus galamment du monde, dans une belle bourse, 300 liv. que j'ai données aussitôt à madame de Conflans : cette pension sera payée, jusqu'au temps où la duchesse d'Estrées aura laissé des logemens vacans à l'Abbaye. J'aurai, de plus, bientôt pareille somme d'un autre homme, dont je sais remuer les entrailles. Je vous vis partir, vous suivant du cœur et des yeux, sans vous donner le moindre signe de mes regrets ; tant nos dames vous serroient de près! La soirée me paroissoit si longue, à la suite d'une journée où il n'y avoit eu que de la langueur ! j'en fus moi-même si accablée, que de dépit je me couchai devant madame d'Elbœuf. Il me sembloit que je portois toutes vos peines sur mon corps : du moins, il est bien certain qu'elles sont toutes dans mon esprit.

J'ai chargé madame de Soubise du placet pour le cardinal de Rohan, et je l'ai piquée d'honneur : il faut nous servir de tout.

LETTRE XLVIII

Il y a bien longtemps, ce semble, que je n'ai eu l'honneur de vous voir, ni de vous écrire : je n'appelle pas, comme vous savez, vous voir, que ce ne soit un peu plus seule. Je revins hier si sagement chez moi, que je m'imaginois mériter de grandes louanges.

Je me suis acquittée de votre commission pour le cardinal : il défère tout naturellement, et point en courtisan, à vos conseils. Il ne parlera plus de cette affaire : il trouve que vous avez en cela, comme en tout, grande raison; et il seroit bien fâché de causer le moindre embarras au roi. L'acharnement, qui est ici contre madame des Ursins, est porté au delà de tout ce que vous sauriez imaginer. On fait ce qu'on peut pour me corrompre : car j'appellerois corruption infâme, de saisir cette conjoncture pour paroître piquée de ce qu'elle n'a pas si bien fait en dernier lieu pour mon beau-frère, qui lui a d'ailleurs de l'obligation : peut-être même que l'affaire est toute différente de ce qu'on me l'a dite ; mais, quoi qu'il en soit, elle est malheureuse, elle est mon ancienne amie, et je vous assure, ma chère tante, que vous ne lui avez rien avancé qui ne soit bien vrai : je la plains infiniment.

LETTRE XLIX

Notre curé[1] a de grands soins de moi, c'est un saint pasteur ; je suis trop heureuse d'être de sa paroisse. Mon habitation est commode, jolie, solitaire, et si séparée que je ne crois pas que je puisse jamais m'apercevoir du voisinage, surtout si l'on me laisse l'abbé de Choisy[2], dont le train et la personne ne ressemblent à rien de ce qu'on voit dans ce nouveau monde. J'entends, dès le matin, le chant des coqs, et le son des cloches de plusieurs petits couvens, qui invitent à prier Dieu. Depuis que je suis ici, je ne vois rien qui ne soit conforme à mes tristes pensées. J'attends mes enfans avec une impatience mêlée

---

1. Languet de Gergy, curé de Saint-Sulpice. C'était le frère de l'archevêque de Sens, qui nous a laissé sur madame de Maintenon d'intéressants *Mémoires*, publiés par Th. Lavallée. Madame de Caylus, qui avait obtenu un brevet de logement au Luxembourg en 1714, appartenait à la paroisse de Saint-Sulpice.
2. L'abbé de Choisy habita le Luxembourg à la fin de sa vie. (Cf. Gust. Desnoiresterres, *Épicuriens et Lettrés : l'abbé de Choisy*.)

de crainte. Ne vous verrai-je point, ma chère tante ? est-il aussi triste d'être nièce, que d'être mère ?

LETTRE L

Monsieur d'Auxerre me rapporta hier au soir des nouvelles de Saint-Cyr, qui m'inquiètent : j'envoie savoir, ma chère tante, comment vous avez passé la nuit. J'ai vu notre curé ; il est affamé de vous voir : il se tue, à force de travail : je ne vois personne qui ne soit content de lui. Quelque chose me reprit hier assez fort : j'ai dormi cette nuit, et le reste est calmé. Les ouvriers sont encore chez moi. J'entrai un moment dans mon petit jardin, il est à peu près grand comme deux fois votre petite chambre de Saint-Cyr : cependant il y a deux cabinets extrêmement couverts, des palissades, des chasselas, des légumes, des fleurs : assurément le terrain est employé : j'ai une écurie, que je n'embarrasserai pas sitôt par mes équipages.

LETTRE LI

C'est un délice que de se lever matin : je regarde par la fenêtre tout mon empire, et je m'enorgueillis de voir sous mes lois douze poules, un coq, huit poussins, une cave que je traduis en laiterie, une vache qui paît à l'entrée du grand jardin par une tolérance qui ne sera pas de longue durée. Je n'ose prier madame de Berri de souffrir ma vache ; hélas ! c'est bien assez qu'elle me souffre ! Je verrai pourtant ce que produira la protection de madame de Clermont, sous laquelle je me mettrai. Je prierai, dans les termes que vous me prescrivez, qu'on m'envoie d'Avon ou votre favorite, ou ma pauvre petite Moucheux. Mon

Brindi[1] est arrivé plus grand, plus noir, plus rouge que vous ne sauriez l'imaginer. Je suis bien contente des sentimens qu'il m'a montrés ; le pauvre enfant vouloit vous aller voir à Saint-Cyr : il croit qu'il n'y a qu'à se présenter, et ne sait pas que chez vous la solitude est encore plus impénétrable que la cour. La duchesse de Noailles m'a mandé qu'elle me viendroit voir aujourd'hui ; c'est pour la seconde fois. Je lui dirai tout ce que vous m'écrirez pour la vraie nièce ; la fausse ne trouve pourtant guère plaisant de voir ses projets si reculés. La pauvre Barneval est ici, et pour huit jours seulement, chez madame de Brancas ; passé ce temps, elle ne sait où donner la tête : je voudrois bien la pouvoir prendre chez moi. Madame d'Elbœuf, mademoiselle de Mailly, madame de Pompadour, mesdames de Remiremont et d'Espinoy, monsieur le maréchal d'Harcourt me demandent de vos nouvelles avec le même empressement que si vous étiez encore reine de l'univers. Madame de Dangeau devoit vous écrire hier : nous nous rencontrâmes à la messe aux Carmes, où je vais par le jardin, en chaise : ce qui ne durera, non plus que la liberté de ma vache, que jusqu'à l'arrivée de cette Duchesse. Bonjour, ma chère tante, louez un peu ma soumission de ne pas envoyer tous les jours à Saint-Cyr.

LETTRE LII

Vous voyez avec quelle soumission je vous obéis, malgré l'impatience que j'avois de vous remercier, ma chère

---

1. C'était le nom d'un paysan d'Avon, que madame de Maintenon avait donné, en badinant, au second fils de madame de Caylus.

tante, de votre dernière et grande lettre ; je ne me sers que de la voie du pauvre Léger. Ce qu'il vous en coûte pour écrire, trouble bien le plaisir que j'ai de voir de votre écriture : au nom de Dieu, ma chère tante, ne me donnez cette consolation, que quand ce vous sera à vous-même un amusement. Je ne suis pas sortie de mon lit depuis dimanche, je m'en trouve bien : tout est passé, ne soyez donc plus piquée contre moi : je serai très raisonnable à l'avenir. Vous pouvez, ma chère tante, être assurée que monsieur le curé de Saint-Sulpice sera de plus en plus persuadé de ma sincérité : et s'il étoit permis d'avoir en cela des vues humaines, je m'abandonnerois au plaisir de montrer que ce n'étoit pas pour vous faire ma cour, quoiqu'à vous dire la vérité, j'étois ravie que mes sentimens se trouvassent conformes aux vôtres. Il y a deux jours que je n'ai vu madame de Dangeau, j'espère que le troisième ne se passera pas, sans que nous parlions bien de vous. Je n'ai point encore entendu parler de ma cousine. Je me garderai bien de me vanter des présens que vous avez la bonté de me faire : ces deux petits coffres me seront aussi précieux que vous l'avez jugé : trop de raisons les rendent tels.

La grosse d'O étouffe chez elle : elle envoya ici en arrivant, et me manda qu'elle viendroit me voir le lendemain : cependant elle n'est pas venue. A coup sûr, quelque misère l'en empêche, ou de sa santé, ou de manque de carrosse : je lui dirai que vous vous souvenez d'elle, et je lui ferai plaisir. Madame d'Espinoy et madame de Remiremont ne se démentent point sur les témoignages de leur amitié ; je trouve en tout la vérité de vos conseils, et combien vos jugemens ont de solidité.

Mon fils le chevalier a pris la poste pour revenir ; mais il s'est arrêté à Auxerre pour y attendre mes ordres : je lui ai mandé d'achever sa course jusqu'ici : la vie que je mène l'ennuiera bientôt : dîner et souper tête à tête, avec une mère malade et triste, qui se retire de bonne heure, n'est guère soutenable à son âge; mais je ferai de mon mieux : je n'ignore pas que c'est mon premier devoir : son frère viendra à mon secours.

Monsieur et madame d'Aubigné ont de grands soins de moi : ce ne peut être que pour vous plaire.

Je ne puis m'empêcher d'ajouter à cette longue lettre que mon logement est si écarté, que madame de Berri vint, il y a deux jours, voir le Luxembourg, et je ne m'en aperçus pas : je ne le sus que quand elle fut partie : il y a un détour pour arriver chez moi, qui me charme : on croit entrer dans un village.

LETTRE LIII

Mon retour s'est aussi bien passé qu'il se puisse, après vous avoir quittée : je trouvois seulement qu'on me ramenoit beaucoup plus vite qu'on ne m'avoit amenée; tout sentiment à part, je me porte à merveille, et je suis beaucoup plus vigoureuse que vous ne croyez.

Je n'ai point trouvé de nouvelles en arrivant, et s'il y en a, monsieur le maréchal de Villeroi vous les dira. On dit que monsieur de Louvigny est mieux. La journée ne se passera pas sans que je voie madame de Dangeau. J'ai oublié ce que vous m'avez dit pour monsieur de La Vrillière et le nom du valet de chambre de monsieur le cardinal; j'ai recherché ces deux choses dans ma tête toute la nuit, sans les pouvoir retrouver. J'ai reçu des nouvelles d'Espagne, par lesquelles on me mande que le roi se porte bien. Il n'est plus question du chapeau d'Albéroni ; le cardinal del Giudice[1] n'a pas si tort à Rome qu'on l'avait cru.

Je viens d'avoir un message de madame de Dangeau, plus pour vous que moi.

Bonjour, ma chère tante, je ne perdrai assurément pas une seule occasion de vous écrire et même sans occasion.

Voilà mon livre : on réimprime *Télémaque*, corrigé par monsieur le cardinal de Cambrai lui-même; dès que je l'aurai, je vous l'enverrai; on s'en promet l'âge d'or.

LETTRE LIV

Madame de Caylus se tient fort honorée des présens que vous faites à mademoiselle de Murçai : vous l'avez toujours traitée en mère : ce qui n'a pas moins fait sa gloire que son bonheur : en un mot, ma chère tante, je suis touchée au dernier point de ces marques de votre bonté ; mais je ne saurois vous dire l'effet qu'a produit en moi la vue de cet admirable caractère, et combien je suis pénétrée de ce que vous m'avez donné cette consolation. Je porte vite mes regards sur une petite cassette qui m'arrive, et que je reconnois, elle est seule digne de renfermer toutes vos lettres et ces charmans billets, ma consolation et mon plaisir. Que de choses me sont arrivées de votre part aujourd'hui ! mais j'abrège les remercimens, que vous n'aimez point, et je fais taire ma reconnoissance.

---

1. Le cardinal del Giudice, grand inquisiteur d'Espagne, était l'ennemi personnel d'Albéroni, auquel il était redevable de sa disgrâce auprès de Philippe V.

Votre solitude va devenir telle que vous la désirez : quand elle sera bien établie, vous craindrez moins les conséquences d'une permission que celles d'un refus : vous verrez qu'il est impossible que je vive sans vous voir. Mon fils m'écrit de Gênes, en homme qui veut faire ses conditions : il ne se trouve pas assez rassuré par mes lettres : je suis persuadée qu'il ne résistera pas à la dernière, et que je l'aurai bientôt ici : vous savez si je le veux contraindre : il y a pourtant des mesures à prendre pour assurer son régiment à son frère. Une des grandes marques d'amitié que vous puissiez me donner, c'est, ce me semble, cette reconnoissance que vous voulez conserver pour madame de Berri. Pour moi, ma chère tante, j'en ai pour vous, et là, se bornent tous mes sentimens. Mon fils me mande qu'il quitteroit sa patrie, qu'il porteroit sa tête sur un échafaud, plutôt que de continuer à servir : j'ai toutes ses lettres, qui annoncent une résolution bien prise.

LETTRE LV

Les nouvelles que j'ai de votre santé, ma chère tante, soutiennent la mienne. Une partie du miracle, qui s'opère en vous, rejaillit sur moi : plus de colique, et ce qui l'a suivie est si peu de chose, que je ne daigne pas m'en plaindre. Mon fils le Chevalier m'écrit de Perpignan qu'il n'est point parti pour l'Espagne : il conduira son régiment à Montpellier où il sera réformé : il viendra ici, et sa conduite me dira combien il est triste d'être mère. J'attens aussi mon mélancolique. J'ai de quoi souffrir et les loger parfaitement. Je ne vois presque plus madame de Dangeau, parce qu'elle se pique d'une belle passion pour son mari. Quand me permettrez-vous d'aller à Saint-Cyr? je m'y traînerois de mon pied. Le concierge du Luxembourg vient de me dire enfin qu'on me laisse mon logement : je vais donc m'y arranger. J'ai trente louis à vous : à quel pauvre voulez-vous que je les donne? car si vous êtes lasse des hommes, vous ne l'êtes pas encore des malheureux.

LETTRE LVI

Mon parti est pris sur le régiment de mon fils : toute sa famille approuve que je le vende; j'aurai quarante mille francs de dettes de moins et vingt mille écus de plus dont je pourrai dans la suite acheter un autre régiment à mon fils, si la guerre revient, si son dégoût se dissipe, ou si le temps le mûrit. En attendant, son ancienneté de colonel courra toujours. Voilà les raisons qui m'ont déterminée et qui m'ont fait écrire au duc de Noailles que je m'abandonnois entièrement à lui pour la vente de ce régiment; je n'en ai point eu de réponse : je n'en suis pas étonnée; il en attend apparemment de ceux qu'il avoit en vue; il a d'ailleurs bien d'autres affaires; il a bien voulu aussi se charger du mémoire de ma pension; les ordonnances et les payemens de toutes ont été suspendus et il n'est rien arrivé à monsieur Besse de particulier : on ne sait encore ce qui en sera décidé : cette décision m'est de quelque importance : mais ce que je compte, ma chère tante, pour infiniment davantage, c'est l'inquiétude, que vous en voulez bien prendre.

Mon fils est arrivé, tel qu'il nous a paru dans ses lettres, ferme dans sa résolution, que tous les événemens d'ici confirment de plus en plus. Il m'a dit qu'il auroit un grand désir d'avoir l'honneur de vous voir : je lui en ai su bon gré : je lui laisse la liberté d'être seul, tant qu'il veut : je suis bien aise les soirs, quand la compagnie est sortie, de le retrouver : il n'est point triste, et a vu beaucoup de choses, entre autres madame des Ursins avec laquelle il a eu une conversation de trois heures. Je ne crois pas qu'il y ait de contraste plus parfait, que celui de ces deux caractères : ce qui me fait espérer que comme l'âge et les aventures fâcheuses ne corrigent point l'ambition, l'ambition pourra bien ne pas venir à un homme qui n'en a pas à l'âge où il lui siéroit bien d'en avoir. Comptez que cette femme n'est point désabusée de faire encore quelque personnage, je ne sais pas bien où, ni comment, mais le sentiment en est dans le cœur. Toutes les vertus morales sont dans ce petit garçon, à la réserve de la piété, qu'il faut espérer toujours : en attendant, c'est une compagnie fort aimable que j'ai avec moi. Le chevalier n'a point encore fait de sottise, qui soit venue à ma connoissance ; je vis sur cela comme il faudroit faire sur tout, au jour le jour.

Il est vrai que je ne vois point le cardinal de Rohan par toutes les raisons qui vous ont été mandées, et parce qu'aussi il n'est pas en trop bonne santé. J'ai remis toutes nos affaires entre les mains de madame d'Espinoy et de madame sa sœur. Madame de Villette a été bien mal, mais elle est hors d'affaire. Madame de Dangeau vint avant-hier ici, où elle ne trouva que ses deux sœurs que je vous cite souvent : nous fûmes toutes bien aises de nous voir rassemblées. Je ne vois point madame d'O par l'éloignement de quartier et la difficulté des voitures : mais j'ai su qu'elle s'étoit rendue malade réellement par ses médecines de précaution.

Ma paresse, ou mes infirmités, car il y entre de tout, me sauveront peut-être de la petite vérole, dont on dit qu'il y a une grandissime quantité. Madame de Chauvelin en est morte, après avoir vu mourir son mari, ensuite son fils. Il faut que je me garde avec vous, ma chère tante, de la démangeaison de trop écrire, et que je me souvienne des exemples, et des leçons que j'ai reçus de vous, de songer plus aux autres qu'au plaisir présent que l'on goûte.

LETTRE LVII

Monsieur de Saint-Sulpice n'a pas de tort de vous parler de ma bonne santé, j'en suis surprise moi-même. Je me trouve à peu près sur un certain article, comme il y a dix ans : en vérité, on ne sait ce qui fait du bien ou du mal. Non, ma chère tante, soyez assurée que je ne me contraindrai jamais pour vous écrire. Je fais de mon mieux sur la tristesse; je sais trop combien vous avez raison : elle n'est bonne à rien : mais, ma chère tante, je suis prise par trop d'endroits, et tous, si sensibles ! Mon fils m'est en effet une compagnie fort agréable : j'espère que la piété lui viendra : ses mœurs sont si bonnes et ses intentions si droites ! tant de vérité et d'éloignement du mal me persuadent que Dieu le touchera : il a toujours dans la tête de vous aller voir : il ne m'est point encore revenu que son frère ait fait de sottise. La petite Brindinete seroit-elle Molitar? J'en ai grand'peur.

Nous avons joué une partie de l'après-dîné avec mademoiselle de Courcillon : son petit nez paroit devoir être un jour celui de la grand'mère. Nous ne voyons point du tout madame d'O : j'ai été chez madame de Levis, qui ne me paroit entendre raillerie, non plus que moi, sur ce que vous ne voulez pas nous voir. Je dis de vos nouvelles à beaucoup de gens qui s'en informent, et qui désirent que je vous les nomme : la liste ne laisseroit pas d'en être encore assez longue : mais cette lettre l'est trop.

LETTRE LVIII

Nous savons briller à peu de frais, quand nous avons l'habileté de nous faire croire si souvent à l'Église : ma dévotion dépend de ma santé : je n'y vais qu'une fois par jour : encore y en a-t-il où je n'y vais point. Nous sommes assez commodément à Saint-Sulpice dans une chapelle, où il n'entre que des personnes de mérite : il n'y eut jamais un lieu plus commode, il n'y eut jamais un temps plus propre pour se détacher du monde, et pour se donner à Dieu : il faudroit être bien incorrigible et bien malheureuse, pour ne le pas mettre à profit. Je souffre beaucoup du trajet que vous avez à faire pour communier : pourquoi ne pas prendre le logement d'en haut, où vous avez un oratoire, auquel tient une petite chapelle où vous communieriez avec une grande facilité? Il est vrai que vous ne seriez plus de plain-pied à la communauté, et au jardin : mais ne pourroit-on point vous descendre en chaise, quand vous seriez foible? Ne pourroit-on pas même, quand vous le seriez au point de ne pouvoir sortir, faire monter la communauté dans votre chambre, aux heures où vous aimez à vous y trouver? Vous seriez plus à portée des classes. Quant au dérangement (qui est ce qui vous arrêtera le plus) ce qui est en haut aujourd'hui ne sera-t-il pas aussi bien dans votre appartement bas? Vous vous moquez de moi, direz-vous, de me donner des conseils pour l'arrangement : j'avoue que je ne m'y entens pas aussi bien que vous : mais personne aussi ne s'entend, comme vous, à prendre toutes les incommodités sur elle seule; savez-vous, ma chère tante, que c'est prendre sur tout ce que vous aimez, sur cette sainte maison qui fait toute votre consolation, sur chacune de ses filles qui donneroient toute leur vie, leur sang pour vous conserver? Je ne m'abandonne point à la solitude, je ne la crains, ni ne la cherche. Si mes amis m'abandonnent, je ne courrai pas après : jusqu'à présent, je ne vois que trop de monde. Je me lève, c'est-à-dire, je m'éveille à huit heures, je prie Dieu dans mon lit, j'y fais ma lecture chrétienne et ensuite mon petit déjeuner, quand je me sens vigoureuse je vais à la messe et quand j'en suis revenue j'écris, si j'ai à écrire, je donne vogue à mes affaires, je donne audience à un monsieur Thibaut, à un créancier, à d'autres gens d'affaires, dont les uns me découvrent que ce monsieur Thibaut est un fripon, qu'il faut pourtant ménager, jusqu'à ce que les grandes affaires de l'État puissent permettre à monsieur Fagon[1] de prendre quelque connaissance des miennes, et que je voie avec lui le remède qu'il faut appliquer à ce désordre. Je dîne, je soupe seule ou avec mon fils. Pour l'ordinaire, après mon dîner, mon fils et moi nous jouons ensemble au trictrac : je cause avec lui, je travaille, il me fait la lecture; sur les quatre ou cinq heures, il me vient du monde, quelquefois trop ; à huit heures, tout part : je demeure seule dans ma solitude. J'ai retenu une fois madame de Barneval et monsieur d'Auxerre, plus pour mon fils que pour moi : il est si assidu à me tenir compagnie; je crois qu'il lui est si bon qu'il s'en fasse une habitude, que j'ai grand soin qu'il ne s'ennuie pas trop.

1. Fils du premier médecin de Louis XIV, et ancien intendant des finances. Le Régent venait de le nommer membre du Conseil des finances.

Voilà, ma chère tante, quelle a été ma vie jusqu'à ce jour. A l'égard des amis qui me sont demeurés, ils ne sont pas fort en état de me rendre service, à la réserve de monsieur Fagon, sur lequel je compte beaucoup; si celui-là me manque, il ne faut plus me fier à personne. Je vous mandai, il y a deux jours, que monsieur le duc de Noailles, m'était venu voir, qu'il étoit entré avec bonté dans l'affaire de mon fils : il veut bien aussi parler de ma pension; mais il ne me rassure guère sur le bruit qui court qu'elles seront retranchées du tiers. Monsieur de Valincour soutient, par les visites qu'il me rend, le personnage qu'il a montré dans ce qu'il a eu l'honneur de vous écrire : je l'ai toujours reconnu pour un fort honnête homme. Mon fils et moi vivrons avec *Brindi* comme avec notre enfant : c'est ainsi que je fais mon projet.

Monsieur le maréchal d'Harcourt me fit aller d'autorité, il y a quelques jours, chez madame de Berri; je m'adressai à la pauvre d'Avaise : je demandai un moment où toute la France n'y seroit pas, je l'obtins : j'y fus une minute : on me traita honnêtement : je sortis de là, hors de moi, trempée de sueur, et dans une agitation, qu'il vous est plus aisé de comprendre, qu'à moi de l'exprimer. Je conçois vos raisons, ma chère tante, pour que je n'aille point encore à Saint-Cyr : je les avois devinées : mais la duchesse de Noailles ne sera pas en état d'y aller, quand même vous le lui permettriez, qu'elle ne soit accouchée, à moins que la jalousie ne lui fît trouver des forces. Il me passe une chose par la tête, qu'il faut que je vous dise, malgré la longueur de cette lettre : ne seroit-il point possible, que je trouvasse aux environs de Saint-Cyr une chambre? quand ce seroit dans une maison de paysan, je ne m'en soucierois pas, pourvu qu'elle pût passer dans le monde pour une maison de campagne, où j'irois prendre l'air : il ne seroit pas naturel que vous me refusassiez, dans le voisinage, l'entrée de Saint-Cyr : j'y serois plus ou moins, selon qu'il vous conviendroit : et personne alors ne seroit en droit de se plaindre. Quand on a vécu avec les gens, on les devine sans qu'ils parlent: il y a trois jours, que je disois à madame de Dangeau tout ce que vous m'écrivez sur les pensions que vous faites. Je ne serois pas à portée de parler à monsieur de Caumartin, quand il seroit en état, lui, de m'entendre : mais il n'y est pas; il est du nombre de ceux qui ont été remerciés : il est, à ce que j'ai ouï dire, fort mal dans ses affaires[1] : madame de Dangeau se seroit volontiers chargée de le toucher. Je vous rendrai compte du cardinal de Rohan, dès que je l'aurai vu : je vous assure d'avance, qu'il sera ce que vous désirez, s'il lui est possible. Madame de Barneval est fort incertaine sur sa pension : c'est l'état où nous sommes tous : mais elle est fort reconnoissante de la charité que vous avez pour elle. Ce qui nous rend sans ressources, c'est que nous sommes un nombre de gens, honnêtes gens à la vérité, pleins de probité, d'honneur, mais de la vieille cour, mais bons à rien. Je ne répons point, ma chère tante, à la fin de votre lettre : celle-ci n'est que trop longue : et je vous conseille d'en reprendre la lecture, autant de fois que vous avez été à m'écrire la vôtre. Bien des gens s'adressent à moi pour savoir de vos nouvelles : de ce nombre sont quelques-uns de mes maréchaux, entre autres le maréchal de Tallard.

1, Il était l'un des sept intendants des finances dont les charges furent supprimées par le Régent en septembre 1715.

LETTRE LIX

Ce n'était pas sans quelque soupçon du jugement que vous avez porté de mes deux projets, que je vous les avois confiés, non que je ne les crusse moi-même très-raisonnables, mais par la connoissance que j'ai de cet oubli de vous-même d'un côté, et de cet esprit de Néron de l'autre. Cependant, ma chère tante, vous convenez que je pourrai aller à la Ménagerie ou à Trianon. Pourquoi me remettre au printemps? Eh! l'hiver me tuera avant que je puisse profiter de la belle saison. Il est vrai que monsieur Fagon est fort occupé, et que mes affaires en souffrent; mais c'est pourtant mon bel endroit. Madame de Dangeau n'est point malade; j'ai passé le jour chez elle. Le maréchal de Villeroi m'avoit envoyé demander, hier au soir, si je voulois lui donner à dîner, ou me trouver chez madame de Dangeau. Ah! bon Dieu, m'écriai-je, lui donner à dîner; je ne suis pas si sotte : il n'y a point de comparaison entre en recevoir ou en donner; j'irois à quatre pattes pour éviter ce dernier inconvénient, dussé-je y faire la plus méchante chère du monde. J'ai donc été au rendez-vous. On ne veut point à Charenton de la fille de madame de Barneval. Madame de Villette est hors d'affaire; j'en suis ravie et pour elle et pour sa famille; elle a quelques vues pour notre régiment. Je n'aurois jamais cru avoir un souvenir tendre pour Benoît; vous me l'avez inspiré. Pour le frère de madame de Glapion, il ne m'étonne pas; il a raison. Qu'il seroit aimable de vivre avec de telles gens! Que ceux qu'on trouve ici sont différens!

LETTRE LX

C'est précisément, parce que je veux aller à Saint-Cyr, que j'ai tant de soin de ma santé; d'ailleurs je ne suis pas fâchée qu'on ne me croie point en état de faire des visites : mais je consens, ma chère tante, quoiqu'avec peine, de laisser couler encore un peu de temps : je veux ce que vous voulez, quoiqu'il m'en coûte : il n'y a que la duchesse de Noailles qui m'embarrasse; car pour toutes les autres, j'en triompherois aisément : pourroient-elles trouver injuste que j'aie des préférences ? aux amies la parenté doit être une raison : aux parentes, l'amitié et l'attachement particulier, s'il y a encore quelque justice dans le monde. Ce n'étoit donc pas sans raison, que je craignois tant la visite du maréchal de Villeroi ! voilà celles, que malgré tout son mérite, vous deviez vous retrancher : elles ne sont plus bonnes qu'à vous tuer. Je ne veux point croire encore, que les pensions soient retranchées : cette pensée me mèneroit à des projets un peu trop violens : à chaque jour suffit son mal, j'en ai eu jusqu'à présent plus que je n'en pouvois porter. Il faut me consoler par la ressemblance flatteuse que j'ai avec monsieur d'Auxerre, je ne crois pourtant pas que madame de Glapion eût consenti volontiers que vous me l'eussiez écrit; mais je vous en remercie, car elle m'a fort divertie. Le cardinal de Rohan vous verra bientôt : il compte qu'il y aura quelque chose pour Moret : mes princesses Lorraines feront de leur mieux auprès de madame la princesse de Conti ; mais elles me dirent qu'elles l'avoient trouvée par avance découragée sur cette bonne œuvre, parce qu'il lui étoit revenu que vous n'y vouliez plus rien donner. Madame de Dangeau vint dîner avec moi, il y a deux jours; elle étoit tout abattue, et pas encore remise d'une visite qu'elle avoit rendue à Madame aux Carmélites, où son cœur avait souffert. Madame de Lévis est à Provins. Mon *Philosophe* et mon *Brindi*[1] sont tous deux assez raisonnables, chacun en leur espèce. Voilà, ma chère tante, tout ce que je sais, ou tout ce que je puis avoir l'honneur de vous écrire. On dit que les postes sont sûres[2] mais la défiance l'est davantage.

LETTRE LXI

Ce n'est, ma chère tante, que pour le plaisir de vous écrire que je vous écris : ainsi ma lettre sera fort courte; je ne sais pourtant si je n'ai point oublié de vous dire que j'ai vu le cardinal de Rohan, qu'il s'adressera directement à la reine d'Angleterre pour ce qui le regarde, et qu'à l'égard de Moret, il fera tout ce qui dépendra de lui; mais qu'il ne sait encore de quoi il sera le maître. Je continue à me bien porter. Je n'ai point vu madame de Dangeau, je sais seulement qu'elle est en bonne santé; celle

---

1. Les deux fils de madame de Caylus.
2. Telle n'était pas l'opinion de la princesse Palatine, qui écrivait, à la date du 2 novembre 1717 : « Il ne peut exister un plus mauvais service que celui de la poste en France; elle est toujours sous la direction de M. de Torcy, qui n'a jamais manqué d'ouvrir et de lire toutes mes lettres. Je ne m'en serais pas tracassée, mais, ce que je ne pouvais souffrir, c'est que pour obéir à la vieille (*Maintenon*), il faisait là-dessus des commentaires afin de me brouiller avec le feu roi, et cela était par trop fort. Aujourd'hui il peut faire tous les commentaires qu'il voudra, je ne crains pas qu'il me brouille avec mon fils... Il faut se réjouir lorsque les lettres ne sont pas entièrement perdues, et lorsqu'elles arrivent enfin. »

de madame de Villette a de la peine à revenir ; je pourrai lui vendre mon régiment, si elle, de son côté, peut vendre sa charge. J'écrirai directement à M. le Duc d'Orléans pour ma pension : et je ferai rendre ma lettre par le maréchal de Villeroi. Voilà où j'en suis, avec beaucoup d'autres choses peu agréables ; mais je suis contente de mes enfans, et fort tranquille chez moi. Je suis infiniment occupée de ce qui se passe à Saint-Cyr : je suis dans toutes vos heures : je m'y transporte en esprit : on ne s'aperçoit ici en aucune façon du monde d'être dans la dépendance d'un palais : les ouvriers sont et seront encore longtemps chez moi : je suis toujours dans ma petite chambre haute, accablée par la quantité de meubles. Je viens de recevoir une visite du petit Léger : il est fait à peindre : il m'assure qu'il est fort sage : il a tout l'air de dire vrai. Après la promesse que je vous ai faite, je n'ose entamer une autre page.

LETTRE LXII

Il y a quelque chose de bien terrible dans l'air, il en faut convenir : combien d'obstacles pour tout ce qui peut faire plaisir aux gens raisonnables? Le roi d'Angleterre cause ici de grandes inquiétudes à ceux qui sont véritablement dans ses intérêts, quoique l'Écosse soit comme en sûreté pour lui, et que, par la disposition du camp du duc d'Argile, il ne puisse, à ce qu'on dit, sortir d'où il est, qu'il ne se trouve entre deux feux, tant le comte de Marr le tient serré. Mais les provinces d'Angleterre, qu'on disoit être soulevées, ou prêtes à se soulever, ne le sont point : et vous savez mieux que moi, puisque vous avez vu la reine, la belle action qu'a fait le duc d'Ormond de ne vouloir être suivi de personne et de s'exposer seul à descendre dans un pays ennemi. Ce qu'il est devenu, aussi bien que le roi d'Angleterre, depuis qu'ils se sont embarqués, voilà notre sujet de crainte. Les Anglois qui sont à Paris dans les intérêts du roi Jacques, se plaignent du peu de secret de Saint-Germain, et les soupçons contre Midleton sont tels qu'ils ont toujours été, quoiqu'un de ses enfans ait été arrêté par l'ordre de monsieur le Duc d'Orléans, comme il alloit passer en Angleterre pour suivre le roi son maître. Voilà, ma chère tante, tout ce que je sais, et que je tiens de madame de Villette, qui, malgré son état, est très bien informée : elle avait vu le matin Bolingbrok, qui paroit faire ses adieux dans Paris, pour en sortir.

On dit que monsieur Desmarets[1] est attaqué pour seize cent mille livres qui ont été employées sans les formalités requises. L'argent se resserre plus que jamais, l'affaire est si sérieuse qu'il n'y a si grand et si petit, si éclairé et si imbécile qui ne soit dans la consternation. La pauvre La Jonchamp me serre le cœur : le procédé noble de son mari mériteroit une autre récompense.

LETTRE LXIII

Les forces de madame de Dangeau reviennent lentement : mais je me flatte encore que nous ferons notre voyage; et pourvu que nous soyons toutes deux en état de

---

1. On voulait faire peser sur Desmarets la responsabilité des désordres financiers de la fin du règne de Louis XIV. Le ministre disgracié répondit à ses ennemis par un remarquable *Mémoire sur l'administration des finances, depuis le* 20 *février* 1708 *jusqu'au* 1ᵉʳ *septembre* 1715, qui a été publié dans les *Mémoires de la Régence*.

marcher, nous laisserons ce qui ne nous pourra suivre, puisqu'après leur en avoir fait la proposition, elles ne seront en aucun droit de se plaindre.

Madame de Villette est bien mal : elle se confessa hier : elle est tant soit peu mieux ce matin. Personne n'entre dans sa chambre que ses gens pour la servir, des médecins, et monsieur de Saint-Sulpice, ou son confesseur; car ce ne fut pas lui qui la confessa hier, mais un autre prêtre de la paroisse. On la saigna du pied après sa confession, ce qui parut la soulager : elle fut jusqu'à minuit assez bien; le reste de la nuit n'a pas été de même, mais, depuis le matin elle est mieux.

C'est aujourd'hui le neuf de la petite vérole du marquis de Villeroi, et il est bien ; sa tante la religieuse l'a aussi : ce qui afflige fort ce pauvre maréchal, qui croit, après ce qu'il vient de perdre, que tout lui va manquer. Madame de Pracontal étoit hier tout à fait hors d'affaire.

Je vous envoie, ma chère tante, les bonnes nouvelles d'Angleterre bien détaillées par monsieur de Dangeau. Il est si rare de trouver de quoi se réjouir, qu'il n'en faut pas perdre l'occasion.

Quoi que Léger vous ait pu dire de la pâleur de mon visage, je me porte pourtant assez bien. Je sortis hier pour madame de Villette, et de là chez madame de Dangeau, où je ne vis que des gens que j'étois bien aise de voir, madame de Lévis, mesdames d'Espinoy et de Remiremont, qui ne m'ayant point trouvée chez moi, me vinrent chercher là, madame d'Elbœuf, madame de Pompadour. Notre joie de nous retrouver ne fut pas sans regrets, ni sans parler de vous, ma chère tante. Madame de Dangeau s'amuse beaucoup avec sa petite fille ; si elle osoit, elle ne sortiroit point de dessus ses genoux. Adieu, ma chère tante.

LETTRE LXIV

Enfin, ma chère tante, nous avons résolu, madame de Dangeau, madame de Levis et moi, de partir jeudi matin pour avoir l'honneur de vous voir : je ne fais point mention de madame d'O, parce que je suis presque persuadée qu'elle aura, ou ses grandes vapeurs, ou quelques médecines qui l'en empêcheront : je le lui proposerai pourtant. Quant à moi, je sors des obstacles que je pouvois craindre : malgré de si heureuses apparences, je ne laisserai pas d'envoyer encore mercredi un exprès vous porter la confirmation de notre voyage. Le pauvre monsieur de Villeroi va verser, dans votre sein, son renouvellement de douleur ; et voilà ce que votre destinée et votre bonté vous font avoir de vos amis! Pour moi, ma chère tante, je vous déclare que ce sera contre ma volonté et mes résolutions, si je fais autre chose que de me réjouir de votre vue. Si je pouvois, en me moquant des bons cœurs, endurcir le mien !

Monsieur de Bonrepos fera son devoir pour monsieur de Goulher : j'attends ses ordres pour faire agir Valincourt auprès de monsieur le comte de Toulouse. On m'interrompt, ma chère tante.

LETTRE LXV

Ne vous apercevez-vous point, ma chère tante, qu'il y a bien longtemps que je n'ai eu de vos nouvelles? Tout m'abandonne : madame de Glapion même et mademoiselle d'Aumale ne m'écrivent plus. Je sais que vous eûtes hier la visite de monsieur le cardinal de Rohan, et j'ai une grande impatience de le voir depuis. J'espère qu'il ne vous aura pas tant fait de mal que d'autres que vous avez reçus : il vous aura dit ce qu'il veut faire pour Moret. Madame la Princesse de Conti donnera cinq cents francs, parlera à monsieur le duc d'Orléans, pour tirer quelque chose de lui, ce qui me fait espérer que nous parviendrons à faire la somme que vous croyez qui suffit pour que ces pauvres filles ne se séparent pas.

LETTRE LXVI

Enfin notre voyage est arrêté pour la semaine prochaine, parce que suivant votre conseil et la bonté que vous avez de vouloir bien avoir égard aux empressemens de nos chères dames, nous ferons notre première visite en corps : la duchesse de Noailles même en sera, malgré son énorme grosseur ; mais nous coucherons aux environs de Saint-Cyr en faveur de la femme grosse et de l'hémorrhoïsse, c'est ce qui fait que je ne puis encore vous mander précisément le jour. La petite de Courcillon est sans fièvre : ce qui me fait un grand soulagement : je craignois beaucoup que cette consolation ne fût enlevée à notre amie. Il n'y a point de nouvelles du roi d'Angleterre : tant mieux, puisque c'est une marque que son trajet se fait. Je vous ferois mal le détail de tout ce qui se dit, et je sais qu'il vous suffit de savoir en gros que ses affaires vont bien. J'ai été bien soulagée, ma chère tante, de recevoir deux de vos lettres tout à la fois : je suis bien aise que vous soyez contente de notre cardinal : est-il possible que celui-là soit nôtre, et que l'autre..... Il faut se taire, mais en effet le cardinal de Rohan mérite d'être vôtre. Je vous envoie une lettre de monsieur de Fréjus [1] : il me vient voir de temps en temps, il me semble aussi qu'il est à nous. Pour le pauvre monsieur de Villeroi, dès qu'il a un jour, il le donne, ou à madame de Dangeau, ou à moi : il est comme une âme en peine. Je garde votre compliment à Monsieur Fagon pour la première visite qu'il voudra bien que je lui rende ; son fils m'a dit qu'il falloit encore le laisser quelque temps. Je ne crois pas que madame de Villette soit sitôt en état de vous importuner, et quoiqu'elle ne soit plus dans un danger pressant, c'est une femme bien malade. Le maréchal d'Harcourt donne sa charge de capitaine des gardes à son fils : c'est une grande grâce qu'on lui fait, mais je le trouve encore plus heureux que son fils. Je ne manquerai pas de faire à M. d'Auxerre, de votre part, les remerciemens que je lui avois déjà faits d'avance ; il est à la campagne avec mes enfans. Permettez-moi, ma chère tante, de vous représenter que de voir la reine d'Angleterre, c'est voir une fille de Sainte-Marie, et que vous en serez reposée quand nous aurons l'honneur de vous voir. A l'égard du maréchal de Villeroi, que j'honore pourtant beaucoup, ce n'est pas trop mal fait de le refuser : je ne lui saurois pardonner sa derniere visite, qu'il m'avoit promis de ne pas rendre si tragique. Monsieur du Maine, vous l'aimez : il a besoin de consolation et d'être fortifié ; c'en est fait, il n'y retournera de longtemps. Vous trouverez sans doute, et vous aurez raison, que depuis que je sens que j'ai la permission de vous voir, je suis fort indulgente pour les autres : il est vrai, ma chère tante, que cette espérance met dans mon sang un baume que je ne connoissois plus.

---

1. André-Hercule de Fleury, d'abord évêque de Fréjus, puis précepteur de Louis XV, cardinal et premier ministre.

LETTRE LXVII

Nous coucherons toutes à la Ménagerie, où monsieur Blouin a bien voulu nous faire mettre quatre lits : vous me direz peut-être, pourquoi pas cinq ? C'est que j'ai supposé qu'il étoit impossible qu'il n'y en eût pas une des cinq qui manquât, et pour la question, que vous me faites à l'égard de la maison de madame la princesse de Conti, elle est démeublée, sans quoi, nous y aurions été toutes à merveille.

Madame de Villette est considérablement mieux : monsieur le Curé de Saint-Sulpice la voit de temps en temps, et je n'ai rien à faire là.

Je ne sais aucune nouvelle d'Angleterre : je suis inquiète de ce pauvre roi. La reine ne veut-elle donc point expédier sa visite ? Faut-il que nous trouvions encore des princes ? Ce n'est pas que je ne sente que je lui sacrifierois tout, à l'exception de ma visite de Saint-Cyr. Nous pleurerons, mais il y a de la douceur même dans ces larmes : de plus, comme il faut commencer par là, le plus tôt que nous aurons pleuré sera le mieux. Ma santé est si bonne présentement, et je suis si peu sûre de sa durée, que j'ai grand regret au temps que je perds.

Je n'importunerai point M. Fagon, et je n'irai le voir que quand son fils et M. Boudin me diront que je le puis sans l'incommoder. Adieu, ma chère tante, vous savez combien je vous suis tendrement attachée.

LETTRE LXVIII

Madame de Villette, que nous croyions hier beaucoup mieux, a reçu tous ses Sacremens ce matin : je n'en ai été avertie qu'après : j'y ai couru, mais je ne suis point entrée dans sa chambre, et il est vrai que je ne l'ai pas vue depuis qu'elle est si mal. Je sais qu'elle a reçu les Sacremens avec beaucoup de religion, et qu'elle a mis ordre à tout avec un grand courage : elle est dans une tranquillité et une soumission à la volonté de Dieu bienheureuse. Ses femmes et ses médecins, et tous les gens qui l'approchent pour la servir, en sont fort édifiés : elle n'étoit plus assez accoutumée à moi, et nous étions trop bien ensemble, pour que j'aie cru nécessaire de la faire tourmenter pour la voir : il me suffit qu'elle ait fait tout ce qu'elle devoit, et de témoigner à son fils qu'il trouvera en moi une sœur tendre et une amie fidèle : il viendra chez moi d'abord pour y passer les premiers jours.

J'ai eu bien du déplaisir et de l'inquiétude, depuis que je n'ai eu l'honneur de vous voir : mon fils, *le Brindi*, s'étoit fait une méchante affaire ; monsieur le maréchal de Villeroi l'a accommodée : il est vrai que son tort est ancien, et qu'en dernier lieu il n'avoit pu faire autrement que de soutenir ce qu'il avoit une fois avancé : il assure fort qu'il est incapable de faire à présent les mêmes sottises que l'année passée. Je vis hier la duchesse de Noailles en très bonne santé. On dit que le duc de Noailles est transporté de joie, je ne le vis pas : il n'étoit ni chez lui, ni chez madame sa femme. Je me trouvai hier en carrosse dans les rues de Paris et dans le même quartier : j'allois chez monsieur Desmarets que je trouvai au bout du plus bel appartement du monde, très mal éclairé, seul, assis, par habitude, je crois, à son bureau ; madame sa femme étoit en haut avec deux généraux, dont le maréchal de Tallard étoit un : voilà le monde. J'ai besoin, pour terminer l'affaire de monsieur de Goulher, de savoir quel est son emploi et dans quel lieu il est ; il me faudroit aussi un placet ou mémoire, que je ferai donner à monsieur le comte de Toulouse par monsieur de Valincourt, qui a eu l'honnêteté de songer à un autre emploi, au cas que celui-ci ne fût pas conservé, et cela, avant que je lui en aie parlé. J'espère donc, d'une façon ou d'une autre, que votre ami, monsieur de Goulher, ne demeurera pas sur le pavé. Vous n'avez point mal jugé, ma chère tante, de la tranquillité de ma retraite ; à la privation près d'avoir l'honneur de vous voir, je serois aussi contente qu'on le peut être dans cette misérable vie ; mais je ne puis, je vous l'avoue, m'accoutumer à cette privation. Il y a aussi le point des embarras d'affaires que la dureté du temps augmente beaucoup. Il est survenu un accident fâcheux à la vente de notre régiment :

Vouloir ce que Dieu veut est la seule science,
Qui nous mette en repos.

Il m'a donné un esprit assez tranquille, et un cœur un peu trop tendre pour les gens que j'aime. Je suis contente de mon fils aîné : c'est un honnête homme et un aimable ami. Je vois souvent madame de Dangeau, et ce m'est toujours un nouveau plaisir.

LETTRE LXIX

C'est aujourd'hui la conférence : elle doit être décisive : le Chancelier dit qu'il faut finir l'affaire, le Régent, qu'elle l'est, et tout le reste, qu'elle ne le peut être. Bien des gens sensés ne croient point que celle des Princes puisse être jugée : la requête, que les Ducs viennent de présenter, y jette un nouvel embarras, et fournit, ce me semble, un nouveau prétexte à monsieur le Régent : par là, les Ducs se sont ôté le pouvoir de juger : ainsi, en tout, je trouve que cette requête est plutôt un bien qu'un mal. Monsieur d'Argenson est mieux : mais il a pourtant encore une petite fièvre qui le mine. Madame la duchesse de Noailles a un rhumatisme qui la fait beaucoup souffrir.

Le cardinal de Polignac a reçu une lettre du cardinal del Giudice, qui lui mande pour nouvelle que madame des Ursins vient en France, apparemment pour quelque chose de bien important, puisqu'on envoie un si grand personnage. Que dites-vous de l'effronterie de cet Italien ?

Je suis un peu lasse : il n'y paroîtra pas demain ; mais je vous ai laissée bien abattue, ce me semble : ce qui m'inquiète bien davantage.

LETTRE LXX

Vous ne voulez point, à ce que m'a dit Monsieur le maréchal de Villeroi, que j'envoie à Saint-Cyr ; mais vous voulez bien, ma chère tante, que je profite des occasions qui se présentent : celle de monsieur de Fréjus me fait plus de plaisir qu'une autre, parce qu'il vous dira des choses agréables du jeune roi; mais l'Église vous serrera le cœur.

Il y a bien du bruit dans la maison de Conti : la mère a dit à son fils des choses qui la font blâmer de tout le monde; on est bien à plaindre d'avoir tort avec de telles gens. Les portes du Luxembourg fermées révoltent tout le quartier et raniment les faiseurs de chansons [1]. Mais ce qu'il y a de pis, c'est que la Chambre de justice [2] ne produit encore rien, et qu'on ne sait ce que devient l'argent qui a été porté à la Monnoie; tout le monde, au moins ceux que je vois, est dans un état si souffrant, que la vie en devient triste de plus en plus. C'est demain la noce de nos Rohans, que je ne prens point du tout à cœur. J'apprens que monsieur le maréchal de Villeroi vient de partir tout à l'heure pour aller à Saint-Cyr; que de choses il vous dira! il se soulagera, et vous accablera : pourvu encore, qu'il ne nous aille pas donner un accès de fièvre! Passons vite au curé d'Avon, que je vis l'autre jour avec grand plaisir; ne le verrez-vous point aussi? ou ne l'avez-vous pas déjà vu? Il ne dit rien de triste, il me paroît même que nos amis sont riches; ils le sont en effet, puisqu'ils ne désirent rien. Nous avons eu un accident, qui a été réparé par le sacrement, et qui n'est pas même arrivé à un de nos néophytes.

Le vieillard de la duchesse de Noailles est mort, le

---

1. Nous avons publié ces chansons dans le tome II, de notre *Chansonnier historique du dix-huitième siècle*. (A. Quantin, éditeur.)

2. La Chambre de justice, fut établie par édit du 16 mars 1716, pour rechercher les malversations commises dans l'administration des finances depuis l'année 1689. Elle donna lieu à de nombreuses chansons que l'on trouvera dans l'ouvrage indiqué ci-dessus.

même jour que son argent est fini. Madame Fagon est morte subitement : monsieur son mari l'a appris d'une façon qui devoit le tuer. On lui tait ce coup de foudre : on le laisse aller jusqu'à la porte de la chambre; là, on l'assomme de ces mots : *Madame est morte.* Il fut saisi : il se porte mieux. Adieu, ma chère tante, je vais me coucher à votre intention.

LETTRE LXXI

Je vis hier une lettre de monsieur de Châlons[1] votre ami, qu'il écrit à un des siens du Parlement de Dijon, qui me paroît si bien, que je ne doute pas qu'elle n'ait votre approbation. Je vous l'enverrois si je pouvois imaginer qu'il ne vous l'eût pas envoyée lui-même. Les zélés du parti sont bien animés contre l'auteur des vers que vous avez lus[2] et prétendent que c'est un homme à pendre. Pour ceux de leur libelle, ce sont des saints à canoniser : ainsi de tout. Vous donc, ma chère tante, qui ne vous ressentez en rien de la corruption du siècle, ne condamnez pas à la peine d'un exil insupportable une petite nièce qui ne l'a pas mérité. Vous aurez aujourd'hui le maréchal de Villeroi, qui ne vous laissera rien ignorer. Je n'ai donc, ma chère tante, qu'à vous donner le bonjour, et vous dire que j'envie tout ce qui vous voit.

1. Jean-Baptiste-Louis-Gaston de Noailles, évêque de Châlons, frère du cardinal de Noailles, archevêque de Paris.
2. Les querelles religieuses suscitées par la Constitution *Unigenitus*, inspirèrent une multitude de pièces satiriques, dont un grand nombre ont trouvé place dans notre *Chansonnier historique du dix-huitième siècle.* Il serait difficile de préciser celle à laquelle il est fait ici allusion. Peut-être s'agit-il du *Philotanus* de l'abbé de Grécourt qui fut publié en 1716.

LETTRE LXXII

Il n'y a rien de plus avancé sur les taxes. Le traité avec la Hollande et l'Angleterre n'est pas encore public : tout est dans le même état. Madame d'Olonne est morte de la petite vérole, ayant fait son testament avant d'entrer dans la chambre de monsieur son mari, comptant sur une mort certaine. Cette maladie ne diminue pas, comme vous voyez, mais elle est plus parmi les gens de condition que dans le peuple. Madame d'Armenonville paye le tribut de sa grande élévation : on espère pourtant qu'elle n'en mourra pas. Monsieur le cardinal de Rohan a trouvé les chemins bien jansénistes, ce sera bien pis au retour. J'ai impatience d'apprendre si monsieur le duc du Maine vous a autant affligée que vous vous y attendiez : je suis en peine aussi de savoir des nouvelles de mademoiselle de Glapion. Bon jour, ma chère tante, mon cœur suit et envie tous ceux qui vont à Saint-Cyr.

LETTRE LXXIII

La mort et l'affliction me poursuivent partout : monsieur le maréchal d'Harcourt est tombé en apoplexie; vous êtes, ma chère tante, ma seule consolation. Si la pauvreté étoit honteuse, les plus riches ne seroient guère présentement en droit d'insulter aux plus misérables. Vous n'avez jamais vu, ma chère tante, et vous ne sauriez vous l'imaginer, l'extrémité où l'on est : on ne peut tirer un sou de personne. J'ai reçu l'argent que vous m'avez envoyé, comme si c'étoient des galions. Je ne sais aucune nouvelle du roi d'Angleterre; monsieur le maréchal de Villeroi vous en dira ; il vous apprendra la mort de madame de Louvois, si vous ne la savez pas. C'est une grande perte pour les pauvres [1].

Adieu, ma chère tante ; permettez-moi d'espérer encore au lundi ; vous trouverez sans doute que je suis bien incorrigible sur l'espérance. Le roi se porte bien, mais d'une opiniâtreté épouvantable, ce qui ne se corrigera point.

Ce 4 Décembre. Il me paroît que ma tante se rend bien commune aux évêques : n'en déplaise à leur sainteté, ils ne sont point meilleurs à voir que d'autres. Monsieur d'Auxerre veut s'en mêler aussi : et m'insulte parce qu'il a des privilèges que je n'ai pas, et que je mérite mieux que lui. Mon histoire est vraie, et la meilleure que j'ai entendu raconter depuis que je suis ici, où l'on n'est occupé que de la disette d'argent, qui redouble tous les jours. Personne ne paye, et dans peu, je serai réduite à vivre du lait de ma vache et des œufs de mes poules. Le pain est pourtant à bon marché, mais rien n'est si cher que l'argent. Un de mes intimes amis a fait banqueroute. Ne voilà-t-il pas bien des gentillesses que je vous écris ? C'est ainsi, madame, qu'on a de l'esprit à Paris : aussi me garderai-je bien d'écrire à ma tante. Je vous donne le bonsoir. Je n'aime point à écrire quand la nuit est

---

1. Saint-Simon, qui, comme on le sait, ne prodigue pas les louanges à ses contemporains, a payé aux vertus de madame de Louvois le tribut d'éloges qui leur était dû :

« Ce fut, dit-il, une perte fort grande pour sa famille, pour ses amis et pour les pauvres, et un exemple singulier de ce que peut une conduite sage, digne, suivie... Elle mena une vie si honorable, si convenable, si décente et si digne, dont elle ne s'est jamais démentie en rien, que sa mort, qui fut semblable à sa vie, fut le désespoir des pauvres, la douleur de sa famille et de ses amis, et le regret véritable du public. »

venue ; je baisse infiniment avec le soleil : je me porte à merveille : j'en suis toujours honteuse.

LETTRE LXXIV

Je n'ai point vu le maréchal d'Harcourt depuis le premier d'octobre ; mais je ne me suis point aperçue qu'il fût différent de ce que nous l'avons vu depuis les fâcheuses attaques qu'il a eues. J'ai toujours trouvé en lui ce bon sens, cette bonne tête, ce juste discernement entre le bien et le mieux. Mais il y a tant de différence d'être considéré par une amie au coin de son feu, par une femme qui dit et qui pense à peu près les mêmes choses, ou par une troupe de gens qui n'ont dans l'esprit que cette maxime, *Plus de morts, moins d'ennemis*, que je ne suis point étonnée qu'on juge si mal d'une foiblesse, qui néanmoins ne prend que sur le corps.

Madame de Berri a passé la fête aux Carmélites : elle y alla coucher la veille avec la seule d'Avaise ; on dit que ces saintes filles sont édifiées d'elle, je suis ravie que cette princesse forme cette liaison [1]. Quand elle n'abou-

---

1. La duchesse de Berry qui donnait au Luxembourg le spectacle d'une conduite scandaleuse, allait passer les jours de fêtes dans le couvent du Carmel. Ce mélange bizarre de libertinage et de piété, donnerait à penser, comme l'a prétendu Michelet, qu'elle était à peu près folle, et l'histoire de sa vie justifie bien cette triste supposition. Tout en paraissant édifiées de sa dévotion, les Carmélites ne s'abusaient point sur son compte. « Deux Carmélites de beaucoup d'esprit et qui connoissoient le monde, raconte Saint-Simon, étoient chargées de la recevoir et d'être souvent auprès d'elle. Il y en avoit une fort belle, l'autre l'avoit été aussi. Elles étoient assez jeunes surtout la plus belle, mais d'excellentes religieuses, et des saintes, qui faisoient cette fonction fort malgré elles. Quand elles furent devenues plus

tiroit qu'à les faire payer, ce seroit beaucoup : et on dit qu'elle a déclaré, qu'elle vouloit prendre soin de leurs affaires. La petite vérole fait ici bien du ravage. Avez-vous su la mort de cette pauvre madame de Forcet, précédée de celle de sa fille, dont elle avoit pris cette même maladie?

Monsieur Fagon est depuis quelques jours arrivé dans sa retraite du Jardin du Roi[1] : nous nous sommes fait inutilement de tendres messages : il est sûr qu'on lui conserve son habitation, et même l'autorité sur les plantes, avec une pension de deux mille écus : ce traitement est fort raisonnable.

familières, elles parlèrent franchement à la princesse, et lui dirent que si elles ne savoient rien que ce qu'elles en voyoient, elles l'admireroient comme une sainte; mais que d'ailleurs elles apprenoient qu'elle menoit une étrange vie, et si publique, qu'elles ne comprenoient point ce qu'elle venoit faire dans leur couvent. Madame la duchesse de Berry rioit et ne s'en fâchoit point. Quelquefois elles la chapitroient, lui nommoient les gens et les choses par leurs noms, l'exhortoient à changer une vie si scandaleuse, et avec esprit et tour poussoient ou enroyoient à propos, mais jamais sans lui avoir parlé ferme. Elles le contoient après à celles des dames qui étoient les plus propres à goûter leurs peines sur l'état de madame de Berry, qui ne cessa de vivre comme elle faisoit au Luxembourg et aux Carmélites, et, de laisser admirer un contraste aussi surprenant, et qui du côté de la débauche augmenta toujours. »

1. « Fagon, perdant sa charge de premier médecin, l'unique qui se perde à la mort de roi, s'était retiré dans un bel appartement du Jardin du roi ou des simples et des plantes rares et médicinales, dont l'administration lui fut laissée. Il y vécut toujours très solitaire dans l'amusement continuel des sciences et des belles-lettres, et des choses de son métier qu'il avait toujours beaucoup aimées. Il a été ici parlé de lui si souvent, qu'il n'y a rien à ajouter, sinon qu'il mourut dans une grande piété et dans un grand âge, pour une machine aussi contrefaite et aussi cacochyme qu'étoit la sienne, que son savoir et son incroyable sobriété avoient su conduire si loin, toujours dans le travail et dans l'étude. » (Saint-Simon).

Comment voulez-vous que je ne me mette pas en peine, quand j'entens dire que vous avez la fièvre, et que vous êtes plus abattue? L'habitude peut-elle ôter sur cela la sensibilité? *Il faut premier que mon cœur on refonde.*

Je suis fort bien ici : je ne perds pas un rayon du soleil, ni un mot des Vêpres d'un séminaire où les femmes n'entrent point : c'est ainsi que toute la vie est mêlée; d'un côté ce palais (*le Luxembourg*), et de l'autre, les louanges de Dieu.

Je reprens ma lettre pour vous faire des remerciments de la pauvre Barneval : madame de Saint-Géran et elle sont encore chez l'hospitalier Bonrepos : jamais patriarche n'a porté cette vertu plus loin. Les troubles d'Angleterre ne diminuent pas : la révolte d'Écosse s'étend, et le duc d'Ormond est passé. Je vous avoue que je me sens un grand zèle pour le roi Jacques, et que je suis Tory jusque dans la moelle des os; nous le verrons sur le trône de ses pères, et nous l'y verrons bon catholique. Je voudrois bien pouvoir jouir de ces nouvelles, et faire ma cour à la reine d'Angleterre : vous serez informée, ma chère tante, de tout ce que j'apprendrai; c'est peut-être le seul événement qui puisse exciter votre curiosité, j'en connois les motifs.

LETTRE LXXV

Je ne vous parlerai point, ma chère tante, de ce que je laisserai derrière moi en m'avançant vers Paris : mon cœur vous est connu, puisque vous l'avez formé : et pour peu que vous compreniez les charmes de votre conversation, vous comprenez mes regrets.

J'ai trouvé madame de Dangeau assez bien : j'en fus reçue à merveille, parce que je la rassurai sur votre état : madame la princesse d'Espinoy étoit avec elle : de votre santé nous passâmes aux nouvelles publiques. La flotte Espagnole est un mystère où l'on ne comprend plus rien : les uns la renvoient dans les ports, les autres à la Jamaïque, quelques-uns plus opiniâtres (et je me range de ce nombre) veulent que les vents l'aient empêchée d'entrer dans la Manche, lui font faire le grand tour, et deux descentes, l'une en Irlande, et l'autre en Écosse. Ce qu'il y a de certain, c'est qu'on n'est pas ici sans embarras, et qu'au Palais-Royal on en sait plus qu'on ne dit. Le Turc inquiète. On trouve qu'Albéroni a bien des ressources dans son esprit. Le roi d'Espagne traite celui d'Angleterre d'une façon si authentique comme roi de la Grande-Bretagne, avec tous les honneurs dus à ce rang, qu'on juge qu'il doit être assuré de n'en avoir pas le démenti. M. le duc d'Orléans a fait arrêter ici le prince de Carignan, à la prière de M. le duc de Savoie. On l'a conduit jusqu'à Auxerre : on l'enverra sans doute dans son pays, d'où il étoit sorti sans permission.

Madame la duchesse du Maine consentiroit volontiers à être transférée [1], si l'on vouloit la mettre ailleurs que dans le gouvernement de Bourgogne : cette princesse fait pitié : l'ardeur de son courage ne sert qu'à lui faire sentir plus vivement ses maux, elle ne sauroit y résister, ni y remédier : celui de M. le duc du Maine, soutenu de sa grande piété, et plus fondé sur la raison, le sert mieux :

---

1. En 1718, lors de la découverte de la conspiration de Cellamare, la duchesse du Maine, qui avait été l'âme du complot, fut conduite au château de Dijon.

il est tranquille : rien ne trouble sa soumission aux ordres de Dieu. Madame la princesse va mettre les fers au feu pour demander que leur procès soit fait. L'affaire de M. de Richelieu est encore au même état[1] : mêmes discours, mêmes bruits : mais nous avons tant ouï de propos fabuleux qui se donnoient pour des vérités incontestables, que nous sommes devenus fort incrédules.

Mademoiselle d'Orléans est abbesse de Chelles[2] : madame de Villars se démet, et on lui donne une pension considérable (*de* 12000 *liv.*). M. le cardinal a grand soin d'une ouaille de cette conséquence, et en faveur du jansénisme qu'elle professe avec le zèle de son tempérament, il trouve tout le reste bon. Madame de Berri est à Meudon avec son vœu et avec son M. de Riom[3], qui n'en part que la semaine prochaine.

Toutes les troupes s'avancent sur la frontière d'Espagne : les officiers partent : on assure que ce ne sera pas pour longtemps. Nous donnons à l'Angleterre, au lieu de nos troupes dont on ne veut pas, beaucoup d'argent, quoique nous n'en ayons guères : on a déjà envoyé un million depuis le bruit de la descente, sans compter ce qui l'avoit précédée et ce qui la suivra. Les troupes de

---

1. Le duc de Richelieu, impliqué dans la même conspiration, avait été enfermé à la Bastille et sa vie était sérieusement menacée. Soulavie affirme qu'il dut son salut à l'une des filles du Régent, mademoiselle de Valois, sa maîtresse, qui mit tout en œuvre pour obtenir sa grâce.

2. Louise-Adélaïde d'Orléans, nommée *mademoiselle de Chartres*, s'était retirée en 1716 à l'abbaye de Chelles, dont elle devint abbesse le 16 mars 1719.

3. Riom, lieutenant de la compagnie des gardes de M. de Berry, était l'amant déclaré de la duchesse. On trouvera dans Saint-Simon une histoire détaillée de leur singulière liaison.

l'empereur qui sont en Flandre passeront incessamment en Angleterre, si elles ne sont déja passées. Après tous ces secours, voyez si, malgré tout ce qui se dit, on n'appréhende rien de la flotte espagnole.

Madame la maréchale de Rochefort avoit fait pendant la semaine sainte la plus belle retraite du monde. M. le duc d'Orléans, à qui elle alla parler, dès que madame la duchesse d'Orléans fut partie pour Montmartre, l'approuve ; il lui conserve ses pensions, lui fait donner cinquante mille francs pour payer ses dettes : elle en touche seize mille, une belle lettre est écrite à madame la duchesse d'Orléans : elle va dans le couvent de Sainte-Élisabeth : tout le Palais-Royal la regrette, tous ses amis l'applaudissent, tous ceux qui ne la connoissent pas sont fâchés de ne l'avoir pas connue. Madame la duchesse d'Orléans revient de Montmartre, la demande, la cherche dans son couvent, dit qu'elle ne la quittera point qu'elle ne la suive ; la pauvre maréchale est revenue et tous ses amis sont dans une extrême confusion. Voilà l'état où je vis hier madame de Dangeau. Je mets fin à ma gazette, trop heureuse, ma chère tante, si elle vous amuse dans l'intervalle d'un assoupissement.

LETTRE LXXVI.

A MADAME DE GLAPION.

Il est vrai, madame, que la durée de la dernière fièvre m'avoit extrêmement inquiétée, et que je croyois la visite de monsieur le maréchal de Villeroi peu propre à rétablir une santé languissante : je l'avois pourtant bien prié de nous ménager : c'est quelque chose que nous en ayons été quittes pour un mal de tête. Je me serois servie des avis que vous me donnez, madame, si je n'avois été dans la nécessité de répondre précisément à ce qu'on m'a écrit, et j'ai cru qu'il falloit remettre cette pensée à une autre fois. Cependant, madame, j'en suis bien touchée, et avec autant de raison, pour le moins que vous en avez eu de l'être, d'une lettre, où je faisois bien naturellement les honneurs de votre maison, comptant que vous n'avez toutes de plus grand intérêt, que la conservation de ma tante et sa commodité : il semble qu'elle en a de tout opposés. Non, madame, monsieur d'Auxerre ne vous croit point de ces pauvres religieuses qui s'ennuient ; ayez meilleure opinion de son discernement, et croyez que quelqu'un qui m'appartient d'aussi près, quand il ne vous auroit jamais vue, ne pourroit ignorer au moins une partie de ce que vous êtes. Je crains bien de n'avoir pas reçu monsieur votre parent, comme je le devois ; je ne lus la fin de votre lettre, qu'après qu'il fut parti, mais j'aurois dû le connoître à sa politesse. On m'a flattée de l'espérance de voir un jour mademoiselle d'Aumale à Paris : que je serois aise de la tenir un peu chez moi et de bien causer avec elle ! Adieu, madame.

LETTRE LXXVII

A L'ABBÉ CONTY.

Je suis tout comme vous, quand je pense que je suis dans un couvent ; je me dis à moi-même *el vedo el credo* ; mais je ne m'y ennuie point ; je ne vous demande pas même des nouvelles, je voudrois seulement en avoir de meilleures de votre santé. Le bouclier de Pallas me rend un mauvais office pour le temps présent dont je crois qu'il me dédommagera bien un jour ; mais je vous avoue que je voudrois avoir bientôt la *Chronologie* avec la préface que vous m'avez promise ; ce n'est pas tant la longueur de vos productions que je crains que le temps que vous emploierez à les corriger : cependant, vous m'avez envoyé des échantillons qui devroient me mettre dans les intérêts de ce nouvel ouvrage ; les idées m'en paraissent admirables.

Nous avons commencé aujourd'hui l'histoire des empereurs ; cette lecture est convenable dans un couvent et nous la ferons en travaillant. J'ai commencé aussi l'Écriture Sainte, et je suis résolue d'écrire tout ce que je trouverai sur l'Égypte et les rois d'Assyrie. Je n'ai pas encore mes cartes, mais je n'en ai affaire qu'avec votre *Chronologie ;* recommandez-les pourtant à Biart, je vous en prie. Adieu, monsieur, vous savez à quel point je vous honore.

LETTRE LXXVIII.

A MADEMOISELLE D'AUMALE.
1715.

La seule consolation, mademoiselle, à laquelle je sois aujourd'hui sensible, et que j'ai reçue depuis notre cruelle séparation, me vint hier par le mot que vous mîtes au bas de votre mémoire, et par la lettre de madame de Glapion. Qu'il faut être malheureuse pour être consolée ainsi ! Le sujet de commission est affreux ; il me le paroît encore plus aujourd'hui que dans le premier moment ; j'ai senti pourtant quelque plaisir de faire encore quelque chose pour ma tante. Je n'ose lui écrire ; quand me permettra-t-elle de la voir, de l'entretenir, de pleurer avec elle ! Je ne chercherai point à dissiper sa trop juste douleur par des nouvelles du monde ; je n'en entends point qui ne me percent le cœur ; et je l'aime trop pour ne pas ménager sa sensibilité. J'en entendrai moins au Luxembourg où je compte aller ce soir : je quitte pourtant la personne de madame de Dangeau avec beaucoup de regret. Dubois vous dira combien il est surprenant que ma santé se soutienne : tout ce que j'en veux, c'est qu'elle me permette d'aller à Saint-Cyr, dès que ma tante y consentira. Si vous entrevoyez, mademoiselle, un moment favorable pour le proposer, levez bien, je vous en conjure, toutes les difficultés : je ne mènerai point de femmes avec moi ; je ne suis ni difficile, ni incommode en rien ; je partirai au premier attendrissement. Je vous remets mes intérêts les plus chers et mes désirs les plus vifs entre les mains. Que j'aille voir de mes propres yeux ce miracle de sainteté et de courage ! Quel coup ! quelle chute ! et quelle fermeté.

LETTRES AU COMTE DE CAYLUS, SON FILS.

LETTRE LXXIX.

Je n'irai donc pas plus avant puisque vous ne le voulez pas ; ayez donc aussi pour moi assez de complaisance pour songer sérieusement à vous guérir. Ne sachez point mauvais gré à M. le duc de Brissac, qui n'a fait que l'office d'un véritable ami. Je m'en vais attendre la confirmation du mieux où vous êtes présentement chez M. le duc de Villeroi. Je ne désespère pas de vous voir. Adieu, mon cher fils ; vous me donnez de trop fréquentes et de trop rudes secousses.

LETTRE LXXX

Je ne vois rien que de louable, mon cher fils, dans vos sentimens, mais une résolution à votre âge ne le seroit pas, et je serois folle, si j'en secondois une pareille. Vous n'avez que vingt et un ans, c'en est assez pour suivre les voies communes ; mais il faut autre chose pour hasarder une aussi grande singularité. Je ne songe point à vous marier, personne n'y pense ; quand même M. d'Harcourt me le conseilleroit, je ne le ferois que de concert avec vous, je veux vous rendre heureux de préférence à tout ; ainsi quelqu'excellent que me parût un parti, je ne vous le proposerois qu'autant qu'il pourroit faire votre bonheur ; dès que vous me diriez de n'y plus penser, il n'en seroit pas question davantage ; soyez donc en repos ; bien des mères n'en useroient pas de même.

Mais il est juste, de votre côté, que vous accordiez

quelque chose à ma volonté, et c'est, je vous le demande, de ne point prendre de résolution pour l'avenir ; vous êtes aujourd'hui dans ces sentimens ; bien loin de les blâmer, je les loue ; ne les combattez point, j'y consens ; mais ne croyez pas qu'à vingt et un ans on n'en puisse pas changer. A l'égard de la disposition de votre bien, c'est une vision tout à fait chimérique, il n'y a personne qui voulût prendre votre frère sur les avantages que vous lui feriez ; votre bien est substitué, vous n'en sauriez disposer, ainsi il n'y a qui que ce soit qui voulût de lui. Voilà l'effet des rêveries de votre solitude, regardez-les comme telles ; pour moi qui n'ai pas le temps ni l'humeur de penser creux, je ne puis y entrer que pour vous promettre, encore une fois, de ne point forcer votre volonté ; mais je veux agir au jour le jour, tenez-vous-en là.

J'ai reçu, ce matin, une lettre de vous, qui m'apprend que votre étoile voyagère vous conduit aux bords du Lignon[1], d'où nous verrons, sans doute, sortir quelque églogue bien galante[2], mais je suis bien en peine de ce

---

1. Le Lignon est une petite rivière du Forez, qui prend sa source au-dessus de Thiers, et va se jeter dans la Loire près de Feurs. Il doit toute sa célébrité à ce fait que d'Urfé a placé sur ses bords la scène de sa fameuse pastorale, l'*Astrée*.
2. Madame de Caylus fait sans doute allusion à l'épître que M⁰ Deshoulières adressait à Mascaron, en lui rappelant galamment le souvenir des héros de d'Urfé :

> Des bords du fameux Lignon
> Le moyen de vous écrire ?
> L'air de ce pays inspire
> Je ne sais quoi de fripon,
> Qui n'est pas propre à vous dire.
> Depuis que fou Céladon
> Pour la précieuse Astrée,
> L'âme de douleur outrée
> Mit ses jours à l'abandon,
> Amour résolut, dit-on,

que ne prenant plus d'eaux, vous n'allez pas à votre régiment ; je ne sais plus pour combien étoit votre congé ; prenez-y garde, et rendez-vous à votre devoir le plus tôt que vous pourrez. Mandez-moi quand, à peu près, vous reviendrez.

Le voyage de Fontainebleau est fixé au vingt-neuf d'août, et nous retournons à Versailles le dix du même mois où je compte que vous pourrez être. Nous raisonnerons sur vos belles pensées, et vous verrez, mon cher fils, que vous n'avez rien à craindre d'une mère qui vous aime très tendrement.

J'ai fait vos complimens ; je veux bien que vous aimiez les trois personnes, j'approuve votre choix, mais je ne veux pas que ce soit à l'exclusion totale de tout le reste.

Le roi se porte bien et ma tante aussi. Votre frère a passé à Montpellier ; M. de Bâville l'en a fait partir avec M. de Broglie pour aller attendre M. le maréchal de Berwick à Perpignan ; il me mande qu'il est fort joli ; mais surtout une chose qui m'a fait plaisir, c'est qu'il n'y a sortes d'offres qu'il ne lui ait fait, sans qu'il ait rien voulu accepter. Une seule chose me fâche bien et fort, Delastre est demeuré malade à Montpellier. Adieu, mon

> Que l'air de cette contrée
> Rendrait le plus fier dragon
> Doux comme un petit mouton.
>
> . . . .
> Ici tout ce qui respire
> Se plaint, languit et soupire.
> Dans les forêts les oiseaux,
> Dans les plaines le zéphire,
> Les bergers sous les ormeaux,
> Les naïades dans les eaux ;
> Tout sent l'amoureux martyre,
> Et tout sert en nous parlant,
> Contre l'austère sagesse,
> A mettre en goût de tendresse
> Le cœur le plus indolent.

cher fils, soyez tranquille, vous serez toujours content de moi; faites en sorte de n'être pas si sauvage. Je crois que vous n'avez pas manqué d'écrire à M. Voisin : il demeure secrétaire d'État de la guerre, jusqu'à ce que le roi en dispose autrement.

Je vous embrasse de tout mon cœur. Les trois qui ont trouvé grâce devant vous, vous aiment fort et vous font mille amitiés.

LETTRE LXXXI

De Marly, ce 8 juillet.

Je ne sais quel peut être ce dessein duquel la préparation me feroit peur, sans la bonne opinion que j'ai de votre tête. Je ne comprends pas pourquoi, mon cher fils, vous ne m'avez pas mandé franchement et tout d'un coup ce qui vous y porte. Vous savez que je vous aime tendrement, et que je ne veux que votre bonheur. Pourquoi donc des détours qui me jettent dans une perplexité épouvantable dans le temps que je crois que vous ne devez songer qu'à revenir? Que craignez-vous ici? Est-ce d'y être marié? Mais je n'y songe pas et peu s'en faut que je n'aie autant de peur d'une belle-fille que vous en avez d'une femme, et je ne trouverais d'ailleurs rien d'assez bon pour être tentée. Revenez donc, mon cher fils, je vous en conjure et vous le demande par cette amitié que vous avez pour moi, et je vous l'ordonne par tout le pouvoir que j'ai sur vous. Si après que vous aurez été ici quelque temps vous voulez recommencer vos voyages et parcourir l'Allemagne, comme vous avez fait l'Italie, je consentirai; mais il est juste que vous me donniez la satisfaction de vous revoir et que vous veniez mettre quelque ordre à vos affaires, en prendre connoissance, et voir aussi votre régiment dont on dit que vous ne touchez pas un sol. Il me revient mille biens de vous, j'en suis charmée ; il ne faut pas gâter cette satisfaction, la seule que je puisse recevoir, par un travers qui me mettroit le poignard dans le cœur. Je n'ai point l'honneur de connoître M. le cardinal de la Trémouille, mais j'en sais assez pour savoir qu'il mérite l'admiration et l'attachement que vous avez pour lui. Consultez-le : je suis sûre qu'il vous dira que votre devoir et votre intérêt exigent de vous que vous reveniez ici, puisque je le désire ; je vous dirai même que l'état de mes affaires ne me permet pas de vous donner l'argent qui vous est absolument nécessaire. J'ai fait des efforts pour votre voyage d'Italie que je ne suis pas en état de recommencer. Peut-être que quand vous aurez été quelque temps en France il me reviendra quelque secours que je serai ravie en ce cas d'employer à votre satisfaction. Est-ce l'amour qui vous tourmente ? Mais y a-t-il une femme au monde qui mérite qu'on abandonne son pays, sa famille et ses amis. C'est peut être l'infidélité d'un ami. Votre jeunesse vous rend excusable d'un mauvais choix, et votre expérience vous aura acquis plus de discernement. Vous savez que vous en avez laissé trois qui ne vous manqueront pas, et une mère que vous devez regarder comme la meilleure amie que vous ayez au monde. Votre retraite du Luxembourg sera en état de vous recevoir et vous y serez en une aussi grande solitude que vous voudrez. Enfin, mon cher fils, vous êtes trop honnête homme pour manquer au plus essentiel de vos devoirs en refusant de me revenir voir, quand je vous le demande par tout ce qu'il y a de plus pressant. J'ajouterai seulement à toutes ces raisons que si vous avez quelque parti à prendre, c'est avec moi, c'est en raisonnant à tête reposée, en réfléchissant sur tous les inconvéniens, et surtout en s'examinant soi-même, ce qui ne peut se faire qu'avec beaucoup de temps ; d'en user d'une autre façon c'est être fou, et ce n'est pas par une lettre qu'il faut consulter ses amis. Si cette lettre ne me doit apprendre que la résolution d'un renouvellement de voyage, je vous y réponds d'avance par des difficultés qui, ne dépendant ni de moi, ni de ma volonté, sont insurmontables pour le présent. Vous n'avez donc rien de mieux à faire que de satisfaire votre curiosité à Rome par tout ce qui vous y reste à voir et de revenir ensuite recevoir toutes les marques d'amitié que ma tendresse désire ardemment de vous donner. Soyez sage, je vous prie, sur toutes les affaires présentes de l'Église; la politique le veut et la raison aussi, puisqu'on raisonne fort mal sur tous les faits qu'on n'a pas vus par soi-même ; vous êtes trop heureux d'être d'une profession où l'on n'a qu'à se soumettre. Adieu, mon cher fils, j'attendrai avec une extrême impatience la réponse à cette lettre, quoique j'aie trop bonne opinion de vous pour croire qu'elle soit autre que je la doive attendre d'un honnête homme et d'un bon fils.

Votre frère est parti de Toulon par mer pour aller joindre M. d'Asfeld, il l'aura trouvé parti, et la descente à Majorque faite sans difficulté. Il aura sans doute pris son parti de l'aller joindre, mais je n'en ai point de nouvelles. Vous m'êtes aussi très nécessaire par rapport à votre frère; il y a du bon et du mauvais en lui, mais je ne me puis bien expliquer que dans une conversation. Venez donc, mon cher fils, causer avec moi; je vous en conjure.

Je crois que votre régiment ira en Catalogne, ce qui vous faciliteroit un voyage en Espagne, où votre oncle[1] serait ravi de vous voir. Il s'est maintenu par la sagesse en cette cour, malgré les révolutions.

Adieu, encore une fois, mon cher fils; songez à ménager ma mauvoise santé qui commence à revenir d'une nouvelle attaque; celle du roi est, Dieu merci, très bonne; ma tante est languissante, ce qui m'afflige sensiblement. Je vous assure que je n'ai point assez de joie pour que ceux qui doivent s'intéresser à moi ne soient dans une nouvelle obligation de me ménager.

LETTRE LXXXII

De Paris, ce 2 septembre.

Je ne sais par quel malheur vous n'avez point reçu deux grandes lettres que je vous ai écrites à Rome en réponse des vôtres. Celui qui m'arrive aujourd'hui me rend insensible à tous les autres. Je sens cependant que vous seul pouvez être de quelque consolation; venez donc incessamment, mon cher fils; vous me trouverez établie au Luxembourg, et votre petit appartement préparé.

LETTRE LXXXIII

De Paris, ce 9 septembre.

Je pourrois vous dire, mon cher fils, que c'est mal répondre à la douceur et à l'amitié avec laquelle j'ai reçu

---

1. Le chevalier de Caylus, beau-frère de madame de Caylus, avait quitté la France, à la suite d'un duel avec le comte d'Auvergne et était passé au service de l'Espagne. Il devint successivement maréchal de camp dans les troupes espagnoles, capitaine général, grand d'Espagne et vice-roi du Pérou.

de votre part la résolution la plus bizarre qu'un homme de votre âge puisse jamais prendre et qu'il n'y a point de mère au monde qui pût pousser jusque-là sa tendresse. Ce n'est en vérité pas trop que de vouloir vous voir auparavant, mais enfin je crois que la funeste nouvelle que vous aurez apprise et qui me rend toute entière à ma famille vous aura déterminé à venir incessamment me donner les consolations qui dépendent de vous. Je suis chez moi au Luxembourg, vous n'y verrez que qui vous voudrez ; je vous y ferai accommoder une très jolie chambre : votre retraite ne sera troublée par rien. Je fais aussi revenir votre frère. Quand nous serons tous rassemblés, nous verrons les mesures qu'il y a à prendre pour lui faire tomber votre régiment ; en un mot, il faut commencer par nous rassembler. Je vous crois trop honnête homme pour m'imaginer que vous vouliez me manquer aussi formellement dans une conjoncture où mes ennemis et les indifférens s'attendrissent pour moi, et vous êtes trop bon frère pour vouloir hasarder que votre frère perde sa fortune avec votre régiment. Vous pouvez juger que je ne manquerois pas de gens qui le demanderoient ; il faut donc qu'il paroisse une vente entre votre frère et vous, et chercher des prétextes dans votre mauvoise santé. Venez donc, mon cher fils, je vous le demande, je vous en conjure et vous l'ordonne ; je ne saurois croire que vous ne m'obéissiez pas sur-le-champ. Ainsi je vous attends avec une extrême impatience. On dit que vous avez laissé à Lyon vos belles couvertures de mulet : elles me seroient nécessaires ; faites-les venir, je vous prie, avec tout ce que vous pourrez avoir d'autres petits meubles dispersés.

LETTRE LXXXIV

Je vous laisse, mon cher fils, ce paquet que vous ne décachetterez, je vous prie, qu'avec M. le duc de Villeroi à son retour de Lyon, et en cas que je ne fusse pas revenue.

Je vous prie de faire en sorte que je n'entende point parler du chevalier, pendant mon absence; de retenir les lettres qui me viendront, de les ouvrir, et de faire ce qu'il y aura à faire. Mais je crois, quelles que puissent être ses nouvelles, ni vous ni moi ne pouvons rien que par M. le duc de Villeroi. Cependant vous me feriez plaisir de passer chez M. le commandeur de Comminge. Enfin, mon cher fils, tenez lieu de père à votre frère, et d'ami à votre mère; soulagez-moi dans mes peines : elles sont plus grandes à cet égard que vous ne pouvez vous l'imaginer et je suis d'une foiblesse dont vous devez avoir pitié. Donnez-moi de vos nouvelles à Sens. Adieu, j'espère quelque jour vous faire voir combien je vous aime et vous estime. Je vous laisse une ordonnance et une quittance pour une pension que vous remettrez à M. le duc de Villeroi.

LETTRE LXXXV

Je ne suis arrivée ici qu'à six heures, et sur la fin j'appréhendois même d'arriver plus tard, tant je trouvois les chemins rompus. Je me louois de la sage précaution qui m'avoit fait partir matin. Je serois à merveille ici présentement que je suis délassée et que je ne songe plus qu'à ranger ma chambre et à m'amuser de ce que je trouve, mais je vous avoue, mon cher fils, que vous me faites de la peine et que j'appréhende votre ennui. Vous avez du courage, de l'esprit et des ressources dans l'esprit ; servez-vous-en, je vous en conjure, si votre intérêt propre et votre raison ne vous suffisent pas. J'espère tout de votre amitié pour moi ; c'est assurément la plus grande marque que vous m'en puissiez donner que de vous conserver : vous m'êtes nécessaire et je vous aime tendrement. Apprenez l'algèbre, faites-vous disciple de M. l'abbé Conty et vous ne toucherez pas du pied à terre ; je compte pourtant qu'il ne m'oubliera pas. La fenêtre d'où je vous écris est délicieuse : elle enfile une allée assez longue et très couverte. Ma sœur se porte bien, elle vous fait mille amitiés et témoigne un grand désir de vous voir. Dites, je vous prie, à Dubois que j'ai trouvé sa fille crûe et fort maigre, mais se portant bien. Il me faut des chaises de paille pour ma garde-robe, et pour courre dans ma chambre, sans préjudice du petit fauteuil de cannes que j'ai demandé en partant. Il n'y a qu'à prendre une demi-douzaine de chaises, les plus propres de celles que j'ai à Paris, car je sais qu'il faut éviter d'acheter. Adieu, mon cher enfant, vous ne sauriez croire combien vous m'avez touchée.

LETTRE LXXXVI

Sens, le 24.

Je viens d'écrire à M. d'Auxerre, je n'ai pu le faire plus tôt à cause de la poste qui ne part qu'aujourd'hui ; je lui envoie aussi une lettre pour M. le marquis de Caylus. J'ai beaucoup d'impatience d'apprendre de vos nouvelles, et nulle pour ce qui regarde les événemens publics. Je suis ici fort doucement, je commence à m'arranger. Ces pauvres filles se prêtent à tout ce qui peut m'être agréable et commode. Portez-vous bien, vous, et M. le duc de Villeroi et je serai contente.

Dubois a oublié mes laines, vous savez que c'est un point essentiel de mon amusement, dites à M. l'abbé que je n'ai encore rien fait que m'arranger et me reposer. Encore si j'avais dormi ce seroit quelque chose pour lui.

LETTRE LXXXVII

Il faut, mon cher fils, que vous n'ayez pas ouvert un paquet que j'ai laissé dans ma table; vous y auriez trouvé un mot que je vous écrivois avec une ordonnance et une quittance de ma pension. Vous auriez vu que quand il nous viendroit des nouvelles du chevalier il seroit inutile que j'en entendisse parler que quand M. le duc de Villeroi sera revenu.

Portez-vous bien, mon cher fils, vous êtes toute ma consolation; je suis accablée de rhume, il m'a donné la fièvre toute la nuit, mais il est assez doux d'être malade dans un lieu où l'on n'a rien à faire qu'à se dorloter. Je me trouve très doucement ici, comme vous êtes tout ce qui me touche à Paris, faites en sorte qu'il ne me revienne rien qui trouble la paix où je suis. Mille amitiés à nos amis et amies.

LETTRE LXXXVIII

Vous avez bien fait, mon cher fils, de ne me point écrire, j'ai vu tout ce que vous pensiez, et c'est les grandes nouvelles qu'il importe le moins de mander, parce qu'elles sont toujours sues. J'ai vu M. le maréchal quand il a passé ici; j'allai le chercher et il me ramena dans mon couvent où il demeura un quart d'heure; sa tranquillité est grande et sa santé fort bonne. Je ne suis en peine que de celle de M. le duc de Villeroi. M. de Lignerac nous tient longtemps en suspens et je voudrois bien vous tirer de Paris puisque vous vous y ennuyez. C'est un puissant motif ajouté à l'envie que j'ai naturellement de vous voir, mais en attendant que Régennes[1] soit vide, je n'ai que le dehors de ce couvent à vous offrir, et la fonction de maître de musique. J'espère pourtant que madame de Caylus sera partie avant la fin du mois.

Vous me soulagez beaucoup par les nouvelles que vous me mandez de Malte.

Ma table et ma tablette me feront un grand plaisir; je les attends avec quelque impatience. Ma sœur en témoigne aussi une grande d'avoir le portrait. Madame de Villette me paraît fort occupée de vous et fort reconnaissante apparemment de quelque commission que vous avez fait pour elle; elle voudroit bien vous avoir à la Source; pourquoi n'iriez-vous pas, en attendant que j'allasse à Régennes. Un voyage de trente lieues ne doit pas vous coûter; il vous dissiperoit et vous vous en porteriez mieux.

Je m'attends à n'avoir des nouvelles de M. l'abbé Conty que dans trois mois d'ici. J'avoue pourtant que je suis en reste avec lui. Adieu, mon cher enfant. M. de Listenoy doit vous avoir fait rendre une lettre que je vous écrivois.

---

1. C'était la maison de campagne de l'évêque d'Auxerre.

LETTRE LXXXIX

Ce dimanche matin.

Pour ne vous rien laisser ignorer des démarches de tous vos parens, vous saurez que M. d'Auxerre attend pour la dernière fois madame de Lignerac mardi, et, si elle n'arrive pas ce jour-là, elle ne viendra point cette année, et madame de Caylus partira trois jours après, et, si sa fille arrive, la chose ne peut aller que du mardi à l'autre mardi. Ainsi arrivant jeudi ici vous n'auriez pas beaucoup de jours à attendre. L'appartement du dehors où nous vous mettrions est assez propre ; j'irois souper et dîner avec vous, vous seriez seul tant qu'il vous plairoit, et vous trouveriez aussi de la compagnie au parloir, quand vous en voudriez.

Quant à l'état de la Source on ne s'y porte pas trop bien ; madame de Villette et ma sœur ont eu quelques accès de fièvre ; vous leur feriez un grand plaisir de les aller voir, mais je crains que quand vous y serez une fois vous ne me laissiez aller seule à Auxerre. Le plus sûr pour moi et le plus agréable seroit que vous commençassiez vos voyages par Sens ; je vous attends donc, si vous ne me mandez rien de contraire, jeudi ou vendredi, de bonne heure. Adieu, mon cher enfant, signez avant de partir ce qu'il faut pour le payement de ma pension ; M. le duc de Villeroi a un ordre entre les mains pour neuf mille francs. Mais, je vous prie, qu'on n'en sache rien chez moi, parce que je veux que cet argent, à quelques sous près, si vous en aviez besoin et pour le payement de ce que vous m'avez fait faire, demeure entre les mains de M. le duc de Villeroi, à qui vous savez que j'en dois. Adieu, encore une fois, je vous embrasse plus tendrement que jamais, et meurs d'envie de vous voir.

LETTRE XC

Vous savez, mon cher fils, si j'aime à être avec vous : il faut donc quelque chose de bien fort pour me faire trouver de la douceur dans un lieu où vous n'êtes pas. Je vous avoue que mon esprit est plus tranquille ici qu'à Paris; laissez-moi goûter quelque temps ce repos, il est même nécessaire à ma santé. Faites encore quelque chose de plus important pour moi, c'est de vous bien porter. Vous-même, amusez-vous, je vous en prie. Votre voix a fort bien réussi, elle ne me paraît point pressée de s'en retourner, et on l'est encore moins de la renvoyer. Votre tante n'a pas pu encore la faire chanter pour son plaisir; les jours ici sont tuants pour ces pauvres malheureuses, il nous faut un jeu de récréation.

Le perroquet de madame d'Orgeuille n'y sera pas inutile, ni les cannes de madame de Parabère. Donnez ordre, je vous prie, à ce convoi; pensez à la madeleine, à la bouilloire, et à tout le plaisir que le nouveau produit dans des esprits dont la vie est une enfance continuelle, joint à une autre espèce qui l'est et par dessein et par contagion.

J'ai reçu une lettre de l'abbé Conty, ainsi vous voyez que je ne suis pas mal avec lui. L'air de Liancourt a fait un miracle sur lui : il y est arrivé en étouffant, et en entrant dans le château l'asthme a disparu. Il dort à merveille dans son lit, mais il est bien occupé des infantes d'Espagne et de Portugal.

Ne vous étonnez pas de voir arriver Vincent; il m'est

inutile ici, et ne sert qu'à m'y faire de la dépense; les chemins seront si beaux dans quelque temps que Saint-Germain me suffira.

Que Biart m'envoie le tableau que vous avez fait pour ma sœur, dès que la bordure sera faite. Votre tante vous embrasse de tout son cœur.

LETTRE XCI

Votre lettre m'a fait un sensible plaisir, mon cher fils; vous aurez pu juger de mon inquiétude par les miennes; prenez un peu de soin de votre santé, si vous avez toute l'amitié pour moi dont je me flatte.

Vous faites bien le glorieux sur l'argent; je vous conseille pourtant de prendre ce qui vous sera nécessaire, quand M. le duc de Villeroi nous aura fait payer; prenez du moins tout ce que vous avez avancé pour moi, depuis que je suis partie, et ce qu'il faudra pour le pauvre chevalier. Enfin, faites pour le mieux, je ne crains que votre discrétion. Vous payerez les portraits que vous me faites faire. Adieu.

LETTRE XCII

Je suis bien en peine de vous, mon cher fils, et je crois que vous n'en doutez pas; mais si vous en êtes persuadé, et que vous m'aimiez comme je m'en flatte, vous devriez bien avoir plus d'attention que vous n'en avez à votre santé. Ce ne sont pas tant vos maux que je crains, que la façon dont vous les traitez; trouvez-vous que je n'aie pas bien assez de chagrin, voulez-vous troubler la tranquillité que je goûte ici, par l'inquiétude de vos maux et la façon dont vous les traitez. J'espère pourtant que le remède que Grammont vous a fait prendre en bols, vous tirera pour cette fois d'affaire, mais les rechutes sont terribles.

Vous n'avez qu'une trop bonne excuse pour n'avoir pas travaillé à la *Chronologie;* je souhaite que vous soyez bientôt en état de vous y remettre.

Ce sera demain que je verrai M. d'Auxerre : il a retardé sa visite de concert avec moi, pour laisser partir M. de Sens[1] qui m'auroit fort importunée ici, car il auroit peut-être exigé que j'allasse chez lui avec M. d'Auxerre, ce qui m'auroit fort importunée ; car je ne suis pas venue dans ce couvent pour faire des visites. Je ne manquerai pas de faire bien des amitiés à votre oncle de votre part, mais j'espère que vous lui en ferez bientôt vous-même. Ne viendrez-vous pas toujours à Régennes dès que madame de Caylus sera partie? Je vous avertis qu'elle part à la fin du mois, à ce que Vincent m'a rapporté. Le tableau que vous vous êtes fait à vous-même des confitures est assez juste; je vous en ai déjà destiné pour vous seul.

Ce que nous dirons de nous vaut bien ce que nous pourrions dire des autres, dont je suis peu occupée, c'est-à-dire des nouvelles du monde. Il est vrai que M. le duc de Villeroi m'a paru, dans sa lettre, fort inquiet de votre santé ; ma sœur l'est aussi beaucoup ; elle me prie de vous en assurer. Le chevalier de Nangis a dit du bien de votre frère à M. le duc de Villeroi. Il n'est pas étonnant que vous n'ayez point encore entendu parler de M. le duc de Villeroi : il a toujours été à Versailles ou à

---

1. Languet de Gergy, frère du curé de Saint-Sulpice.

la campagne. Pour M. de Retz je souhaite que ce ne soit pas par la crainte qu'il a de ses amis. Je suis ravie que vous ayez vu et que vous deviez voir souvent jusqu'à son départ ma singulière cousine : elle est très propre à donner de la pâture à votre imagination.

Hé! Où iriez-vous, mon cher fils, quand vous dites que vous avez une si grande envie de partir. Je vous prie du moins de ne pas faire de voyage que vous n'ayez fait celui de Régennes, où madame de Caylus nous laissera le champ libre dans un mois. M. d'Auxerre m'écrit qu'il est charmé de l'espérance que je lui donne de nous y voir rassemblés, il y désire infiniment M. l'abbé Conty ; comme je ne lui ai point parlé de d'Albins, il ne m'en dit mot, mais il sera très bien reçu. Je ne comprends pas trop pour quelle raison le voyage que madame la duchesse de Noailles a fait à Saint-Cyr lui a inspiré une si grande considération pour moi : elle aura vu que ces dames ont quelque amitié pour moi, mais il y a longtemps que j'ai lieu de m'en flatter. Je vous quitte pour aller voir notre archevêque ; il m'a appris la perte du procès de madame la princesse de Conty que je plains beaucoup.

Je croyois que les lettres partoient aujourd'hui ; mais ce ne sera que demain, et je vais faire réponse à celles que je reçois aujourd'hui.

Ce 12 juillet. — Je n'ai point encore pu me mettre dans l'esprit les jours des postes, soit pour partir ou pour arriver, mais ce qu'il y a de très sûr et qui sera toujours de même, c'est que je suis ravie, mon cher fils, d'avoir de vos nouvelles, et que je crois les assurances que vous me donnez de votre amitié très sincère.

Je n'ai point de peine à me persuader ce que vous me mandez de M. le duc de Villeroi ; il m'écrit qu'il a été bien aise de vous voir et de causer un peu avec vous; j'étois en bonne main; je m'attendris pour lui toutes les fois que je pense à ses vapeurs; s'il fait bien, il ira à la campagne autant que son devoir lui permettra. Quant à M. de Retz vous pouvez juger si ce que vous m'en apprenez me fait plaisir; mes craintes vous assurent de ma joie.

Je n'ai jamais douté de la liaison que le séjour de Versailles a formée, mais le malade qui se porte mieux, qu'en dit-il? Adieu, mon cher fils, nous avons fait d'excellentes confitures, vous en aurez votre bonne part; je n'en donnerai qu'à mes deux bons amis, M. le duc de Villeroi et vous. Votre tante est bien enrhumée, et si délicate que les plus petits maux font une grande impression sur elle; elle vous fait mille tendres complimens.

LETTRE XCIII

Ce lundi 3 août.

Je suis en peine, mon cher fils, de ce que vous ne m'écrivez point. Auriez-vous quelque chagrin nouveau, où seriez-vous encore malade? Vous avez été à la campagne : c'est une raison pour quelques jours dont je me suis payée; j'en attendois aujourd'hui, mais je n'en ai point eu; ce n'est pas, comme vous savez, que je sois formaliste, car si j'étois sûre que vous fussiez de bonne humeur et en bonne santé, je me mettrois peu en peine de lettres.

M. le duc de Villeroi a eu assez de chagrins et de peines domestiques depuis quelque temps, pour n'avoir pu songer à mes affaires, mais je crois pourtant que vous pouvez compter sur quelque argent, puisque l'ordre est donné à Couturier, ce qui étoit la grande affaire.

Nous apprenons par ma sœur, de la Source, que vous y devez aller, et même elle mande que ce sera avant que vous veniez ici. Mandez-moi ce qui en est, je n'y trouve point à redire; et pourvu que vous vous amusiez, j'en suis contente. J'espère même que le voyage de Régennes n'y perdra rien. Adieu, mon cher fils, je ne vous ai jamais aimé si tendrement. Ayez soin de votre tante, ne mandez rien à votre oncle des mille francs qu'il a dessein de donner au chevalier; il en fait un grand mystère, et m'a priée de n'en parler à personne, pas même à vous.

LETTRE XCIV

Je vois bien par ce que m'a dit Biart qu'il ne faut pas se flatter de vous avoir ici, mais si vous aviez tâté de la douceur de cette vie en comparaison de celle de Paris, dans le temps présent, vous auriez la même peine que moi à la quitter. Je comprends pourtant que le mariage de M. le duc de Brissac vous donne des occupations agréables, et je ne puis vous blâmer de vouloir partager ses embarras et sa joie; faites-lui, je vous prie, mille complimens pour moi. Je vous écrivis l'autre jour pour vous prier de donner vos avis sur un lit de toile peinte qu'on ne peut tourner que dans le goût du vôtre et j'attends avec impatience les idées que vous nous donnerez là-dessus : les toiles qui doivent être employées et la beauté qui doit se servir de ce lit méritent l'attention d'un homme de goût comme vous.

C'est dommage que vous ne m'écriviez pas plus souvent,

et je trouve que l'écritoire de la blanchisseuse n'avoit pas laissé de produire de bonnes choses.

Faites dire, je vous prie, à madame de La Vrillière, que madame de Courcillon s'en va mercredi, et que si elle a à venir ici, elle feroit bien de ne pas tarder ; le temps paroît se remettre au beau aujourd'hui, il en faudroit profiter. J'ai même, entre nous, des raisons particulières pour qu'elle hâtât son voyage, que vous pouvez deviner. Le retour de Juilly doit être, comme vous savez, à la fin du mois ; j'ai de quoi coucher présentement madame de Maurepas, un troisième et même vous, si vous étiez assez aimable pour être de la partie ; mais je ne m'en flatte pas, je compte seulement que vous voudrez bien arranger, le jour du départ, ses moineaux. Il faudroit, pour bien faire, qu'ils vinssent ici jeudi ; qu'ils ne se mettent pas « en voyage » à la nuit, parce qu'on dit que la forêt n'est pas trop bonne. Adieu, mon cher fils, je vous donne le bonjour et je vous aime de tout mon cœur : vous le voyez bien à l'envie que j'aurois de vous voir.

M. le duc de Villeroi reviendra de Juilly avec une ou deux personnes ; ainsi vous voyez que la maison ne pourroit pas contenir tant de monde.

LETTRE XCV

Sens, ce 21 août.

J'ai reçu une grande lettre de votre frère : il est le favori, à ce qu'il prétend, de ce dernier grand maître, et veut bien demeurer à Malte si on lui donne de quoi tenir galère et dit que les marchands de Malte prêtent volontiers de l'argent aux chevaliers qui sont assurés d'avoir une bonne commanderie, à un gros intérêt, à la vérité, et sans doute sous de bonnes cautions. Il lui faut, pour tenir galère, quinze ou seize mille francs ; voyez si nous sommes en état de les lui fournir ; le change étant surtout comme il est ; mais je crois qu'il ne convient point de le décourager sur cela et qu'il est bon de gagner temps avec lui. Je le remettrai à mon voyage d'Auxerre pour lui faire une réponse plus précise et lui manderai que nous devons tous nous y retrouver et que là nous déciderons tout pour le mieux. Pour moi, dès qu'il ne s'ennuie plus à Malte, je ne suis point fâchée qu'il y demeure et j'aime autant ce parti-là que son voyage en Espagne.

Sur le bruit du mouvement des Turcs il demanda de l'emploi, et d'être envoyé à une petite île dépendante de Malte qu'on prit la résolution de fortifier ; le grand maître lui accorda et il fut destiné pour y exercer la charge de major-général, sous le commandement de M. de Langon, lieutenant général et commandant l'escadre des vaisseaux de la Religion. « Nous y avons, dit-il, en tout, y compris les milices du pays, deux mille hommes et nous attendons de pied ferme nos ennemis à la Marine. Ils ont déjà paru au nombre de cinq gros vaisseaux et ont envoyé une lettre fort insolente au grand maître, par laquelle ils lui ordonnent de la part du Grand Seigneur de leur remettre tous les esclaves, à quoi on leur a répondu que s'ils apportoient beaucoup d'argent pour le rachat de ces esclaves on les leur donneroit, que d'ailleurs comme ils estoient tombés entre leurs mains de bonne guerre, ils estoient les maîtres de les venir reprendre de la même manière. » Il ajoute que « les choses en sont restées là et qu'ils sont toujours le long de la côte sans en approcher ; on a eu nouvelle qu'ils attendent six vaisseaux et dix galères ; quand ils seront joints, nous verrons ce qu'ils entreprendront. Les galères de Malte doivent aller en Sicile chercher mille hommes d'infanterie que l'empereur prête à l'Ordre. » Cette lettre est du 6 de juillet, et il la finit par mille amitiés pour vous et demande la continuation des bontés de madame de La Vrillière pour son crapaud. C'est tout ce que j'ai à vous mander pour cet ordinaire. Adieu, mon cher enfant, je me porte bien et meurs d'impatience de vous voir et de causer avec vous; jamais la Lignerie de près ne m'a tant ennuyée qu'elle fait présentement de loin.

LETTRE XCVI

De Sens, ce 26.

Je suis bien contente, mon cher fils, de la part que j'ai à votre récréation ; je ne vous exhorte point de continuer, je trouve qu'il y a toujours à gagner à laisser agir vos mouvemens. Remerciez d'Albins, vous auriez trop d'avantage sur moi, s'il falloit faire trois réponses séparées quand il ne vous en coûte à chacun qu'une lettre, et même qu'une lettre à trois, et dans un lieu où l'on n'a pas de temps à perdre. Biart m'en écrit une dont je serois assez contente, sans un petit état de dépense qui l'accompagne ; il ne faut pas pourtant s'en rapporter à ces sortes de mémoires, faits d'avance, qu'on prend toujours au plus fort ; je vous le renvoie afin que vous en jugiez vous-même.

Je ne me soucie point, en effet, des nouvelles du monde, et j'aime mieux l'histoire de ma chambre, que tout ce que vous pourriez m'écrire du dehors.

Vous savez déjà que je suis arrivée en bonne santé, et quelle est à peu près la vie que je mène. Ma sœur me souffre avec tant de patience qu'elle m'a cédé le plus joli appartement du monde, pour une pauvre petite cellule dans le dortoir où elle prétend qu'elle est parfaitement bien; son clavecin est demeuré dans ma chambre, et elle y passe toute l'après-dînée. Mon arrangement est fait, je suis établie comme s'il y avoit un an que je fusse dans la maison. Gravina me tient bonne compagnie, et j'ai votre critique aussi présente que si j'étois à Paris. Adieu, mon cher fils, vous savez comme je vous aime.

LETTRE XCVII

De Sens, ce 29 septembre.

Je comprends bien que le changement de M. de Villette n'en apporte aucun dans votre départ, j'envie même la liberté et la possibilité où vous êtes de voyager; j'en ferais autant si j'étois à votre place, et ce sont les mêmes motifs qui me jettent dans l'autre extrémité.

Votre petite sœur et tante se flatte et je la laisse se flatter, me souvenant toujours que madame d'Heudicourt n'avait pas tort de dire qu'elle aimoit les erreurs, et tout bien considéré c'est presque tout ce que nous avons de bon : voilà des réflexions bien philosophes. Mandez-moi de vos nouvelles et quand vous partirez, j'en saurai par M. le duc de Villeroi; vous me paroissez si fort désirer l'un et l'autre de vous voir qu'il ne se peut pas que vous ne soyez joints. Adieu, mon cher fils, vous savez ce que je pense sur tous les chapitres, mais vous ne sauriez savoir à quel point je vous aime.

Nous nous portons tous fort bien, et votre petite sœur retrouvera ici sa tante et son bon visage. Madame de Listenoy nous est arrivée; ce n'est pas la même personne que vous voyez à Paris. N'oubliez pas l'argent et le porte-crayon. Mille complimens pour moi au duc de Brissac, à M. Fessart et à mesdemoiselles ses sœurs.

LETTRE XCVIII

Vous faites bien de ne pas m'écrire de longues lettres, pourvu que je sache que vous vous portiez bien, je suis contente. Je serai ravie de recevoir la *Chronologie*, ce sera, je crois, un ouvrage bien châtié. M. d'Auxerre viendra ici en bonne fortune vendredi. Adieu, mon cher enfant, je vous aime et embrasse de tout mon cœur. Mes complimens à monsieur l'abbé et à d'Albins. Mandez-moi des nouvelles du duc de Brissac.

LETTRE XCIX

Ce 1er novembre.

Je me suis imaginé, mon cher fils, voir en vous un fond de tristesse dans les quatre ou cinq lignes de la lettre que je viens de recevoir de vous, qui m'inquiète pour votre santé ; ce qui redouble encore mon impatience d'être à Paris. Je vous loue et vous remercie d'être assez sage pour ne pas souper, mais je n'aime point que cette sagesse soit nécessaire. Il me semble que ma dernière lettre étoit longue et contenoit beaucoup de choses auxquelles vous ne m'avez point fait de réponse ; il faut sans doute qu'elles n'en demandent pas, et que je me sois trompée. Adieu, mon cher fils, je vous aime de tout mon cœur et mérite toute votre amitié. Embrassez pour moi mon enfant gâté.

LETTRE C

De Sens, ce 2 novembre.

En apprenant l'accès de fièvre que vous avez eu, mon cher fils, je trouverois de quoi me rassurer, je me réjouirois même de ce qu'il a été une occasion de vider toutes vos humeurs. Mais je ne puis goûter cette tranquillité par la crainte que vous n'en amassiez de nouvelles par votre propre disposition et par l'air infect que vous respirez. Je voudrois qu'il vous prît envie de vous promener et que vous tournassiez vos pas de notre côté; mais je ne vous propose rien, puisque vous n'ignorez pas le plaisir que vous me feriez et à vos tantes, qui vous aiment, vous embrassent et vous remercient.

J'ai vu M. le duc de Villeroi qui m'a montré une lettre de vous; vous pouvez juger si elle me fit plaisir et j'y ai donné mon approbation. Celui dont il est question est si modéré et si circonspect dans ses mouvemens, qu'il fait bien de suspendre les siens. M. le duc de Villeroi avoit envie de vous voir à Loisy, et devoit selon le temps qu'il y demeureroit et les lettres qu'il y recevroit vous inviter à venir le voir; je voudrois vous y savoir en bonne santé avec le duc de Retz.

J'ai prié M. le duc de Villeroi de vous dire que j'ai reçu une lettre du chevalier dont je suis fort contente, elle est dans le même esprit que celle qu'il avoit écrite à son oncle en Espagne.

Nous n'entendons plus parler de vos deux compagnes grandes et brunes. Dites, je vous prie, à Biart que je suis très contente de son exactitude à m'écrire; je lui aurois dit moi-même, si je ne vous avois pas écrit. Vous devez avoir reçu la pièce de migraine, je m'y suis intéressée par plus d'une raison.

J'ai retenu la petite Lhenerse pour chanter à ces fêtes et j'ai cru qu'il n'y avoit pas un grand inconvénient, puisqu'elle avoit tant différé; elle se porte bien, et j'ai trouvé sa voix fort embellie. Comment se porte notre abbé? Il devoit m'écrire? Adieu, mon cher fils, songez à votre santé par amitié pour moi : vous ne sauriez rien faire qui me le prouve d'une manière plus sensible.

Madame de Villette doit arriver à Paris le 5 ou le 6; Dieu veuille que vous veniez à bout de l'affaire que vous avez entreprise! Mille complimens à celle avec laquelle vous y travaillez; je voudrois savoir aussi des nouvelles de ces pauvres filles.

LETTRE CI

De Versailles, ce 2 décembre.

Je ne sais de vos nouvelles que par M. d'Auxerre à qui vous avez écrit de Lyon, d'où vous deviez vous embarquer sur le Rhône; j'ai impatience d'en savoir davantage. On ne sauroit être plus contente de vous que je ne le suis du parti que vous avez pris et de la manière dont vous l'avez pris. J'ai fait aussi ici tout ce que j'ai pu pour le faire valoir, mais je crains que quand vous aurez été à votre régiment vous n'ayez pas eu l'esprit d'écrire à M. Voisin qui étoit pourtant ce qu'il falloit, afin qu'il lût votre lettre au roi. Le marquis d'Harcourt m'a conté le misérable état où vous étiez, ce qui ne m'a pas trop plu ; car je vois bien que vous allez manquer de tout; de l'honneur dont je vous connois; je vous vois sans lit, sans linge, sans habits et sans chevaux. Tout ce que je puis faire, c'est de vous exhorter au contraire, et d'accepter l'offre que m'a faite Pléneuf [1] de vous faire donner de l'argent, si vous en aviez besoin. On vous en offrira de sa part, prenez-en ce qu'il vous en faut et me le mandez seulement, afin que je prenne mes mesures; car, quoique le maréchal de Berwick m'ait fait toutes sortes d'offres, je ne veux pas en abuser, ni que vous soyez comme un gredin. Je vous avois écrit, et je crois que ma lettre a été perdue, pour vous prier de prendre le petit de Gouvernet dans votre régiment et d'en écrire au bureau; mais comme Biart m'a dit que vous n'aviez rien de vacant, je me suis consolée, de la perte de ma lettre. Si pourtant il y en a, mandez-le-moi incessamment et m'envoyez en même temps une lettre pour M. Voisin, qui le demande : c'est qu'il lui faut de l'emploi, et qu'il soit actuellement au service pour obtenir des lettres d'état, pour empêcher sa totale ruine, car tous ses procès sont perdus. Je sais que vous avez le cœur assez bien fait pour vouloir aider vos proches autant qu'il est en votre pouvoir, ce qui augmente encore infiniment mon amitié pour vous. Votre petit frère fait fort bien présentement, et je crois qu'il deviendra un honnête homme. Vous ne devez guère regretter le séjour de la Cour, je vous assure qu'à la réserve du personnage de cinquième au brelan, les gens comme vous sont bien oisifs; cependant il faut être à Versailles. Je m'en vais faire accommoder votre

---

[1]. Pléneuf était alors commis au bureau de la guerre. En 1716 il fut accusé de concussion, et s'enfuit à Turin, pour échapper aux poursuites dont la Chambre de justice le menaçait. Sa fille, la célèbre marquise de Prie, devait jouer, plus tard, un grand rôle politique comme maîtresse du duc de Bourbon.

logement qui consiste en une seule chambre, mais comme elle est fort haute nous ménagerons une entresol que je rendrai la plus jolie qu'il me sera possible. Je suis si contente de vous dans les choses essentielles, que je veux vous faire plaisir en tout ce qui dépendra de moi.

La paix va bien, le roi se porte à merveille, ma tante assez bien, et moi beaucoup mieux que l'année passée. Adieu, mon cher fils, écrivez-moi un peu au long ; que je sache, je vous prie, ce que vous faites, comment vous vivez, et ce que vous pensez. Faites-vous aimer de votre général ; vous n'avez pas pensé à ce que vous m'avez demandé ; il n'y a pas moyen qu'il vous envoie ici apporter une bonne nouvelle, lui qui a frère et fils. Je suis sûre qu'il vous fera tous les plaisirs qui dépendront de lui. Madame de Listenoy est toujours à Paris, madame de Polignac est embellie considérablement, madame de La Vrillière se soutient tout de son mieux.

LETTRE CII

De Marly, ce 1ᵉʳ juillet.

Je suis ravie, mon cher fils, que vous soyez avec M. de Fréjus ; c'est le plus aimable homme du monde et je vous trouverois trop heureux si vous pouviez lui plaire ; rien ne seroit si capable de me donner bonne opinion de vous. Il en a mandé du bien à un de mes amis, ce qui m'a fait un plaisir infini. Continuez, je vous conjure, à m'en faire de pareils. Madame de Listenoy est ici : elle a fait un petit voyage à Châteauneuf ; je compte qu'elle vous mandera à l'avenir de mes nouvelles plus régulièrement que moi, qui n'est pas beaucoup dire ; mais je ne vous en aime pas moins comme vous savez ; ce qui est essentiel. Pour vous en donner des marques, je me reproche de n'avoir point écrit à M. de Grignan, en même temps que je vous loue beaucoup du témoignage que vous voulez qu'on rende de votre reconnaissance. Nous partons le treize pour Fontainebleau : ce voyage me déplaît, et je ne m'y prépare que de l'ennui ; j'aurai au moins ma petite nièce, qui sera une grande ressource.

Je crois bien que pour votre régiment il est utile qu'il demeure en Provence ; mais vous, ne devez-vous pas songer à faire quelque chose ; je vous avoue que pour votre personnne je voudrois fort qu'elle fût avec M. d'Harcourt, surtout depuis que la guerre paroît tourner de ce côté-là ; je ne ferai pourtant rien là-dessus ; vous savez mon scrupule. Adieu, mon cher fils, nous nous portons assez bien ici ; la santé de ma tante est assez bonne, la petite vérole continue violemment à Versailles et à Paris ; madame de Vieuxpont en est morte il y a trois jours, ce qui nous a fait perdre la princesse. L'électeur vint hier faire ses adieux ; le lansquenet et les dames l'ont retenu jusqu'au grand jour. Mille complimens à M. de Fréjus ; nous le souhaitâmes fort à une partie de campagne que nous fîmes avant-hier chez M. de Valincourt.

LETTRE CIII

De Fontainebleau, ce 25 juillet.

Il me paroît que vous n'avez point reçu la lettre que j'avois adressée à Fréjus vous y croyant encore ; plus elles sont rares et plus je suis fâchée qu'il s'en perde. Il y a cinq ou six jours que M. Thibaut m'envoya une lettre de change de deux mille deux ou trois cents livres pour vous qu'il adressoit à Orange. Mais comme vous en êtes fort loin et qu'il n'y a pas d'apparence que vous vous en rapprochiez sitôt, j'ai prié M. Voisin de vouloir bien s'en charger et de vous en faire toucher l'argent le plus tôt qu'il se pourra, ce qui sera sans doute fait avant que vous receviez cette lettre-ci. Pour Thibaut je ne fais plus de fonds sur lui et je crois que la tête lui tourne, ce qui m'a fait prendre le parti de prier M. de Francé d'examiner un peu mes affaires, n'étant pas possible à la vie que je mène et de l'humeur dont vous me connaissez que j'y apporte tous les soins qu'il faudroit. Je suis inquiète de ce qui se passe de votre côté par la part que vous pourriez avoir aux événemens, mais d'ailleurs, sans un intérêt particulier comme celui-là qui porte naturellement à la crainte, je n'en aurois aucune. Voici tant d'années que nous voyons les grands desseins du duc de Savoie avortés, qu'il faut espérer qu'il en sera encore de même celle-ci.

Vous avez un général bien sage, bien attentif et qui ne se laissera pas surprendre. N'allez pas vous jeter dans les précipices dont vous me parlez et qui me font peur d'ici ; gardez-vous pour une meilleure occasion. Je vous ai sauvé de ceux où la duchesse de Noailles vous jetoit ; il ne faut pas aller périr comme un sot quand ce n'est ni pour maître, ni pour maîtresse. Je voulois faire valoir la moustache que madame de Simiane et vous m'avez adressée, mais passé le premier moment que votre lettre me fut rendue, je n'ai pu la retrouver ; ce qui me déplaît c'est qu'il va m'en coûter une lettre à madame de Simiane, mais je suis si touchée des bontés que M. de Grignan et elle ont eues pour vous qu'il n'y a pas moyen de s'en dispenser. Je crois, autant que l'ardeur guerrière peut le permettre, que vous ne seriez pas fâché d'être ici : c'est le plus beau lieu du monde : des chasses fréquentes, un beau lansquenet chez madame la Dauphine, et une terrasse charmante où vous seriez souvent avec vos cousines, qui domine sur la cour, d'où l'on voit tout ce qui se passe dans tout Fontainebleau. Mon logement est ici à peu près de la grandeur de celui de Versailles ; tel qu'il est, je m'y trouve à merveille ; je me porte bien, à des maux d'estomac près qui me font souvent souffrir et m'ont empêché de dormir toute la nuit, mais ce n'est rien. M. Voisin a un marchand pour votre guidon, cherchez-en un pour votre enseigne. Adieu, mon cher fils, songez, je vous prie, à plaire au maréchal de Barwick ; je le souhaite d'autant plus que pour lui plaire il faut être un fort honnête homme. Faites-lui bien des complimens pour moi. Ma tante se porte assez bien. Je compte que madame de Listenoi vous écrit : nous sommes toujours ensemble de la même façon. M. de Montesquieu a repris le fort que nous avions perdu, il y a quelque temps, et qu'on disoit être si considérable ; j'en ai oublié le nom ; il y avoit six cents hommes dedans.

APPENDICE

LETTRES DE MARIN

Relatives à la publication des Souvenirs de Madame de Caylus, adressées au *Journal des Débats*.

I

On vient de réimprimer, monsieur, les *Souvenirs* de madame de Caylus[1]. Cet ouvrage a réveillé dans moi d'autres souvenirs.

M. le comte de Caylus m'honoroit de son estime et de son amitié. Je ne l'ai pas quitté pendant les dernières années de sa vie, et je peux dire qu'il est mort entre mes bras.

Voici comment il m'avoit raconté l'origine de cet ouvrage.

Madame sa mère étant malade il lui faisoit une fidèle compagnie. Il lui conseilla un jour de se distraire de ses maux en lui dictant des anecdotes de la cour de Louis XIV ; elle répondit que sa tête n'étoit pas assez libre pour

---

1. Il s'agit ici de l'édition *Renouard* (1804).

donner une forme convenable à des Mémoires. « Eh bien ! répliqua M. de Caylus, nous intitulerons cela *Souvenirs*, et vous ne serez assujettie à aucun ordre de date, à aucune liaison. » Madame de Caylus y consentit, et c'est au pied de son lit que M. de Caylus écrivit cet ouvrage sous la dictée de sa mère.

Il n'est pas vrai, comme le prétend l'éditeur, que *ces Souvenirs ont couru le monde en copies manuscrites jusqu'en* 1770. M. de Caylus ne les avoit confiés qu'à quelques amis intimes dont il connoissoit la délicatesse et la discrétion : il étoit si scrupuleux à cet égard qu'il refusa de les prêter à madame Geoffrin, son amie, à cause des gens de lettres dont elle étoit environnée, et qui auroient pu en prendre des copies : mais, pour satisfaire aux désirs de cette dame, il me chargea de lui en faire moi-même la lecture dans plusieurs séances, et dans un petit comité composé de M. Marmontel, qui logeoit alors chez elle, M. d'Alembert, et mademoiselle Despinasse[1].

Un soir, un homme de lettres, que je n'aurai pas l'indiscrétion de nommer pour ne pas flétrir la grande réputation dont il a joui, qui n'est cependant pas un de ceux qui honorent aujourd'hui la littérature, se présenta chez M. de Caylus ; après les complimens d'usage, il lui témoigna le désir de lire les *Souvenirs*, et le pria, de les lui confier pour vingt-quatre heures. Je fis à M. le comte de Caylus un signe négatif ; cet homme s'en aperçut, et, s'adressant à moi, il me dit que je devois connoître sa discrétion ; qu'il étoit incapable d'abuser de la confiance de M. de Caylus ; qu'accablé du travail dont il étoit chargé, il n'avoit de libre que quelques instans dans la soirée, qu'il

---

1. C'est-à-dire mademoiselle de Lespinasse.

les emploieroit à cette lecture; qu'il donnoit sa parole d'honneur que le manuscrit ne sortiroit pas de ses mains, et promettoit de le rapporter le lendemain à la même heure.

M. de Caylus céda à ses instances; et lorsque ce littérateur fut sorti, il me dit, avec la familiarité dont il m'honoroit : « Dis-moi, Marin, pourquoi le signe que tu m'as fait? » Je lui répondis que j'avois mes raisons, et que je désirois qu'il n'eût pas à se repentir de sa complaisance.

Quelque temps après, nous apprîmes que cet ouvrage avoit été imprimé en Hollande. Il me fut facile, par mes liaisons avec les libraires de France et des pays étrangers, dans la place que j'occupois alors[1], de découvrir l'auteur de cette infidélité. Je sus que le manuscrit avoit été vendu pour vingt-cinq louis à un libraire de Hollande; j'appris de plus, par un ouvrier de l'imprimerie, chargé des ouvrages de la personne en question, que cet ouvrier et deux autres scribes, après avoir détaché les feuillets, et copiant l'un le folio *recto*, l'autre le *verso*, avoient transcrit dans la journée le manuscrit qui est en grand in-folio, et que j'ai actuellement sous les yeux, et qui fut rendu exactement à l'heure indiquée.

II

Vous savez, monsieur, que les vieillards qui n'ont point d'avenir et qui ne tiennent au présent que par le passé, ont la foiblesse de raconter leurs souvenirs : pardonnez-la-moi, et permettez-moi que j'ajoute quelques souvenirs à

---

[1]. Il était censeur royal de la librairie.

ceux de ma lettre précédente à l'occasion des *Souvenirs* de madame de Caylus.

Je viens de parcourir une édition que M. Renouard a récemment publiée de cet ouvrage en un volume in-douze : papiers, caractères, gravures, tout y est de la plus grande beauté. Deux choses m'ont surpris dans la Notice sur madame de Caylus : la première c'est une mauvaise épigramme, en deux très mauvais vers, contre M. de Caylus[1]. Étoit-il convenable de terminer l'éloge de la mère par ce trait lancé contre son fils? Celui qui, dans le temps, se permit cette méchanceté, ne méritoit pas l'excès de ménagement que j'ai eu pour lui dans l'anecdote que je vous ai racontée; et si j'eusse connu cette injurieuse épitaphe j'aurois dit à cet homme : *Tu es ille vir.* La deuxième, c'est l'éloge bien mince que l'on a fait de M. de Caylus, en le nommant simplement *antiquaire, et auteur de quelques écrits badins*[2].

Pourquoi ne pas dire qu'il fût et mérita d'être membre d'une académie célèbre? pourquoi ne pas faire mention de son recueil, en plusieurs volumes in-quarto d'antiquités égyptiennes, étrusques, grecques, et romaines; et de beaucoup d'autres ouvrages? Ici se réveillent des souvenirs.

M. de Caylus étoit l'homme le plus modeste et le moins attaché aux vanités de ce monde : ayant hérité de son oncle le duc de Caylus, mort en Espagne, il refusa la

---

1. Voici cette épigramme rédigée sous forme d'épitaphe que l'on attribua à Diderot :

    Ci-gît un antiquaire opiniâtre et brusque.
    Ah! qu'il est bien logé dans cette cruche étrusque!

2. C'étoit une notice sur madame de Caylus, et non pas sur son fils. — *Renouard.*

grandesse qui lui revenoit par succession, et dont son héritier profita. Il ne rendoit à ses pareils que des visites de circonstance, et ne composoit sa société que de savans, de littérateurs, et surtout d'artistes célèbres ou capables de le devenir ; il aimoit, protégeoit les arts ; et les cultiva lui-même avec quelque succès.

Avec une fortune très honnête, il ne dépensoit presque rien pour lui-même : il n'employoit ses revenus qu'au progrès des arts et au secours des artistes indigens. Il recherchoit les jeunes gens qui avoient des dispositions, et leur donnoit des conseils et des secours lorsqu'ils étoient sans fortune. C'étoient autant de pensionnaires à qui il distribuoit ses bienfaits le premier de chaque mois, à proportion de leurs besoins, jusqu'à ce qu'ils fussent en état d'acquérir par eux-mêmes de la gloire et du profit.

Un jour, se promenant à pied, il trouva sur le quai deux têtes de femmes ébauchées, les examina, les acheta, demanda le nom et l'adresse de l'auteur, et me donna rendez-vous pour le lendemain, dix heures du matin. A cette heure nous montâmes dans son modeste carrosse, qu'il appeloit son fiacre, parce qu'en effet il le prêtoit à tous ses amis et ne s'en servoit que lorsque personne ne le lui avoit demandé. Arrivés à l'entrée de la rue aux Ours, qu'on nous avoit désignée, nous cherchâmes à pied l'homme qu'il désiroit connoître ; nous le trouvâmes dans un cinquième étage : il venoit d'esquisser rapidement la tête d'une jeune ravaudeuse à qui il avoit promis vingt-quatre sous pour sa complaisance. M. de Caylus donna un petit écu à cette fille, et lorsqu'elle fut sortie, il interrogea le jeune peintre sur son état, sur ses ressources, sur ses besoins. Après lui avoir conseillé de soigner davantage ses ouvrages, et lui avoir prédit qu'il acquerroit un jour de la célébrité par son talent (prédiction qui s'est accomplie), il lui donna son adresse, l'engagea à venir lui montrer ses tableaux, et le pria de permettre qu'il le mît au nombre de ses pensionnaires jusqu'à ce qu'il pût se passer de secours.

En revenant nous trouvâmes au milieu de la rue un homme qui peignoit une figure de capucin, pour une enseigne de saint François; M. de Caylus s'arrêta pour le voir opérer. Ce peintre descendoit de temps en temps de son échelle, et venoit examiner son travail de l'autre côté de la rue où étoit M. de Caylus, qui chaque fois lui faisoit des observations. Comme jamais personne ne fut plus modestement vêtu que lui, le peintre le prit pour un ouvrier de son espèce, et, impatienté à la fin de ses leçons, il lui remit les pinceaux et la palette, en lui disant : « Eh bien ! voyons si tu t'en tireras mieux que moi. » M. de Caylus monte en effet sur l'échelle, et en descend après avoir tracé les principaux traits, et avoir dit à l'homme comment il devoit achever le reste. Enchanté de son ouvrage, ce peintre le presse par reconnoissance d'accepter une bouteille de vin, et nous suit jusqu'au bout de la rue où étoit un cabaret : là le carrosse avance, on ouvre la portière; le peintre confus balbutie quelques mots d'excuse, et M. de Caylus, lui serrant la main, lui dit : « Adieu, mon camarade ; je suis « pressé aujourd'hui; mais une autre fois nous boirons « ensemble. »

Je pourrois ajouter d'autres anecdotes très singulières sur M. de Caylus : elles trouveront leur place ailleurs.

MARIN.

INDEX [1]

A

Albéroni (le cardinal), 259, 289.
Albins (d'), 311, 316.
Albret (le maréchal d'), lie sa femme avec la veuve Scarron, 14. —
Albret (la maréchale d'), se lie avec la veuve Scarron, 14. — Son caractère, 14 — Aimait le vin, 15. — Réflexion qu'elle fait sur son nez, 16. Comment elle prévient le penchant du roi pour mademoiselle de Pons, 130 —
Alincourt (le marquis d'), écrit une lettre remplie de traits d'impiété, 161. — Ce que son grand-père dit de cette incartade, 162. —
Angleterre (le roi, Jacques II, chassé du trône, 165. — Reçu à Saint-Germain, 165. — Son peu de secret dans les affaires, 166. — Environné de traîtres, 167. — 272, 273, 284, 288, 289.
Angleterre (la reine d'), Marie de Modène, sa fuite d'Angleterre, 165 — Haïe des Anglais, ses qualités, 166. — Trahie par une de ses femmes, 167. — 271, 277, 278, 288.
Argenson (Marc-René d'), 281.
Argile (duc d'), 272.

Armenonville (madame d'), 284.
Arpajon (duchesse d'), choisie par madame de Maintenon pour dame d'honneur de la Dauphine, 90. —
Antin (duc d'), 233.
Asfeld (M. d'), 300.
Aubigné (Théodore-Agrippa d'), grand-père de madame de Maintenon. — Sa sincérité, 2. — Ses paroles à Henri IV, 3. — Louange qu'il donne à Henri IV dans son *Histoire universelle*, 3. — Sa femme, 3. — Ses enfants, 4. —
Aubigné (Constant d'), père de madame de Maintenon. — Épouse Jeanne de Cardillac, 4. — Ses opinions religieuses, 5. — Il va en Amérique avec sa famille. — Il y meurt, 6. —
Aubigné (madame d'). cf. Cardillac.
Aubigné (comte d'), reçoit le duc du Maine à Cognac, 49. —
Aubigné (M. et madame d'), 259.
Aumale (mademoiselle d'), 210, 220, 221, 235, 275, 292, 294.
Avaise (madame d'), 267, 286.

B

Balbien (Nanon), femme de chambre de madame de Maintenon, 135. —

---

1. L'Index est *analytique* pour les Souvenirs, *alphabétique* pour la Correspondance de madame de Caylus.

Barbezieux (M. de), n'épouse pas mademoiselle d'Uzès, 42 — Remet au roi des lettres qu'il avait interceptées, 116, 153. —
Barillon (M. de). Amoureux de madame de Maintenon, 85. — Ce qu'il dit d'elle, 86. —
Barneval (madame de), 257, 266, 268, 288.
Bâville (M. de), 297.
Beauvilliers (duchesse de), liée avec madame de Maintenon, 125. —
Berry (duc de). Mot de la Dauphine, sa mère, au sujet de sa naissance, 109. — Était souvent chez madame la Duchesse, 184. — Ce que madame de Caylus pense de son mariage, 188. — 239, 286.
Berry (duchesse de). Ne se contraint plus après son mariage, 189. — Comment elle avait été élevée, 189. — Sa conduite avant son mariage, 190. — S'enivre dans un souper avec son père, 191. — Est grondée par le roi à propos de pendants d'oreilles, 193. — 214, 225, 239, 256, 257, 259, 261, 267, 286, 291.
Berwick (duc de), 212, 321, 325.
Besse (M.) 262.
Bessola, femme de chambre de la Dauphine. — A fait beaucoup de mal à la Dauphine, 105. — Le roi veut la marier, 107.
Béthune (M. de). Homme aimable, 131. —
Beuvron (marquis de), 11. —
Biart, 293, 308, 313, 316, 319, 321.
Biron (mademoiselle de), son portrait, ses intrigues, 98. —
Blouin (M.), 214, 219, 223, 224, 278.
Boileau-Despréaux. Détourne Racine d'écrire une pièce pour Saint-Cyr, et puis l'y encourage, 143.
Bolingbrok, 273.
Bonrepos (M. de), 242, 252, 275, 288.
Bontemps (M.), 241.
Bossuet. Cf. Meaux.
Boudin (M.), 218, 247, 278.

Bourdeille (Matha de). Sa réponse à la maréchale d'Albret, 16. — Autres traits d'esprit, 17.
Bourgogne (dauphine de Savoie, duchesse de). Son opinion de la France, 106. — Son éducation achevée par madame de Maintenon, 185. — Sa déférence pour madame de Maintenon, 186. — Eut à se repentir du mariage de la duchesse de Berry, 189. — Prend parti pour la duchesse d'Orléans dans l'affaire des pendants d'oreille, 193. — Ses rapports avec la duchesse de Berry, 193. — Son portrait, 194. — Fautes où elle s'est laissé entraîner, 195. — Hommes pour lesquels on a prétendu qu'elle avait eu du goût, 193. — 212, 215, 224.
Boyer (M.). Sa pièce de *Judith*, 150.
Brancas (duc de). Ses distractions, 126. — 257.
Brissac (duc de), 295, 297, 313, 319.
Brinon (madame de). Son portrait, 136. — Placée à la tête de la communauté de Saint-Cyr, 137. — Préside aux règlements, 138. — Son caractère impérieux, 139. — Sort de Saint-Cyr et est recueillie à Maubuisson, 139. — Composait des pièces et expliquait l'Évangile, 141. —
Broglie (maréchal de), 297.
Brunswick (duchesse de). Reçoit madame de Brinon, après son départ de Saint-Cyr, 139. — Madame de Maintenon lui sait gré de ce procédé, 140.

C

Cambrai (M. de). Fénelon, sa faveur et sa disgrâce, 126. — 246, 260.
Cardilhac (Jeanne de). Accouche à la conciergerie de Niort, 5. — Demande la grâce de son mari, 5. — Son retour de la Martinique, 6. — Est secourue par madame de Villette, 6. —
Carignan (prince de), 289.

Castries (madame de), 250.
Caumartin (M. de), 268.
Caumont (mademoiselle de), 23. —
Caumont-Dadde (M. de), épouse une fille d'Aggripa d'Aubigné, 4.
Caylus (madame de), la mère, 306, 307, 310, 311.
Caylus (M. de). Est fait menin de Monseigneur, 164. — 233.
Caylus (M. de). Évêque d'Auxerre, 250, 256, 266, 277, 285, 292, 297, 304, 307, 310, 315, 318, 320.
Caylus (chevalier de). Grand d'Espagne, 301, 304.
Caylus (madame de), l'auteur des *Souvenirs*. Comment elle apprécie ses *Souvenirs*, 1. — Sa conversion au catholicisme, 24. — Soin que madame de Maintenon prend de son éducation, 25, 26. — Sa réponse à madame de Maintenon, qui venait de refuser la place de dame d'honneur, 90. — Caressée par Marie-Thérèse, 119. — A quel propos Racine compose pour elle le prologue de la Piété, 144. — Son mariage, 164. — Habite avec sa belle-mère, 164. — S'attache à madame la Duchesse, 164. — Pourquoi jacobite, 167. — Reste à Versailles avec les princesses, 167. — Sa grossesse, 170. — S'ennuie chez madame de Montchevreuil, 170. — Portrait railleur qu'elle en fait : est obligée de quitter la Cour, 170. —
Caylus (comte de), son fils aîné, 204, 233, 241, 253, 261, 262, 267, 271, 295 à 325.
Caylus (chevalier de), son fils cadet, 258, 261, 263, 266, 271, 279, 296, 302, 304, 310, 314, 315, 319, 321.
Champinelle (madame de), 251.
Chaulieu (abbé de), 179.
Chauvelin (madame de), 264.
Chevreuse (duchesse de). Liée avec madame de Maintenon, 125. —
Choisy (abbé de), 255.
Chouin (mademoiselle). Son portrait, 115. — Enlève à la princesse de Conti M. de Clermont-Chatte, 115, 153. — Veut l'épouser ; comment empêchée, 116. — Chassée de la Cour, 116. — Sa liaison avec Monseigneur, 154. —
Clément, 214.
Clermont (madame de), 256.
Clermont-Chatte (M. de). Sa liaison avec mademoiselle Chouin, 115, 116, 153.
Colbert (mademoiselle). Son mariage, 125. —
Cominge (commandeur de), 303.
Condé (le grand). Heureux de recevoir dans sa famille une fille naturelle du roi, 117. — Sa joie du mariage de son petit-fils, 157. — Rend à mademoiselle de Nantes tous les soins d'une garde zélée, 158. — Veut empêcher le roi d'entrer chez elle, 158. — Sa mort, 158. — Demande le retour du prince de Conti à la Cour, 164. —
Condé (M. le prince de.). Traits de sa galanterie pour madame de Nevers, 67, 68. — Ce qu'il dit du retour de Lauzun, 165. — Sa cupidité, 179. —
Condé (madame la princesse de). Soupçonne la galanterie de sa belle-fille avec le prince de Conti, 183, 221.
Condé (M. le duc de). Son goût pour la duchesse du Maine, 179. — Son portrait, 179. — Était jaloux de sa femme, 180. — Sa mort, 180, 184. — Copiait le prince de Conti qu'il n'aimait pas, 181. — Rôle qu'il eût joué dans l'État s'il eût vécu, 184. — 241, 244.
Condé (madame la duchesse de), d'abord mademoiselle de Nantes. Son éducation, 46. — Son mariage, 157. — Guérit de la petite vérole, 158. — N'aimait pas la princesse de Conti. 167. — Son humeur heureuse, 168. — Imagine de faire un roman, 168. — Cet ouvrage n'est qu'ébauché, 169. — Sa

grossesse, 169. — Écrit à madame de Bouzoles une lettre qui rend de mauvais offices à madame de Caylus, 170. — Fâchée de voir sa cadette passer devant elle, 172. — N'avait qu'une tendresse médiocre pour cette sœur; leurs relations, 172. — Comment elle appelait ses belles-sœurs, 177. — Brouillée avec M. le Duc, 177. — Le comte de Mailly lui avait plu, 181. — Son amour pour le prince de Conti, 182. — Le regrette infiniment, 183. — Cache sa douleur, 184. — Sa faveur auprès de Monseigneur, 184. — On lui suppose le dessein de marier mademoiselle de Bourbon avec le duc de Berry, 185. — Devait voir toute la Cour à ses pieds, 185. — N'aimait pas madame de Maintenon, 187. — N'avait pas parlé à Monseigneur du mariage de mademoiselle de Bourbon, 187. - Ses projets à ce sujet, 188. — 245.

Conflans (madame de), 254.
Coutade (madame de), 241.
Conti (prince de), l'aîné. Sa mort, 114, 163. — Élevé avec le Dauphin, 117. — Sa gaucherie, 118. — Sa conduite avec sa femme, 118. — Son départ pour la Hongrie, malgré la volonté du roi, 159. — Son retour 163. —
Conti (prince de), le cadet. Son portrait, 118. — Profite des dernières années de la vie du Grand Condé, 158. — On a dit de lui ce qu'on avait dit de César, 118, 158. — Son départ pour la Hongrie, malgré la volonté du roi, 159. — Son retour, 163. — Son exil à Chantilly, 163. — Plaît à sa belle-sœur, 163. — Son retour à la Cour: son mariage avec mademoiselle de Bourbon, 164. — Était bien avec Monseigneur, 164. — Son portrait, 180. — N'était pas aimé de M. le Duc, 181. — Sa passion pour madame la Duchesse; comment elle lui vint, 181. — Lui sacrifie une couronne, 182. — Insuccès de son voyage en Pologne, 183. — Avait M. le Dauphin pour confident de sa liaison secrète, 183. — Sa mort, 184. —
Conti (princesse de). Son portrait, 113. — A eu la petite vérole, 114. — Ses défauts, 114. — Son humeur et ses amants, 115. — Son aventure avec mademoiselle Chouin, 115. — Épouse un prince du sang, 116. — Ses traits satiriques contre le roi et madame de Maintenon, 160. — Sa honte de paraître devant le roi, 162. — Veuve à dix-huit ans, plaît à son beau-frère, 163. — N'aimait pas madame la Duchesse, 167. — Son caractère transporté dans un roman, 169. — Suit le roi, 169. — Ne veut pas se remarier avec le duc d'Orléans, 172. — 221, 270, 276, 278, 311.
Conty (abbé), 293, 304, 305, 306, 308, 311, 319, 320.
Croisille (mademoiselle de), 213.
Coulanges (madame de). Son esprit, 85. — 242.
Courcillon (madame de), 314.
Courcillon (mademoiselle de), 264, 276.
Couturier, 313.
Créquy (duchesse de), Refusée par le roi pour le poste de dame d'honneur, 90. —

D

Dangeau (marquis de). Son second mariage, 101. — Chevalier d'honneur de la Dauphine, 102.
Dangeau (madame de). Sa famille, son portrait, 100. — Son mariage, 101. — Difficultés soulevées par son contrat de mariage, 104. — 209, 211, 216, 225, 230, 235, 238, 239, 241, 245, 246, 257, 258, 259, 260, 261, 263, 268, 270, 271, 273, 274, 275, 277, 280, 289, 291.
Dangeau, le fils, 211.

Daniel (le P.), 203. —
Dauphine de Bavière (madame la). Regarde madame de Maintenon comme dangereuse, 88. — Son explication avec elle, 88. — Lui propose la place de madame de Richelieu, 88. — Provoque par ses façons les infidélités de Monseigneur, 99, 110. — Ses réclamations à propos du contrat de mariage de madame de Dangeau, 104. — Était laide et choquante, 105. — Ne s'accoutume pas à la France, 106. — Son attachement pour Bessola, 107. — Ne répond pas aux avances du roi, 108. — Sa vie renfermée, 108. — Sa mort, 109. — Se plaint des infidélités de Monseigneur, 110. — Avertie par madame de Maintenon, 110. — Veut suivre le roi à Saint-Cloud, 124. — 233, 238, 325.
Delastre, 297.
Desmarets (Nicolas), Secrétaire d'État. 208, 213, 218, 219, 220, 221, 224, 229, 234, 239, 243, 273, 279.
Desmarets (madame), 215, 234, 245, 246.
Dubois, 295, 304, 305.
Du Charmel, gentilhomme lorrain, 128. — Sa conversion, 129. —

E

Elbeuf (le prince d'). Sa conduite et ses discours, 69. — Appelé le *goujat*, 69. — Sa faveur auprès du roi, 69. —
Elbeuf (madame d'). Mariée grâce à madame de Maintenon, 68. — N'est pas heureuse, 70. — 209, 233, 252, 254, 257, 274.
Espagne (le roi), 289.
Espinoy (madame d'), 205, 210, 223, 257, 258, 274.
Estrées (cardinal d'). Ses galanteries pour madame de Maintenon, 86. — 253.
Estrées (duchesse d'), 254. —

F

Fagon (M.), médecin du duc du Maine. Son estime pour madame de Maintenon, 50. — 218, 225, 239, 277, 278, 283, 287.
Fagon (madame), 283.
Fagon, fils, intendant des finances, 266, 277, 278.
Fénelon, Cf. Cambrai.
Fleury (Hercule de), évêque de Fréjus, 277, 281, 323.
Fontanges (mademoiselle de). Sa maladie, sa mort, 27, 28. — Sa beauté, 28. — Son esprit, 29. — Sa réponse à madame de Maintenon, 29. —
Fontevrault (abbesse de). Son caractère et son esprit, 63. —
Fontmort (madame de), tante de madame de Caylus. Accoutumée à changer de religion, 23. — Emmène sa nièce à Paris et la remet à madame de Maintenon, 23. —
Forcet (madame de), 287.
Froncé (madame de), 324.
Furstemberg (cardinal de), 100.

G

Genest (abbé), 179. — 237.
Gergy (Languet de), 310.
Giudice (cardinal del), 281.
Glapion (madame de), 270, 275, 292, 294.
Gontaut (mademoiselle de). Son portrait, mariée au marquis d'Urfé, 98.
Goulber (M. de), 275, 280.
Gouvernet (le marquis de), 240.
Gouvernet (madame de), 239, 240.
Grammont (maréchal de). Son mot à madame Hérault, 125. —
Grammont (comtesse de). Son portrait 127. — Sa conversion, 129. —
Grammont, 310.
Grignan (M. de), 323, 324.
Guiche (duchesse de), 241.
Guilleragues (M. de). Son amour pour madame de Maintenon, 86.

H

Harcourt (maréchal d'), 206, 208, 214, 224, 228, 231, 232, 237, 257, 267, 277, 284, 286, 295, 323.
Harcourt (marquis d'), 320.
Harcourt (princesse d'), Intérêt que lui portait madame de Maintenon, 126. — 213.
Haussy (madame d'), 222, 234.
Hervart (M. d'), 240.
Hervart (madame d'), 239.
Heudicourt (M. d'), 249.
Heudicourt (madame d'), d'abord mademoiselle de Pons. Amie de madame Scarron, 17. — Son portrait, 87. — Ce que madame de Maintenon disait d'elle, 87, 133. — Était une singulière personne, 129. — Vient à la Cour et plaît au roi, 130. — Comment elle parlait de cette affaire, 130. — Son mariage, sa disgrâce, 131. — Motifs de cette disgrâce, 131, 132. — Son retour à la Cour, 132. — Reprend son intimité avec madame de Maintenon, 133. — 317.
Huxelles (M d'), 244.

J

Jarnac (mademoiselle de). Son portrait 100.
Joyeuse (maréchal de), 228.

L

La Fare (marquis de), 179.
La Fayette (madame de), 238.
La Feuillade (duc de), 242.
La Garde (baron de), 12.
La Jonchamps, 273.
Langon (M. de), 315.
La Rochefoucault (M. de). Madame de Montespan s'appuie sur lui, 74. — Favori du roi, 75, 77. — Ses lettres satiriques, 160. —
Lassay (M. de). Son opinion sur la vertu de madame de Maintenon, 93. — Question singulière que lui adresse sa femme à ce sujet, 93. — 213.
Laval (mademoiselle de). Son portrait, 96. — Épouse M. de Roquelaure, 97. —
La Vallière. Partage avec madame de Montespan l'amour du roi, 30. — Son caractère, sa conduite, 32. — Prend congé du roi, 33. — Ses confidences à madame de Maintenon, 34. — Sa dévotion : mort de son fils, 34. —
La Vieuville (madame de), 239.
La Vrillière (M. de), 259.
La Vrillière (madame de), 314, 316, 322.
Lauzun (duc de). Causes de sa disgrâce, 76. — Rupture de son mariage avec Mademoiselle, 77. — Emprisonné, 78. — Pourquoi il avait plu à Mademoiselle, 78. — Ses prétendues relations avec madame de Montespan, 79. — Contribue à la fuite de la reine d'Angleterre; sa récompense, 165. —
Legendre, 241.
Léger (mademoiselle), 237, 238, 244, 258, 274.
Le Grand (M.), 214.
Lhenerse (mademoiselle), 320.
Le Moine (M.), 214.
Le Tellier (le P.), 243.
Lévis (madame de), 215, 271, 274, 275.
Lignerac (M. de), 306.
Lignerac (abbé de), 253.
Lisle (comte de), 208. —
Listenoi (M. de), 306.
Listenoi (madame de), 227, 317, 322.
Lorraines (princesses). Fidélité de leur attachement à la princesse de Conti, 115. —
Louis XIV. Son projet d'extirper l'hérésie protestante, 19. — Trompé sur les moyens mis en œuvre, 19, 20. — Veut gagner les Huguenots par ses bienfaits, 21. — Ses bons procédés envers la reine, 27. — Ses enfants naturels, 37, 40, 47. — Ce qu'il dit de madame de

Maintenon, 40. — Ce qu'il pensait du mariage des légitimés, 42. — Son éloignement pour madame de Maintenon, 52. — S'accoutume à elle, 53. — Ce qu'il exige de madame de Montespan, 53. — N'était pas incapable de délicatesse, 54. — Veut justifier madame de Montespan, 61. — Son portrait, 74. — Ses démêlés avec madame de Navailles, à propos de la chambre des filles, 94. — Met les filles d'honneur de la Dauphine sur un bon pied, 96. — Ses instances pour faire tenir une cour à la Dauphine, 107. — Allait jouer chez elle, 108. — Presque toutes les femmes lui avaient plu excepté la sienne, 121. — Attendri de la mort de sa femme, 123. — Après cette mort, va à Saint-Cloud et à Fontainebleau, 124. — Sa faiblesse pour ses enfants naturels, 153. — Entre chez mademoiselle de Nantes, malade de la petite vérole, malgré la résistance du Grand Condé, 158. — Révoque la permission accordée aux princes de partir pour la Hongrie, 159. — Pardonne à la princesse de Conti, 163. — Comment il reçoit le roi et la reine d'Angleterre, 165. — Va faire le siège de Mons, 167. — Après la prise de Namur revient à Versailles, 171. — Fait le mariage de M. le duc d'Orléans, 171. — A lieu de s'en repentir, 189. — 203, 207, 208, 214, 215, 217, 219, 220, 221, 223, 229, 233, 236, 239, 240, 242, 243, 244, 247, 251, 252, 253, 254, 297, 298, 301, 322.

Louis XV, 282, 285.

Louvigny (M. de), 259.

Louvois (M. de). Redoute l'influence de Colbert et de Seignelay, 20. — Pousse à la révocation de l'Édit de Nantes, 20. — Décide Louis XIV à user de violence, 20. — Madame de Montespan le met dans ses intérêts, 74. — Fait voir au roi les conséquences du départ des princes pour la Hongrie, 159. — Apporte au roi des lettres adressées aux princes de Conti, 160. —

Louvois (madame de), 285.

Lude (duchesse du). Choisie pour dame d'honneur de la duchesse de Bourgogne, son portrait, 186. —

M

Mademoiselle de Montpensier. Sa douleur après la rupture de son mariage avec Lauzun, 79. — Négocie le retour de Lauzun, 100.

Maillebois (madame de), 206.

Mailly (comte de). Avait plu à madame la Duchesse, 181. — Ses plaisanteries à madame de Maintenon, 182. — Prétexte qu'il imagine pour égarer les soupçons, 182. — 241.

Mailly (comtesse de). Choisie pour dame d'atour de la duchesse de Bourgogne, 186. — 220, 223.

Mailly (mademoiselle de), 257.

Maine (duc du). Son caractère, 41. — Son mariage, 42, 177. — Remèdes essayés pour sa difformité, 49. — 277, 284, 289.

Maine (duchesse du). Sa conduite, 42. — Devenue plus entreprenante, 153. — Son mariage, 177. — Pourquoi préférée à sa sœur, 177. — Se moque des conseils de M. le Prince, 177. — Sa cour de Sceaux, 178. — 245, 289.

Maintenon. Sa famille, 2. — Elle est confiée à madame de Villette, 6. — Réclamée par madame de Neuillan, 7. — Se fait catholique, 7. — Épouse Scarron, 8. — Respect qu'elle inspire aux amis du poète, 10. — Sa visite à Fouquet, 11. — Reçoit une pension après la mort de son mari et se retire dans un couvent, 13. — Sa liaison avec la maréchale d'Albret, 15. — Refuse de suivre la princesse de Nemours, 18. — Travaille à la conversion de sa famille, 21. —

Éloigne M. de Villette pour disposer de ses enfants, 21. — Sa faveur, 27. — Dame d'atour de la Dauphine, 35. — Prend le nom de Maintenon, 35. — Choisie pour élever les enfants naturels de madame de Montespan, 37. — Comment elle s'acquitte de cette fonction, 38. — Le feu prend chez elle, 39. — S'attache particulièrement au duc du Maine, 41. — Promène le duc du Maine, 48. — Revoit sa patrie et sa famille, 49. — Ses relations avec Fagon, 50. — Sa faveur augmente, 50. — Ses lettres à l'abbé Gobelin, 51, 60, 135. — On veut la marier au vieux duc de Villars, 51. — Condamne le scandale donné par le roi, 53. — Est en butte à la mauvaise humeur de madame de Montespan, 59. — Ce qu'elle en dit, 60 — S'explique avec le roi à ce sujet, 61. — Entre dans la maison de la Dauphine, 62. — Trouve de la consolation auprès de madame de Thianges, 64. — Sa liberté avec le duc d'Elbeuf, 69. — Cabale pour la perdre, 75. — Sa conduite vis-à-vis de madame de Montespan, 80, 81. — Refuse la place de madame de Richelieu, 89. — Demande à madame de Caylus ce qu'elle pense de ce refus, 90. — Ses relations avec M. de Villarceaux, 92. — Aimée et estimée par Marie-Thérèse, 119. — Ce qu'elle pensait du confesseur de la reine, 120. — Sa douleur à la mort de Marie-Thérèse, 123. — Poussée chez le roi par M. de La Rochefoucault, 124. — Se lie avec mesdames de Chevreuse et de Beauvilliers, 125. — Travaille à la conversion de madame de Grammont, 128. — Son agitation pendant le voyage de Fontainebleau, 133. - Ses promenades dans la forêt, 134 — Son mariage secret, 134, 135. — Forme la maison de Saint-Louis, 135. — Son goût pour l'éducation de la jeunesse, 136. — Sa rencontre avec madame de Brinon, 136. — Comment elle eut la pensée de l'établissement de Saint-Cyr, 136, 137. — Renvoie madame de Brinon, 139. — Trouve ses pièces détestables, 141. — Fait jouer *Cinna* et *Andromaque*, 141. — Pourquoi elle renonce au théâtre profane, 141, 142. — Demande à Racine un poème moral, 142. — Est charmée du sujet choisi par lui, 143. — Les avis qu'elle reçoit, l'empêchent de faire représenter *Athalie*, 146. — Elle fait jouer cette pièce dans sa chambre, devant le roi, 147. — Elle a mieux serv les enfants de madame de Montespan que leur mère, 152. — A poussé trop loin son amitié pour eux, 153. — Dures vérités qu'elle dit à la princesse de Conti, 162. — Adoucit le roi envers elle, 163. — Ses remontrances à madame de Caylus, 164. — Reste dans une grande solitude à Saint Cyr, 167. — Suit le roi, 169 — Bornait ses plaisirs à Saint-Cyr, 171. — Appréhende le crédit de madame la Duchesse, 185. — Achève l'éducation de la duchesse de Bourgogne, 185. — Opinion qu'elle avait de cette princesse, 186.—Elle l'éloigne de madame la Duchesse, 187. —

Malézieux (M. de), 179.
Marie-Thérèse. Sa vertu, 36. — Ce qu'elle répond à une carmélite, 36. — Sa prompte mort, 119. — Sa considération pour madame de Maintenon, 119. — Sa crainte du roi, 120. — N'avait rien qui pût la faire aimer, 121. — Aimait d'abord madame de Montespan, 121. — Chagrin qu'elle eut de sa conduite, 121. — Sa mort donne à la cour un spectacle touchant, 123.
Marr (comte de), 272.
Martel (mademoiselle de). Amie de madame Scarron, 17. —

Maulevrier (M. de). Amoureux de la duchesse de Bourgogne, 195. — Son esprit et ses folies, 196. —
Maulevrier (madame de). Se brouille avec la duchesse de Bourgogne, 196. —
Maurepas (madame de), 314.
Meaux (M. de), Bossuet. Son éloquence, 26. — Annonce à madame de La Vallière la mort de son fils, 34. — Est d'avis que madame de Montespan peut revenir à la Cour, 46. — Proposé pour l'éducation de Monseigneur, 71. — Le roi le charge d'inviter madame de Montespan à se retirer de la Cour, 151. — 203.
Midleton, 273.
Miossens (madame de), 223.
Monseigneur (le Grand Dauphin, dit). Son éducation confiée à Bossuet et Montausier, 70. — Son peu de goût pour l'étude, 71, 72. — S'ennuie entre sa femme et Bessola, 110. — Cherche à s'amuser, 110, 111. — Sa liaison avec mademoiselle Chouin, 154. — Son éloignement pour la personne de M. le Duc diminue, 184. — Était continuellement chez madame la Duchesse, 184, 205, 207, 231, 233, 238.
Montausier (duc de). Gouverneur de Monseigneur, 71. — Son humeur, 72.
Montchevreuil (madame de). Placée par madame de Maintenon dans la maison de la Dauphine, 90. — Son portrait 91. — Nommée gouvernante des filles, 94. — Confidente de madame de Maintenon, 133, 134, 135. — Madame de Maintenon la prie de veiller sur madame de Caylus, 164. —
Montespan (madame de). Avait voulu spéculer sur la faveur de sa femme. Ses extravagances, 122. — Séparation en forme, 123. — Lie connaissance avec madame Scarron, 17. — Bruits à son désavantage, 27. — Son caractère, 28. — Contribue à la faveur de madame de Fontanges, 28. — Son esprit, 29. — Favorite du roi en même temps que madame de La Vallière, 30. — Se plaint de cette communauté, 31. — Sa réponse à Louis XIV, 31. — Raille madame de La Vallière, 32. — Va la retrouver aux Carmélites, 35. — Ses sentiments honnêtes, 36. — Dame du palais de la reine, 36. — Elle plaît au roi, 37. — Sa conduite lors de ses couches, 39. — Son mot à propos de ses enfants, 40. — Mort de l'aînée, 40. — Comment ils furent légitimés, 40. — Ses sentiments religieux, 44. — Se sépare d'avec le roi, 45. — Revient à la Cour et rentre en faveur, 46. — Impression des figures sur son esprit, 47. — Sa faveur diminue, 50. — Travaille à marier madame de Maintenon, 51. — Raille les beaux esprits, 52. — Surveille le roi, 55. — Mise en parallèle avec madame de Soubise, 58. — Son humeur cause sa disgrâce, 59. — Ses qualités, 62, 71. — Veut inspirer au roi de l'amour pour sa nièce, 67. — Dureté de son caractère, 70. — Ses railleries continuelles, 70, 71. — Choisit Bossuet et Montausier pour l'éducation de Monseigneur, 71. — Choisit Racine et Boileau pour écrire l'histoire de Louis XIV, 73. — S'aperçoit que le roi lui échappe, 74. — Singulière proposition à madame de Maintenon, 81. — Contribue au mariage de la princesse de Conti, 116. — Son peu de ménagement pour la reine, 121. — Surintendante de la maison de la reine, 122. — Son affliction à la mort de Marie-Thérèse, 123. — Le roi lui fait dire par Bossuet de quitter la Cour, 151. — Sa conduite dans la disgrâce, 151. — Ses bons mots, 152. —
Montesquieu (M. de), 325.
Mortemart (M. de). Son caractère et ses bons mots, 65. —

N

Nangis (M. de). Sa liaison avec la duchesse de Bourgogne, 196. — Était amoureux d'une autre femme qui le surveillait, 197. — 310.

Navailles (madame de). Avait dégoûté le roi des dames d'honneur trop clairvoyantes, 90. — Cause de sa disgrâce, 95. —

Nemours (princesse de). Devient reine de Portugal, 17. — Veut emmener madame Scarron, 18. —

Neuillan (madame de). Réclame Françoise d'Aubigné, 6. — Son avarice, 7. —

Nevers (M. de). Ses voyages à Rome, 67. — Sa passion pour les vers mise à profit par M. le Prince, 68. —

Nevers (madame de). Admirée par madame de Thianges, 67. — Se contente de M. le Prince, 67. — Ne va pas à Rome, 68. —

Noailles (cardinal de). 247, 249.

Noailles (J.-B. de), Évêque de Châlons, 283.

Noailles (duc de), 267, 279.

Noailles (duchesse de), 209, 218, 236, 242, 243, 257, 267, 270, 276, 279, 283, 311.

Noailles (mademoiselle de), 209, 262.

O

O (madame d'), 212, 214, 218, 233, 238, 244, 245, 263, 264, 274.

Olonne (madame d'), 284.

Orgueille (madame d'), 308.

Orange (prince d'). Guillaume III. Heureux d'être débarrassé du roi et de la reine d'Angleterre, 165.

Orléans (duc d'). Monsieur, frère de Louis XIV. — Accède avec joie au mariage de son fils, 171. — Aurait préféré la princesse de Conti, 172, 207, 209.

Orléans (duchesse d'). Madame. Ses discours mal à propos, 171, 208, 212. —

Orléans (Philippe d'), Le régent. son mariage, 171. — On le disait amoureux de madame la Duchesse, 171. — Esquisse de son portrait 173. — Son éducation ; espérances qu'elle donne, 176. — Sa conduite une fois marié, 176. — Le choix de sa femme n'était ni naturel ni convenable, 188. — Griefs contre lui, 188. — On aurait pu lui faire son procès, 189. — Éducation qu'il avait donnée à sa fille, 189. — Il la peint toute nue, 190. — S'ennivre avec elle dans un souper 191. — Lui donne des pendants d'oreilles de la duchesse d'Orléans, 192. — 213, 250, 272, 273, 276, 281, 289, 290.

Orléans (mademoiselle de Blois, duchesse d'). Sa naissance, 46. — Caractère particulier de sa personne, 47. — Était désagréable, 48. — Origine des biens que le roi lui fit, 48. — Son portrait, 48. — Suit le roi, 169. — Son mariage, 171. — Sa réponse à madame de Caylus, au sujet du duc d'Orléans, 172. — Femmes qui la faisaient valoir, 187. — Son irritation à propos des pendants d'oreilles donnés à la duchesse de Berry, 193. — 250, 291.

Orléans (mademoiselle d'), Abbesse de Chelles, 290.

Ormond (duc d'). 272, 288.

P

Parabère (madame de), 308.

Pelart (M.), 218.

Pelletier (Claude Le), Secrétaire d'État, 203, 238, 252.

Pelpore (M. de), 211.

Pleneuf (M. de), 321.

Polignac (cardinal de), 281.

Polignac (M. de). Épouse mademoiselle de Rambures, 112.

Polignac (madame de), 322.

Pompadour (M. de), 239, 257, 274.

Pontchartrain (M. de), Secrétaire d'État, 217, 222, 225, 226, 244.

Pontchartrain. (madame de), 215.

Pracontal (madame de), 275.

R

Racine. Son inquiétude au sujet de la demande d'une pièce profane que lui adresse madame de Maintenon, 142. — Consulte Boileau, 143.— Choisit le sujet d'*Esther*, 143.— Allusions de la pièce, 143. — Appréciation de la pièce, 143, 144. — Il compose pour madame de Caylus le prologue de la Piété, 144. — Succès d'*Esther*, 144. — Mis en goût, il compose *Athalie*, 145.— Pourquoi cette pièce n'est pas représentée à Saint-Cyr, 146. — Est défigurée sur le théatre de Paris, 148. — Son épigramme contre la *Judith* de Boyer, 150.—
Ragotzki, (François-Léopold), 249.
Rambures (mademoiselle de). Son portrait, plaît à Monseigneur, 99, 111. — Se marie contre la volonté du roi, et quitte la cour, 112.
Remiremont (madame de), 234, 257, 258, 275.
Retz, (M. de), 311, 312, 319.
Rhodes (M. de). Ses extravagances pour mademoiselle de Tonnerre, 99.
Richelieu (cardinal de). Sa réponse à madame d'Aubigné, 5.
Richelieu (M. de). Chevalier d'honneur de la Dauphine, 82. — Sa légèreté naturelle, 83. —
Richelieu (M. de), le fils, 290.
Richelieu (madame de). Dame d'honneur de la Dauphine, 81. — Son mariage, 82. — Ménage les faiblesses de son mari, 83. — Son goût pour les gens d'esprit, 83. — Cesse d'aimer madame de Maintenon, 87. — Éloigne la Dauphine du monde, 88. —
Riom (M. de), 290.
Rochefort (madame de). Dame d'atours de la Dauphine, 81. — 291.
Rohan (cardinal de). Était-il fils naturel de Louis XIV ? 58. — 247, 249, 251, 263, 270, 271, 275, 276, 284.
Roquelaure. (M. de). Épouse mademoiselle de Laval sur les conseils de madame de Maintenon, 97. Chansons sur son compte, 97. — 245.
Russi (madame de), 217.

S

Saint-Cyr (établissement de). Comment était organisée la communauté, 137. — Conditions d'admission pour les jeunes filles, 137. — Utilité de cet établissement, 138. — La tragédie à Saint-Cyr, 141 à 149. —
Sainte-Maure (madame de), 250.
Saint-Géran (madame de), 288.
Saint-Germain, 309.
Saint-Hermine (M. de), 23. —
Saint-Hermine (madame de), 227. —
Saint-Pol (bâtard du comte). Pourquoi il fût légitimé, 40. —
Saint-Sulpice (curé de), 249 255, 258, 264, 274.
Savoie (duc de), 289, 324.
Savoie (prince Eugène de). Part pour la Hongrie, 159. —
Schomberg (maréchale de). Avait des amants déclarés, 86. —
Sforce (duc). Épouse la fille cadette de madame de Thianges, 66. —
Sforce (duchesse). Jugée par M. de Vendôme, 67. — 250.
Simiane (madame de), 324.
Soubise (madame de). Ne fut pas indifférente au roi, 55. — Son mari à ménager, 55. — Préoccupée surtout des intérêts de sa maison, 56. — Mariage de son fils, 57. — Mise en parallèle avec madame de Montespan, 58. — 254.
Strickland (madame). Trahissait la reine d'Angleterre, 167. —
Strickland (l'abbé). Aspire au cardinalat, 167. —

T

Tallard (maréchal de), 268, 280. —
Testu (abbé). Son appréciation des trois sœurs de Mortemart, 62. — Se croit le *Voiture* de l'hôtel de Richelieu, 83. — Son portrait, 83. — Son commerce avec les femmes, 84.
Thianges (madame de). Montre peu d'indulgence pour mademoiselle de Blois, 48. — Son orgueil, 62, 63. — Se regardait comme un chef-d'œuvre, 64. — Élevée avec liberté 65. — Son mariage, ses enfants, 66. —
Thibaut (M.), 324, 241, 253, 266, 323. 324.
Tonnerre (mademoiselle de). Ses malheurs, 98, 99. —
Torcy (madame de), 239.
Toulouse (comte de). Sa naissance, 46. — Sa beauté, 47. — Le roi lui donne la charge d'amiral, 157. — 275, 280.
Tours (mademoiselle de). Sa mort. 46. —
Trémouille (cardinal de la), 299.
Turenne (prince de), 57. — Part pour la Hongrie, 159. —

U

Urfé (marquis d'). Est fait menin de Monseigneur, 98. —
Ursins (princesse des). Ses visites à l'hôtel d'Albret, 18. — Son caractère, 19. — 246, 255, 263.
Uzès (mademoiselle d') Destinée pour femme au duc du Maine, 42. —

V

Valincourt (M. de), 249, 267, 275, 380, 332.

Ventadour (madame de), 215.
Vermandois (comte de). Sa mort. 156.
Vexin (comte du). Ses infirmités, sa mort, 43.
Vieuxpont (madame de), 323.
Villacerf (madame de), 216, 333.
Villars (maréchal de), 209.
Villars (madame de), 290.
Villeroi (le vieux maréchal de). Ce qu'il dit d'une incartade de son petit-fils, 162. —
Villeroi (maréchal de), 251, 259, 270, 273, 274, 275, 277, 278, 281, 282, 283, 285, 292, 305.
Villeroi (duc de), 274, 295, 303, 305, 306, 307, 308, 309, 310, 311, 312, 314, 317, 319.
Villette (M. de). Épouse une fille d'Agrippa d'Aubigné, 4. — Son irritation contre madame de Maintenon, 24. — Sa conversion, ce qu'il en dit à Louis XIV, 26. —
Villette (M. de), frère aîné de madame de Caylus. Blessé à Messine, 21. — Nommé enseigne, 22. — Sert sous M. de Châteaurenaud, 22. — Se convertit, reçoit une charge de cornette.
Vilette (M. de), frère cadet de madame de Caylus. Est tué à Steinkerque. 25, 170. —
Villette (M. de), 317.
Villette (madame de), 263, 272, 273, 274, 277, 278, 279, 306, 307, 320.
Vincent, 308.
Virville (madame de), 239, 240.
Voisin (Daniel). Secrétaire d'État, 207, 221, 239, 241, 243, 244, 253, 298, 320, 321, 324, 325.
Voisin (madame), 210, 211, 221, 235, 245.

TABLE DES MATIÈRES

Notice biographique sur madame de Caylus......... v
Portrait de madame la comtesse de Caylus.......... xxxiii
Préface de la première édition................... xxxvii
Souvenirs de madame de Caylus................ 1
Correspondance de madame de Caylus............ 199
Lettres à madame de Maintenon.................. 201
Lettre à madame de Glapion.................... 292
Lettre à l'abbé Conty......................... 293
Letttre à mademoiselle d'Aumale................. 294
Lettres au comte de Caylus, son fils............... 295
Appendice. — Lettres de Marin relatives à la publication des Souvenirs de madame de Caylus.......... 327
Index analytique............................. 333

FIN.

Paris. — Imp. E. Capiomont et V. Renault, rue des Poitevins, 6.

BIBLIOTHÈQUE-CHARPENTIER

13, RUE DE GRENELLE-SAINT-GERMAIN, PARIS

Février 1881.

Monsieur,

Nous avons l'honneur de vous annoncer que l'**Assommoir,** drame en 5 actes et 9 tableaux, tiré du roman d'Émile Zola par MM. W. Busnach et Gastineau, vient de paraître en librairie. Ce texte de l'*Assommoir* est conforme à celui de la représentation. — Prix : 2 fr. 50.

Nous profitons de l'occasion pour vous donner la nomenclature de tous les ouvrages sur le théâtre parus dans notre bibliothèque.

On les envoie franco par la poste.

PIÈCES PARUES A LA BIBLIOTHÈQUE-CHARPENTIER

Paul ALEXIS.

Celle qu'on n'épouse pas, comédie en 1 acte, en prose. 1 fr. »
    Gymnase. — Septembre 1879.

Paul ARÈNE et Alphonse DAUDET.

Le Char, opéra-comique en 1 acte. Grand in-18........ 1 fr. »
    Opéra-Comique. — Janvier 1878.

Daniel DARC.

Les Rieuses, comédie. Grand in-8............ .... 1 fr. »
    Vaudeville. — Septembre 1878.

Les Folies de Valentine, comédie.................... 1 fr. »
    Gymnase. — Avril 1880.

Gustave FLAUBERT.

Le Candidat, comédie en 4 actes...................... 2 fr. »
Vaudeville. — Mars 1874.

Léon HENNIQUE et G. GODDE.

L'Empereur Dassoucy, comédie en 3 actes, en vers.... 2 fr. »
Théâtre de Cluny. — Mars 1879.

E. D'HERVILLY et GRÉVIN.

Le Bonhomme Misère, légende en 3 tableaux.......... 1 fr. »
Odéon. — Décembre 1877.

E. D'HERVILLY.

La Fontaine des Beni-Menad, comédie mauresque en
1 acte... 1 fr. »
Poquelin père et fils, comédie en 1 acte.............. 1 fr. »
Odéon. — 15 janvier 1881.

A. de LAUNAY.

Le Supplice d'une mère, comédie en 4 actes, dont un
prologue... 2 fr. »
Théâtre de Cluny. — Septembre 1878.

Maurice MONTÉGUT.

Les Noces noires, drame en 2 actes.................... 1 fr. 50
Théâtre de Cluny. — 1880.

Gustave RIVET.

Le Cimetière Saint-Joseph........................... 1 fr. »
Théâtre de Cluny. — Janvier 1880.

Émile ZOLA.

Thérèse Raquin, drame en 4 actes..................... 2 fr. »
Théâtre de la Renaissance. — Juillet 1873.
Les Héritiers Rabourdin, comédie en 3 actes.......... 2 fr. »
Théâtre de Cluny. — Novembre 1874.

Alfred de MUSSET.

Un caprice. 1 acte.................................... 1 fr. »
Il faut qu'une porte soit ouverte ou fermée. 1 acte... 1 fr. »
Bettine, comédie en 1 acte............................ 1 fr. »
Le Chandelier, comédie en 3 actes.................... 1 fr. 50
Fantasio. 2 actes..................................... 1 fr. 50

Éditions conformes la représentation.

OUVRAGES DIVERS CONCERNANT LE THÉATRE

Ed. NOEL et Edmond STOULLIG.

Les Annales du Théâtre et de la Musique, avec une préface de Francisque Sarcey. — Première année (1875). 1 vol.
— Deuxième année (1876).................... 1 vol.
— Troisième année (1877) .... 1 vol.
— Quatrième année (1878), avec préface de Zola...... 1 vol.
— Cinquième année (1879), avec préface de Lapommeraye. 1 vol.
— Sixième année (1880), avec préface de V. Joncières... 1 vol.
Chaque année .... 3 fr. 50

Théodore DE BANVILLE.

Comédies (Diane au bois, le Beau Léandre, etc.)....... 3 fr. 50

Alphonse DAUDET.

Théâtre (l'Arlésienne, la Dernière idole, etc.)......... 3 fr. 50

F.-A. DUVERT.

Théâtre choisi. 6 vol........................ 21 fr. »

Th. GAUTIER.

Théâtre (une Larme du Diable, le Tricorne enchanté, etc.)................................ 3 fr. 50

Ed. et J. de GONCOURT.

Théâtre (Henriette Maréchal, la Patrie en danger.).... 3 fr. 50

A. de MUSSET.

Comédies et Proverbes. 3 vol. (André del Sarto, Lorenzaccio, etc.)................................ 10 fr. 50

E. ZOLA.

Théâtre (Thérèse Raquin, les Héritiers Rabourdin, le Bouton de rose.)............................ 3 fr. 50

A. JULLIEN.

Histoire du Costume au théâtre.................. 20 fr. »

www.ingramcontent.com/pod-product-compliance
Lightning Source LLC
Chambersburg PA
CBHW050437170426
43201CB00008B/711